千葉一族の歴史

全国に広がる系譜・史跡・伝承

鈴木佐 編著
suzuki tasuku

戎光祥出版

序にかえて

私は濱名徳順師（宝聚寺住職）からの推薦により平成七年（一九九五）から同十三年（二〇〇一）三月まで県紙・千葉日報で七十四回にわたり連載した記事をもとに、鈴木佐編『千葉氏探訪 房総を駆け抜けた武士たち』（千葉日報社、二〇〇二年、以下前著とする）を刊行した。連載自体は千葉市立郷土博物館に勤務していた丸井敬司氏・宮原さつき氏、そして私の三人で分担執筆したものであった。前著の刊行にあたって、私が一部の執筆を担当し、全体の監修も兼ねて再構成したうえで出版したものであった。本書は前著を大幅に改訂したうえで復刊する次第である。

自分自身の歴史研究の力量不足のほか、平成十三年当時の出版内容と令和三年現在とでは「千葉氏の歴史」が変わっていることから復刊には躊躇があった。

そうしたなかで、平成二十八年（二〇一六）に千葉県内外の千葉氏由縁の市町村が集まり千葉氏サミットが挙行された。千葉氏サミットで千葉氏研究の第一人者・野口実氏が基調講演をされたほか野口氏はカルチャーセンターでも定期的に講座をもつようになっている。また、私も及ばずながら、千葉氏サミットの下交渉をしたことがあった。

新型コロナウイルスまん延で千葉氏サミットをはじめとするイベントが休止するなかで、千葉県民だけでなく歴史愛好家の方々の「千葉氏をはじめとする歴史研究の熱」が冷めないよう、また、千葉氏ゆかりの市町村のネットワークが途切れないよう、これらを払拭する意味でも前著の復刊に同意した次第である。

以前、千葉氏研究者の一人から、「千葉氏」の読み方を「ちばうじ」ではなく「ちばし」と表現すべきであるとのアドバイスを頂いた。また、これまでの歴史研究は武士を顕彰するやり方であり、戦前と同じように神格化扱いする史観「千葉氏中心史観」を改めなければいけないとの意見を得たが、まさにその通りである。盲目的に千葉氏を英雄視したり礼賛したりするのではなく、客観的な史料をもとに検証しながら史実を追っていくことこそ、今後の千葉氏を考えるうえで必要なことである。

私の研究は、まだその域まで達していない。地方に眠る二次資料・三次資料・口碑に頼らざるをえない部分もある。昭和・平成と全国各地を歩き、現場視察と資料渉猟をしていたが、時代の変遷において、地域に残る伝承・口碑についても、ほぼ消滅しつつあるという事実もある。そのため、本書ではこれらも採り入れながら、各地方の現地調査や地元の研究者たちとの交流による研究成果も加えることにした。

なお本書では、公私にわたってお世話になっている千葉市立郷土博物館の外山信司氏に、戦国期の千葉氏について最新の研究を踏まえて執筆していただいた。さらに妙見信仰の研究に造詣が深い宮原さつき氏にもご執筆いただいた。両氏には、改めて御礼を申し上げたい。

二〇二一年三月

鈴木　佐

目次

序にかえて　2
下総国関連地図　12
上総・安房国関連地図　14
千葉氏系図　16

第Ⅰ部　千葉一族の歴史

序　章　新時代の幕開け――頼朝の挙兵に賭けた房総武士団　22
頼朝のもとに集まった人々　22／上総広常誅殺の謎　24／妙見の加護で結城浜合戦に勝利　26

第一章　武士の揺籃と千葉常胤の登場　30
葛原親王と高望王の上総下向　30／関東全域を巻き込んだ平将門の乱　31／千葉氏の祖・平良文とその遺跡　33／平繁盛に仇敵と呼ばれた平忠頼　35／平忠常の乱とその本拠地　35／忠常の子孫と太平洋水運　37／千葉氏の誕生と千葉館　38／平良文以来の伝領・相馬御厨　40／「常胤をわが父と思う」――頼朝と常胤　42／上総広常の死と頼朝の後悔　43／房総各地に残る広常伝説　44

第二章　千葉氏の発展と戦乱の時代　47
1　千葉常胤と六人の子供たち　47

全国に一族が所領を得る　47／誠実・大胆で思慮深き人、常胤の死　50／
六人の息子と三人の息女　51

2　鎌倉幕府と上総千葉氏の慟哭　57
北条政権下で所領を維持する　57／宝治合戦と上総千葉氏の滅亡　59／
泰胤が下総千葉氏を再編　61／〝元寇〟で九州千葉氏が誕生　62／
活躍する千葉氏出身の僧侶　63／大族として発展する千葉氏支流　65

3　千葉氏本宗の分立・発展と室町幕府　70
所領獲得のため同族で争う　70／東氏・伊北氏の所領侵奪　71／千葉氏が下総と九州に分立　72／
粟飯原氏が足利政権下で活躍　75／浄土宗第八祖となった胤明　76／
上杉禅秀に与した満胤・兼胤　77

4　戦国の幕開けと千葉氏本宗の滅亡　79
胤直が足利持氏を永安寺に攻める　79／結城合戦で胤直が寄進した宝塔　81／
胤直が自害、本宗家が滅亡する　82／武士・御家人たちの日常と生活　85

第三章　全国で活躍する千葉一族——肥前・美濃・奥州　87

1　肥前千葉氏——肥前・薩摩に広大な所領を得る　87
源平合戦で九州に所領を得た常胤　87／蒙古襲来と肥前千葉氏の成立　89／
肥前千葉氏が全盛期となる　90／一族の分裂と内紛・衰退　93／龍造寺・鍋島の臣下となる　94

2　相馬氏・亘理氏――独眼竜政宗と千葉氏　95
鎌倉幕府と密接に結ばれた相馬氏　95／相馬重胤が陸奥国行方郡に移住　97／奥州に争乱が波及し重胤が戦死　99／自治をめざして勃発した五郡一揆　103／伊達氏との抗争と小田原合戦　104／「亘理」を称した武石胤氏・宗胤　106／武石氏の一部は北朝方で活躍　108／伊達氏と婚姻関係を結び相馬氏と争う　108／「伊達」に改称、伊達氏一門となる　111
3　一族から多くの歌人、詩僧を輩出――美濃東氏　112
胤行が美濃に所領を獲得する　112／千葉宗家内紛のため下総に下向　115／遠藤慶隆が信長・秀吉・家康に仕える　117
第四章　戦国の終焉と千葉氏の滅亡　119
千葉氏を継承した馬加康胤　119／東常縁と斎藤妙椿　120／千葉氏を継承した「岩橋殿」輔胤　122／臼井城を攻めた太田道灌　124／本佐倉城を築いた孝胤　125／勝胤と本佐倉城下の繁栄　127／妙見の神意を受けた昌胤の元服　128／小弓公方足利義明の登場　130／千葉氏と原氏　131／千葉胤富の登場　132／北条氏政の子・直重が千葉氏を継承　133／小田原合戦と千葉氏の滅亡　135
第五章　生き続けた千葉一族と家臣団　137
蜂須賀氏に迎えられた直重　137／房総武士団を大量に雇った水戸徳川氏　140／千葉重胤の末裔伝承　142／全国に移った臼井一族　146／縁組みで遺臣団ネットワークを形成　148／幕末・明治期に俊英を輩出　150／千葉一族を誇りに生きた新渡戸稲造　154

第Ⅱ部　千葉一族の妙見信仰と武術・文化

第一章　戦勝と団結の支えだった妙見信仰　156

妙見信仰の由来　156／千葉氏と妙見さま　157／妙見に選ばれし者・亀若丸　159／千葉妙見の本地は勢至菩薩　160／家紋を九曜紋にした意味　161／武蔵千葉氏が信仰した十一面観音　163／千葉妙見宮の神事「結城舟」　164／千葉県内の妙見菩薩像　166／妙見を祀る社寺　168／妙見さま・大黒さま　173／八幡さま　174／妙見と牛頭天王の関係　177／千葉氏の信仰と堀内牛頭天王　178／七天王塚　179／将門に対する信仰　180／御霊信仰　182／七仏薬師と羊妙見　183／香取信仰　188／石神大明神　189／千葉の守護神　190／千葉妙見と水　191／女性神としての妙見　192／像容が似る日本寺と妙典寺の妙見さま　193／妙見と稲荷信仰・荼枳尼天　194／安産を祈る子安信仰と妙見さま　196

第二章　千葉氏の仏教信仰と芸術文化　198

1　千葉氏が信仰した仏教と寺院　198

2　千葉氏の古今伝授と和歌解釈　203

美濃東氏と下総の宗家・千葉氏　203／古今伝授の東常縁と太田道灌　204／その後の古今伝授と房総　206／「雲玉和歌集」に見る戦国千葉氏の動向　208

3　千葉氏と五山文学　211
北山文化と京都・鎌倉の五山　211／中国に渡った千葉一族の龍山徳見　212／
五山文学・東山文化を担った東氏　213
4　千葉氏と剣術――念流・香取神道流・鹿島新當流・北辰一刀流　215
念流の開祖は相馬氏の末裔・念阿弥　216／香取神道流の開祖・飯篠長威斎家直　217／
塚原卜伝の鹿島新當流・小野派一刀流・北辰一刀流　219
5　千葉氏と馬術――摺墨・大坪流・相馬野馬追い　220
千葉氏が築いた「畜産王国・千葉県」　220／東常縁第一の門弟・大坪基清　222／
大名として存続した一族と馬の伝承　223／

第Ⅲ部　千葉一族の史跡と伝承

第一章　千葉県内に残る足跡を訪ねて　228

1　栄華を偲ばせる一族の本拠地・千葉市　228
亥鼻山　228／鎌倉に次ぐ大都市だった千葉　229／妙見のキーワードは「星」と「北」　231／
妙見の由来を語る「千葉妙見大縁起絵巻」　233／千葉神社に掲げられた「妙見」の額　234／
大日寺・来迎寺の千葉一族供養塔群　235／九州千葉氏の祖・宗胤を祀る宗胤寺　236／
稲毛浅間神社と十二支彫刻の登渡神社　237／常胤妻を供養する板碑　238
2　千葉氏本宗に近い臼井一族の繁栄――佐倉・印旛郡市　239

鎌倉幕府創立に貢献した臼井氏　239／印東・臼井・白井の庄園が成立　240／
臼井城と太田道灌の一族　241／在地領主として発展した印東氏　243／
千田庄にまで及んだ臼井氏の支配　243

3　大須賀氏にまつわる数々の遺跡――成田市　244
武勇に優れた初代・胤信　244

4　かつては幕府の馬の放牧地――松戸市　246
重胤が陸奥国行方郡に移住　246／野馬奉行に任ぜられた綿貫氏　247／
千葉頼胤の萬満寺と直参旗本の高城氏　250／剣豪・千葉周作が育ったまち　252

5　鎌倉末期に下総から奥州へ移った相馬氏――柏市　253
増尾に残る相馬氏の居館や妙見社・寺院　253／太田道灌との戦いを物語る首塚と胴塚　255／
布施の妙見社と布施一族　256

6　「北の鎌倉」ともいわれた美しい景観――我孫子市・柏市（旧沼南町）　258
庶民の間に今も残る将門信仰　258／妙見さまの降臨と降ってきた「石」　259

7　千葉氏家臣団が築いた関東屈指の商都――香取市　261
小田原合戦で敗北した千葉一族が移住　261／日本地図で名高い伊能忠敬は千葉氏末裔　262／
臨済禅の高僧を招いた国分氏　262／星で結びつく千葉妙見と香取神宮　264／
千葉一族の国分氏・木内氏が治めた地　266

8 平良文にまつわる寺社や風習を遺す――旧小見川町（現・香取市） 268
干瓢を食べない千葉氏末裔 268／神仏への信仰が厚い一族と寺院 270
9 歴代の鎌倉将軍に仕えた東氏一族――東庄町 272
東大社宮司と姓名を交換 272／実朝に信任された二代・重胤 274／
東氏の子孫宅に伝わった妙見菩薩像 276／景行天皇の海路守護を祈願した東大社 277
10 海上一族が築いた豊かな文化――銚子・飯岡地方 279
片岡常晴、義経の家臣として活躍 279／千田庄が千葉本宗家の所領に 280／
海上氏の居城・中島城の本丸跡 281／小田原合戦で無血開城した房総の諸城 283／
海上胤方と薬師如来座像 284／十曜紋の妙見菩薩像と海から現れた十一面観音 286／
海上氏の子孫宅に伝わる常胤画像 288
11 上総氏系武士団の支配と椿海――匝瑳市・旭市 289
上総氏の支配下となった千葉一族 289／飯高氏を名乗った匝瑳将胤 291／
一門から臣下の扱いだった椎名氏 292／椎名氏の匝瑳庄支配と多くの分家 294／
千葉氏四天王となった鏑木氏 295
12 内紛の果て、千葉介胤直自刃の悲劇の地――多古町 296
千田親正から千葉常胤に与えられた千田庄 296／多くの剣聖を育てた神道流・飯篠長威斎 298／
牛尾胤仲を祀る権現さまの謎 300／日蓮宗寺院に見る対照的な妙見像 302／
千葉本宗家の滅亡悲話 304

13 上総千葉氏滅亡の地――睦沢町・長柄町・君津市 305

第二章 全国に広がる千葉一族の史跡を訪ねて 308

1 東京都・武蔵千葉氏の史跡 308
千葉実胤の石浜城と親胤・守胤の墓 308／千葉自胤が砦に創建した普門院 309／一族の遺跡を多く残す足立区 310

2 全国各地の千葉一族と家臣団の史跡 311
全国に展開した千葉一族 311／東北の千葉氏を祖とする名家 319／千葉氏・葛西氏の文化遺産が残るまち 322／南部氏に仕えた千葉家 324／東氏の文化遺産「古今伝授の里」 325／椎名氏の里・富山県魚津市 332／椎名氏滅亡の一族を訪ねて 334／京都に残る千葉氏遺跡 335／因幡国千土師郷を訪ねて 336／常胤から伝領した薩摩国入来院 337／宇佐神宮の武官・千葉氏 337／静岡県大須賀町の大須賀氏 338／榛名山麓の常将伝説・常胤伝説 339／足利学校を中興した千葉一族 340／徳島県に渡った千葉氏・上総氏を訪ねて 341／静岡県島田市の千葉山智満寺 343／南国土佐の山内氏 343／奥多摩の三田氏について 344／中華人民共和国の江西省修水県を訪ねて 345

参考文献・協力者一覧 346／執筆者一覧・執筆担当一覧 350

下総国関連地図
行方
香取海
潮来
鹿島社
佐原
香取社
神崎庄
矢作
[国分氏]
大戸庄
木内庄
[木内氏]
森山
大須賀保
[大須賀氏]
東庄
遠山方御厨
千田庄
椿海
三崎庄
飯沼
[海上氏]
多古
匝瑳北条
旭
小堤
栗山川
武射御厨
木戸川
東金
小西
作田川
二宮庄

栗橋
石下
小貝川
小田
関宿
上幸島庄
土浦
水海道
下幸島庄
牛久
下河辺庄
利根川
野田
守谷
牛久沼
相馬御厨
吉川
我孫子
荒川
前崎
手賀沼
埴生庄
蕨
印西庄
印旛浦
小金
風早庄
境根原
松渡
国府台
平塚
葛西
市川
八幡庄
臼井
本佐倉
石浜
船橋
印東庄
[印東氏]
浅草寺
葛西御厨
馬加
白井庄
江戸
隅田川
利根川
太日川
千葉
千葉庄
[千葉氏]
小弓
品川
江戸内海
村田川
養老川
八幡
土気
多摩川
川崎
市原庄
飫富庄
袖ケ浦
小櫃川

上総・安房国関連地図

小弓
武射御厨
栗山川
木戸川
村田川
東金
小西
土気
八幡
市原庄
作田川
二宮庄
一宮川
長南
一宮
真里谷
玉前庄
畔蒜庄
夷隅川
久留里
伊南
小田喜
大野
大原
伊隅庄
勝浦
東北庄
白浜御厨
東条御厨
加茂川

品川
江戸内海
養老川
丸子
多摩川
川崎
鶴見川
小机
横浜
飫富庄
袖ケ浦
小櫃川
菅生庄
木更津
戸塚
小糸川
金沢
君津
六浦
造海
鎌倉
逗子
横須賀
鹿野山
浦賀
金谷
三崎
勝山
多々良庄
丸御厨
稲村
館山
長田保
安房神社
白浜

千葉氏系図

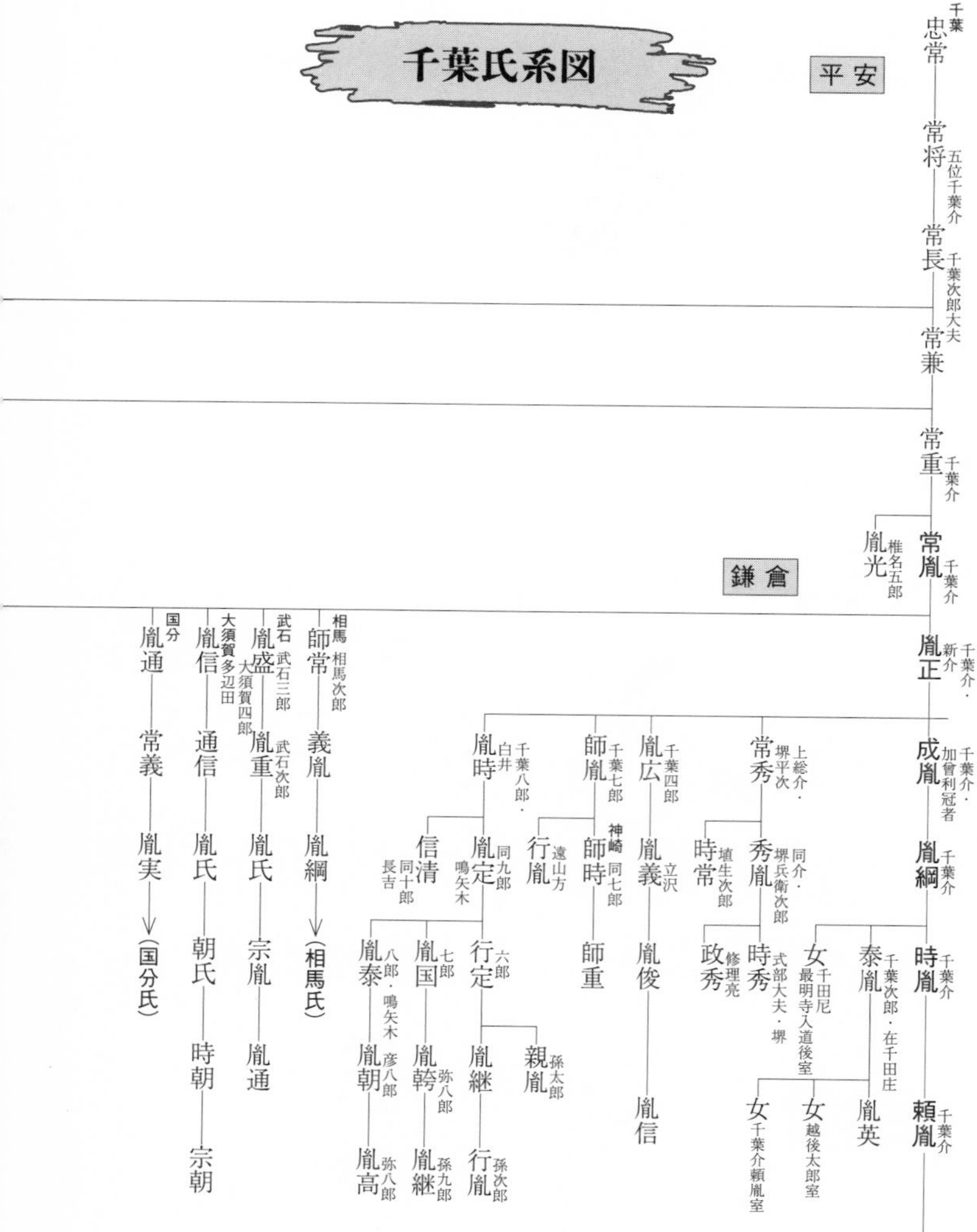
平安
千葉 忠常
常将 五位千葉介
常長 千葉次郎大夫
常兼
常重 千葉介
常胤 千葉介
胤光 椎名五郎
鎌倉
胤正 千葉介・新介
成胤 千葉介・加曾利冠者
胤綱 千葉介
時胤 千葉介
頼胤 千葉介
A
泰胤 千葉次郎・在千田庄
胤英
女 千田尼 最明寺入道後室
女 越後太郎室
女 千葉介頼胤室
常秀 上総介・堺平次
秀胤 同介・堺兵衛次郎
時常 埴生次郎
時秀 式部大夫・堺
政秀 修理亮
胤広 千葉四郎
胤義 立沢
胤俊
胤信
師胤 千葉七郎
師時 神崎 同七郎
師重
行胤 遠山方
胤時 千葉八郎・白井
胤定 同九郎 鳴矢木
信清 同十郎 長吉
行定 六郎
胤継
行胤 孫次郎
親胤 孫太郎
胤国 七郎
胤幹 弥八郎
胤継 孫九郎
胤泰 八郎・鳴矢木
胤朝 彦八郎
胤高 弥八郎
相馬 師常 相馬次郎
義胤
胤綱
(相馬氏)
武石 胤盛 武石三郎
胤重 武石次郎
胤氏
宗胤
胤通
大須賀 胤信 大須賀四郎
多辺田 通信
胤氏
朝氏
時朝
宗朝
国分 胤通
常義
胤実
(国分氏)

十曜紋

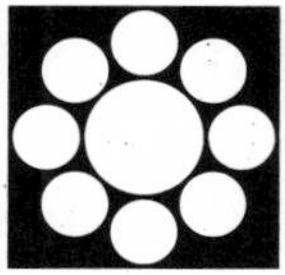
九曜紋

真向月星紋

- 常晴（上総介）
  - 常澄（上総介）
    - 広常（上総権介）
      - 良常（小権守）
    - 秀常（天羽庄司）
      - 直常（天羽次郎）
    - 常成（匝瑳三郎）
      - 助常（匝瑳次郎）
    - 常茂（印東次郎）
      - 師常（南郷四郎）
      - 頼常（印東別当）
      - 重常（長南太郎）
    - 頼次（金田小大夫）
      - 康常（金田小大夫）
    - 常景（伊南新介）
      - 常明（次郎）
      - 常仲（伊北庄司）
- 常継
  - 常信
    - ……時常（小大夫）
- 常房
  - 常宗（原四郎）
    - 常継（原十郎）
      - ……常直（六郎）
      - 清常（五郎大夫）
      - 常朝（源平次）
  - 常益（千田庄司）
    - 家常（粟飯原）
      - 顕常（次郎）
      - 元常（権太）
    - 常義（千田庄司）
      - 守常（五郎）
  - 常康（臼井六郎）
    - 常忠（臼井太郎）
      - 宗常（臼井四郎）
  - 東 胤頼（東六郎大夫 千葉六郎）
    - 風早 胤康（四郎）
      - 為康（太郎）
        - 頼康（孫四郎）
          - 貞康（彦四郎）
      - 康常（太郎左衛門）
    - 木内 胤朝（木内次郎）
      - 行胤（余一）
        - 幹胤（孫次郎）
          - 胤長（十郎）
            - 満犬丸
          - 惟胤（彦次郎）
            - 胤忠（又二郎）
              - 胤祐（余二郎）
      - 胤定（十郎）
      - 光胤（九郎）
        - 泰胤（弥九郎 法名一祥）
      - 胤俊（八郎）
        - 成胤（八郎太郎）
      - 胤盛（七郎 法名道胤）
        - 胤継（孫七郎）
          - 胤信（彦七郎）
            - 胤持（弥七郎 法名撰阿）
        - 義胤（七郎次郎）
          - 胤元（小六郎）
      - 氏胤（六郎）
        - 胤次（六郎太郎）
          - 胤義（又次郎）
            - 胤成（弥九郎）
        - 盛胤（六郎四郎）
          - 有胤（四郎二郎）
            - 胤貞（小六郎）
        - 胤清（小六郎）
          - 祐胤（六郎）
            - 胤貞（又六）
      - 胤長（五郎）
      - 胤時（四郎）
        - 胤直（四郎 法名道源）
          - 妙然
            - 胤盛（彦四郎）
      - 胤家（次郎）
        - 景胤（弥次郎）
          - 胤宗（三位房）
            - 胤国（彦次郎）
          - 胤氏（中務丞）
            - 胤継（六郎）
    - 重胤（東兵衛尉）
      - 海上 胤有（海上五郎 森戸城主）
      - 海上 胤方（海上次郎）
      - 胤行（東中務入道暹）

（東・海上氏）

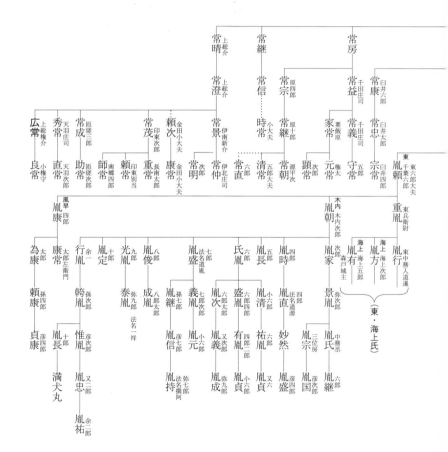

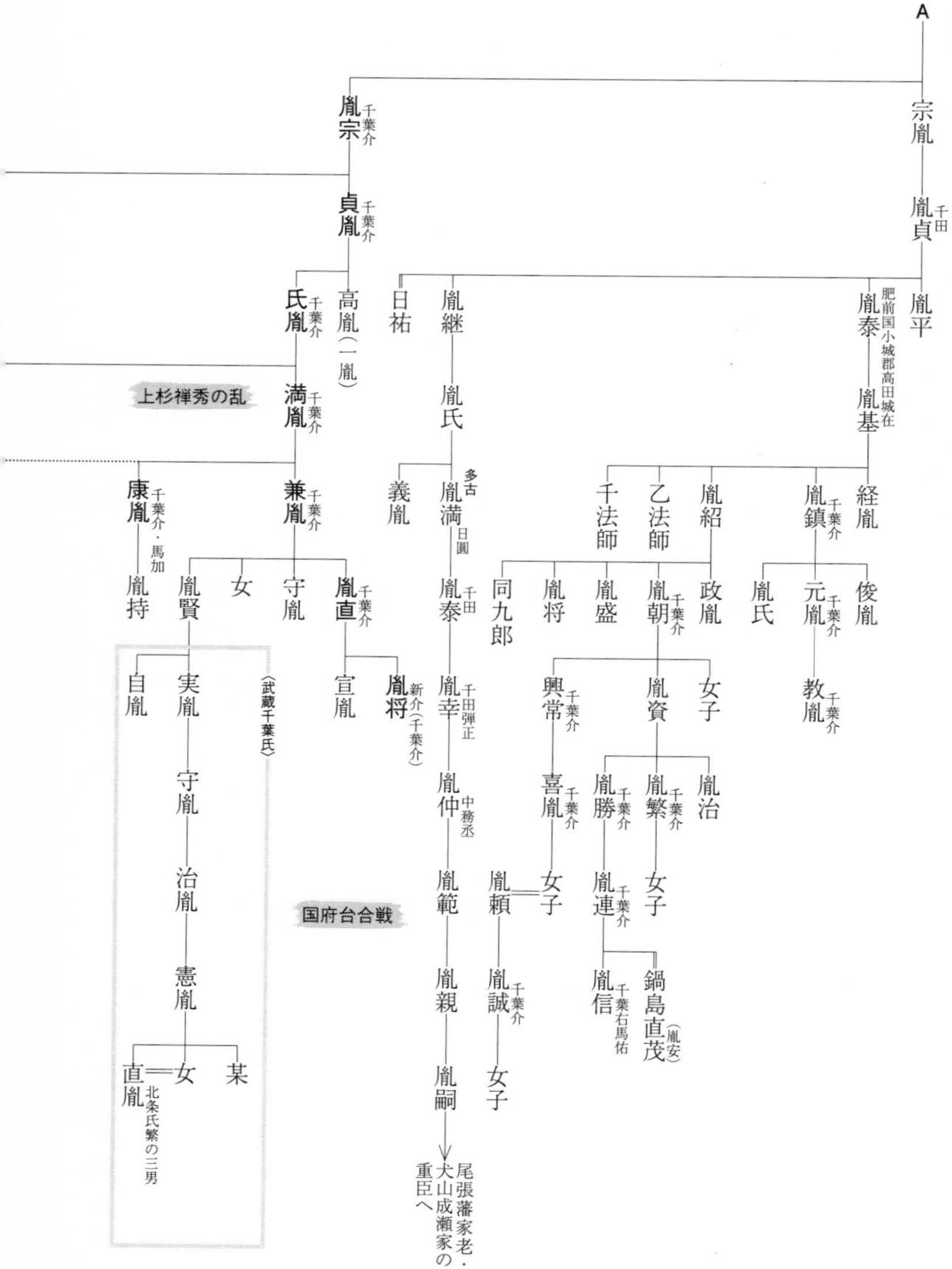
A
宗胤
胤貞 千田
胤平
胤泰 肥前国小城郡高田城在
胤基
経胤
胤鎮 千葉介
胤紹
乙法師
千法師
俊胤
元胤 千葉介
胤氏
教胤 千葉介
政胤
胤朝 千葉介
胤盛
胤将
同九郎
女子
胤資
興常 千葉介
胤治
胤繁 千葉介
胤勝 千葉介
喜胤 千葉介
女子
胤連 千葉介
女子
胤頼
鍋島直茂（胤安）
胤信 千葉右馬佑
胤誠 千葉介
女子
胤継
日祐
胤氏
胤満 多古 日圓
義胤
胤泰 千田
胤幸 千田弾正
胤仲 中務丞
胤範
胤親
胤嗣
尾張藩家老・犬山成瀬家の重臣へ
胤宗 千葉介
貞胤 千葉介
高胤（一胤）
氏胤 千葉介
上杉禅秀の乱
満胤 千葉介
兼胤 千葉介
康胤 千葉介・馬加
胤持
胤直 千葉介
守胤
女
胤賢
胤将 新介（千葉介）
宣胤
〈武蔵千葉氏〉
自胤
実胤
守胤
治胤
憲胤
某
女
直胤 北条氏繁の三男
国府台合戦

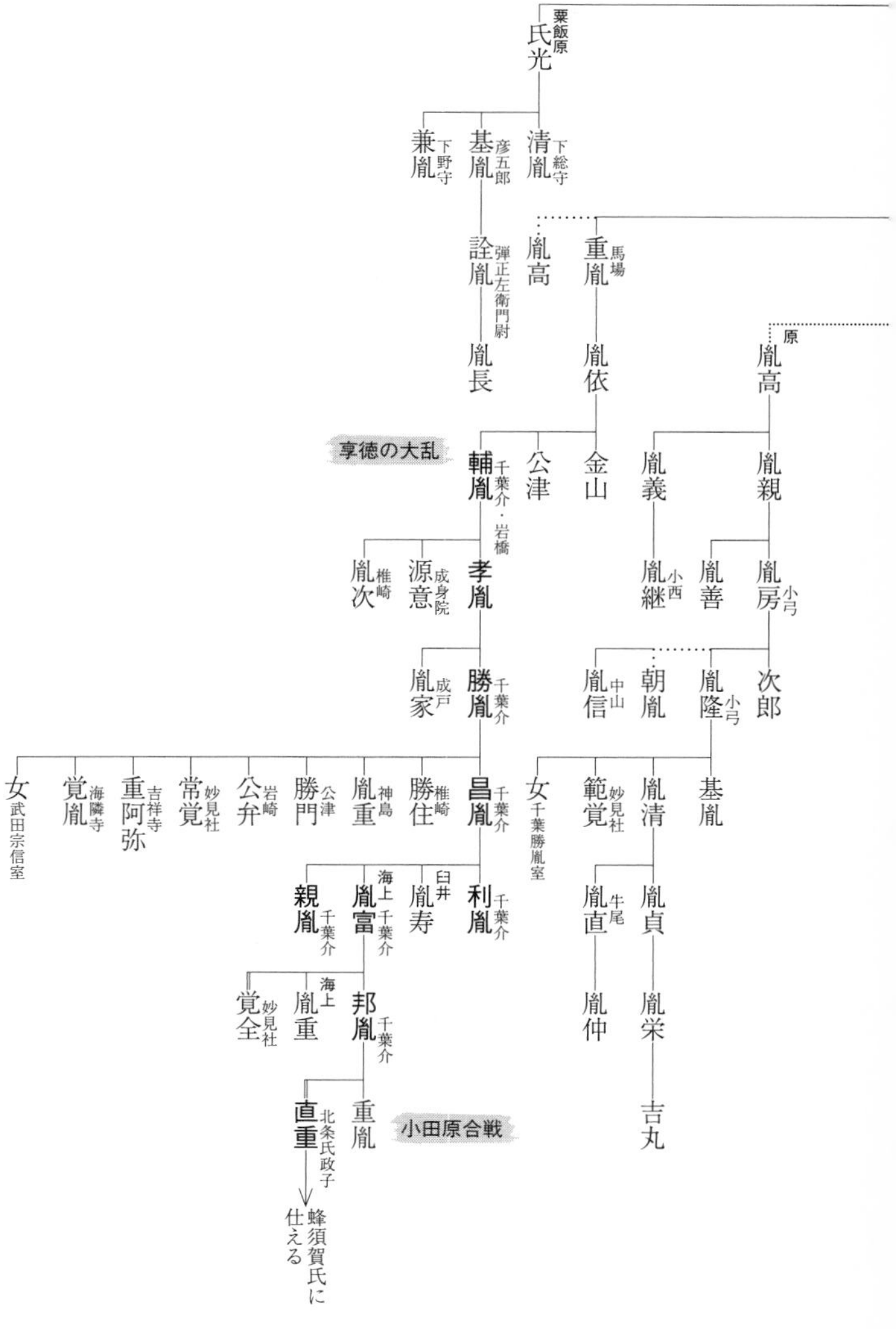
粟飯原
氏光
清胤 下総守
基胤 彦五郎
兼胤 下野守
詮胤 弾正左衛門尉
胤長
重胤 馬場
胤高
胤依
金山
公津
輔胤 千葉介・岩橋
享徳の大乱
孝胤
源意 成身院
胤次 椎崎
勝胤 千葉介
胤家 成戸
昌胤 千葉介
勝住 椎崎
胤重 神島
勝門 公津
公弁 岩崎
常覚 妙見社
重阿弥 吉祥寺
覚胤 海隣寺
女 武田宗信室
利胤 千葉介
胤寿 臼井
胤富 海上 千葉介
親胤 千葉介
邦胤 千葉介
胤重 海上
覚全 妙見社
重胤
直重 北条氏政子
蜂須賀氏に仕える
小田原合戦
原
胤高
胤親
胤義
胤房 小弓
胤善
胤継 小西
次郎
胤隆 小弓
朝胤
胤信 中山
基胤
胤清
範覚 妙見社
女 千葉勝胤室
胤貞
胤直 牛尾
胤栄
胤仲
吉丸

第Ⅰ部　千葉一族の歴史

千葉常胤像　直垂と弦走（つるばしり・胴の部分）に千葉氏伝統の九曜紋が描かれている　個人蔵

序章　新時代の幕開け――頼朝の挙兵に賭けた房総武士団

頼朝のもとに集まった人々

源頼朝は、治承《じしょう》四年（一一八〇）八月末、伊豆《いず》の真鶴岬《まなづるみさき》から舟に乗り安房《あわ》に上陸した。そして上総《かずさ》・下総《しもうさ》を経て鎌倉に入り、ここで幕府を開く。これをのちに幕府が編纂した「吾妻鏡」で再現してみたい。

治承四年（一一八〇）八月二十八日、一艘の舟が伊豆の真鶴岬から房総安房に向かって漕ぎ出した。その舟には、相模石橋山《さがみいしばしやま》の合戦で敗れた源頼朝一行が乗っていた。上陸地点は現在の安房郡鋸南町の竜島であったと伝える。安房にたどりついた頼朝が頼りとしたのは、当時、上総一帯に大きな勢力を誇示していた上総権介平広常《ごんのすけたいらのひろつね》、下総介千葉常胤《ちばつねたね》ら源氏ゆかりの一族であった。上総広常の居城は現在のいすみ市布施か睦沢町の大柳館といわれている。頼朝は安房国府の在地官人の参陣を求め、まず、安西三郎景益《あんざいさぶろうかげます》の館に入り、広常への使者として和田義盛、千葉介常胤《ちばのすけつねたね》へは安達盛長《あだちもりなが》を遣わした。これに対し、広常の回答は「千葉介常胤と亦談するののち、参上」であったが、常胤は「源家中絶の跡を興さしめ給うの条、感涙眼にほとばしり、言語の及ぶところにあらざるなり」（「吾妻鏡」）と即座に参陣を表明したのであった。

安房到着ののち頼朝は、九月十三日、広常の去就が定まらぬまま三百余騎を率いて安房を出発、途中、上総各地で兵を募りながら君津を通過して、常胤のいる下総国府に向かった。常胤は頼朝到着までの間に、六男・胤頼《たねより》と孫の成胤《なりたね》に命じて平家方の下総目代《もくだい》を急襲させ、香取郡千田庄《ちだのしょう》を根拠とする平忠盛《ただもり》の婿の領家判官代《りょうけほうがんだい》・千田親正《ちかまさ》（藤原親政）を捕えるなど、房総の平家勢力掃討に奔走している。これに対し上総介広常は、常胤と頼朝が合流した九月十七日の二日後である同十九日に頼朝軍に参陣した。その兵力は二万騎の大軍勢で、この中には周東《すとう》・周西《すさい》等の諸将も参加していた。広常は当初から頼朝の実力を軽視し、会ってみて将来見込みのある人物ならば従い、そうでなければ討ち取って平家に引き渡そうとの腹であった。二万騎の参陣でもあり「頼朝も喜んで迎えるであろう」と思っていたところ、逆に頼朝から遅参を厳しくとがめられ、対面も許されない。このため広常は、かえって頼朝の主君としての見識の高さ、武将としての人物に感服し、傘下に入ることになったという。

　大勢力を誇る広常の頼朝軍参加によって、以後、房総や武蔵の諸将はこぞって頼朝軍に馳せ参じた。頼朝はこれらの大軍を従えて武蔵国に入り、ここでも各地の武将・軍兵を糾合しつつ相模国を経て、源氏ゆかりの地である鎌倉入りを果たす。平清盛は頼朝の再挙を聞いて大いに怒り、平維盛《これもり》・忠度《ただのり》らを派遣し鎌倉に向けて出陣させた。

　治承四年（一一八〇）十月二十日、富士川をはさんで両軍は対陣したが、その夜半、水鳥の羽音に驚いて平家の軍勢は敗走、頼朝軍の大勝利となった。その後、頼朝は北関東に覇を唱える佐竹《さたけ》氏追討に向かい、これを従えたことで関東全域が頼朝の統治するところとなったのである。

源頼朝が船出をした浜と伝える岩海岸　神奈川県真鶴町

上総広常誅殺の謎

次に、房総を舞台にした頼朝再起についてだが、頼朝は石橋山の戦いのあと、九月初旬にわずかな側近を従え房総に渡海した。そして三週間後の九月二十日には、安房・上総・下総の三ヵ国を支配下に置くことに成功する。「吾妻鏡」によれば、隠された史実が二つある。一つが安房国内での頼朝の動向である。頼朝は九月十二日まで安房に留まり、洲崎《すのさき》明神の参詣や丸御厨《まるのみくりや》の巡見などを行ったとされている。一方、当時、京都在住の公家・中山忠親《なかやまただちか》の日記「山槐記《さんかいき》」治承四年十月七日には、「八月晦日、頼朝等出筥根山乗船、夜半着安房国、九月一日、分與諸郡於與力輩、追捕人家、奪取調物」とある。八月末日に安房国に着いた頼朝が、九月一日には安房国内の平家方を掃討すると同時に、安西景益や丸長俊《ながとし》など源氏方の武士に命じて、各地から人夫と調物などを集めている。ここから、安房にいた頼朝は同国の神社仏閣の参詣などではなく、むしろ安房国内の統制と新たな合戦の準備を強力に進めていたと考えられるのだ。

続いて、頼朝は九月十三日には安房国を出発、上総を経由して同月十七日に下総国府に到着している。安房から上総を経由して下総国府に至るには、上総国内の道路か、沿岸の東京湾東部の水路を通過しなければならない。しかし、上総国の国主は平家方の藤原上総介忠清《ふじわらのかずさのすけただきよ》であり、当時、上総国府にはその目代（平重国《たいらのしげくに》か）が派遣されていたと考えられる。このため頼朝が下総に至るには、少なくとも上総目代を追討するか、排除する必要があったはずである。頼朝が安房で合戦の準備をしたのは、この上総目代との戦いを想定したうえでのことだろう。

さて、上総目代との戦闘があったとすれば、頼朝が安房を出発した九月十三日以前だろう。これに関する史料は、鎌倉時代に奈良仏教の一つである華厳宗の再興者として名高い高弁《こうべん》（明恵《みょうえ》）の記録に登場する。これに明恵の父・平重国が「治承四年の九月、上総で源氏によって討たれた」と書かれており、この記録から考えて上総目代は重国であった可能性が高い。当時、上総目代は優勢な平家軍を国府周辺に配置していたと考えられるが、治承四年（一一八〇）九月上旬の房総では、この目代軍に対抗できる軍事力を持っていたのは上総氏だけである。上総氏は、千葉氏と同族の両総平氏を出自とする名族で、惣領《そうりょう》の上総介広常は上総国一宮《いちのみや》にある玉前庄《たまさきのしょう》を本拠地として強大な勢力を振るっていた。これに属する一族は、上総国内の伊北《いほう》氏（夷隅・大多喜・睦沢町）、伊南《いなん》氏（勝浦市・御宿町など）、金田《かねだ》氏（木更津市内）、長南《ちょうなん》氏（茂原市・長南町など）、南郷《なんごう》氏（山武市内）、上総系大椎《おおじ》氏（千葉市緑区内）、天羽《あまは》氏（富津市内）、佐是《さぜ》氏（市原市内）など。また、下総国内の上総系相馬《そうま》氏（柏市・我孫子市など）、印東《いんとう》氏（佐倉市内）、上総系木内《きうち》氏（香取市木内）、上総系匝瑳《そうさ》氏（匝瑳市周辺）などである。さらに常兼系臼井《うすい》氏など、常胤と同族の武士団の一部も、当時は上総氏に属していた。このため、上総氏が九月の早い時期に源氏方に属していたとすれば、上総目代を追討したのは上総一族を中心とした源氏方の軍勢と考えられる。

なお、上総氏が九月上旬に頼朝軍に参入していたことは、九条兼実《くじょうかねざね》の日記「玉葉《ぎょくよう》」治承四年九月十一日に「然之間、忽頼朝之逆乱出来位仍合戦之間、逐籠頼朝於管根山了、因被追落之由風聞歟、而其後上総国住人、介八郎広常」とある。ここから石橋山の戦い直後の九月初めには、上総介広常が頼朝のもとに参入した可能性が高くなる。この戦闘には、下総の有力な武士団・千葉氏も加わっていた可能性がある。「平家物語」異本「源平闘諍録」には、九月四日に頼朝が下総へ出発したとき、その軍勢に常胤をはじめとする千葉一族が加わっていたことが記されている。「源平闘諍録」は歴史史料ではなく、文学作品である。しかし、「頼朝が広常や常胤などを伴って上総から下総に出発した」とされる記述もあり、これは上総目代の追討を前提としている。この軍勢の中に常胤が加わっていたのは、千葉氏の本拠地である千葉庄《ちばのしょう》の位置から考えて極めて自然なことだろう。「吾妻鏡」は上総での広常の動向を隠しているが、頼朝による上総目代の追討は先述のように広常の功績が大きかった。しかし、頼朝は三年後の寿永《じゅえい》二年（一一八三）十二月、広常を鎌倉で謀殺した。こうしたことが広常の上総での動向を書かなかった理由であり、また、頼朝への参向の時期を九月十九日とした理由だろう。

これまでの結果から、頼朝は安房に着くと安西氏や丸氏など安房の源氏方の武士に命じて国内の統制と上総侵攻の準備をすると同時に、常胤や広常に上総目代追討の出陣を命じ、おそらく九月上旬には上総国府を陥落させたと考えられる。また同月十三日には、常胤は下総目代と下総国内の平家方の掃討を行い、それが完了した同月十七日には下総国府に至ったと思われる。

妙見の加護で結城浜合戦に勝利

なお、頼朝が安房から下総国府に至る途中であったろう現在の千葉市内には、白旗神社の由来・御茶ノ水伝承・君待橋の伝承など、頼朝に関する伝承が多く残る。もっとも興味深いのは、千葉の結城浜《ゆうきはま》（現、千葉市中央区新田町・新宿町・神明町地内）で常胤の孫・成胤と千田親正が合戦をしたとする伝承である。

「源平闘諍録」には、成胤の祖父・常胤や父・胤正《たねまさ》など千葉氏一族が上総の頼朝のもとに赴いているとき、

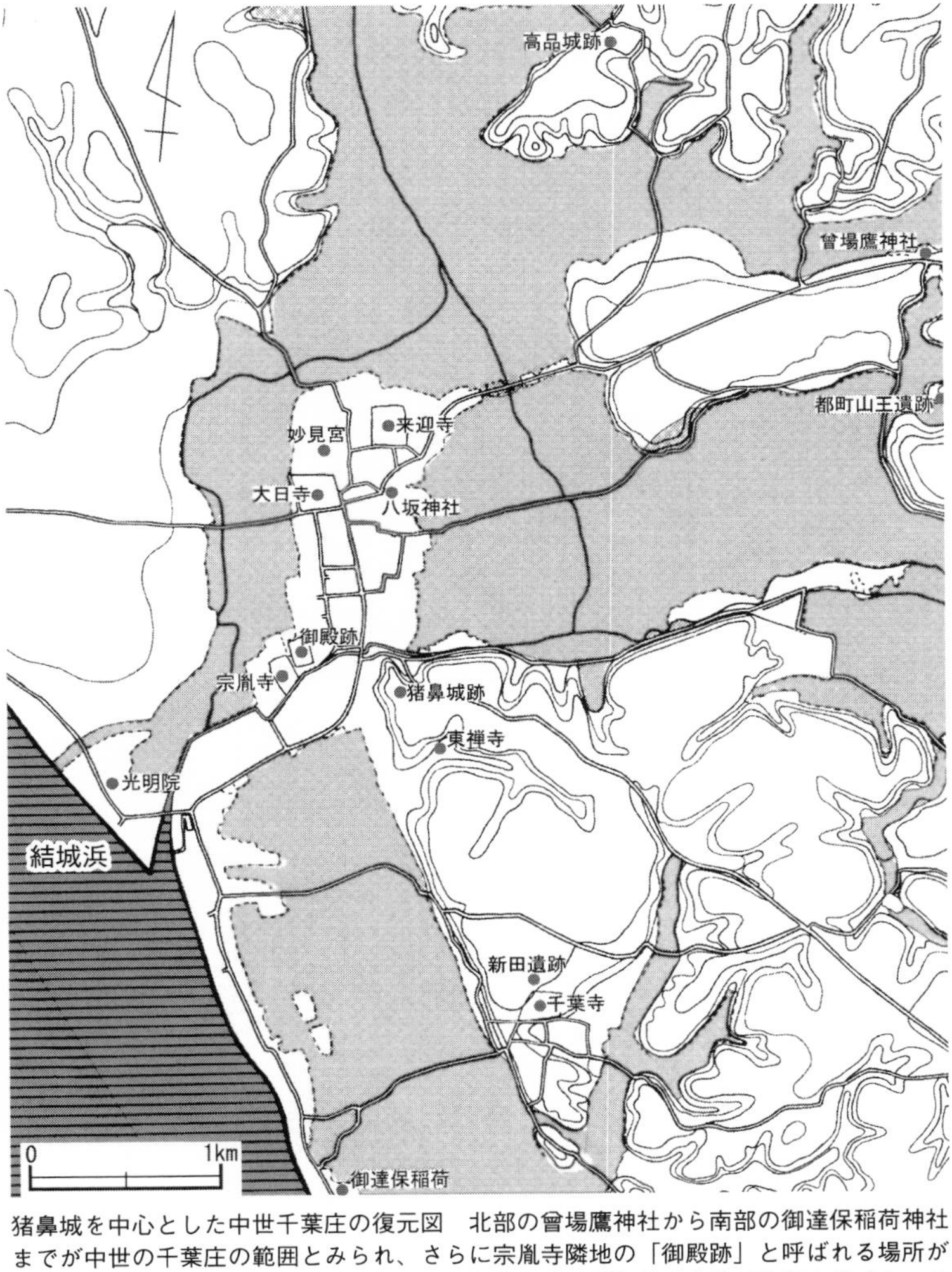

猪鼻城を中心とした中世千葉庄の復元図　北部の曾場鷹神社から南部の御達保稲荷神社までが中世の千葉庄の範囲とみられ、さらに宗胤寺隣地の「御殿跡」と呼ばれる場所が千葉氏の館跡ではないかといわれている。享徳の乱で馬加系千葉氏が宗家を継ぐと、文明年間にさらに内陸の本佐倉城へ本拠を移した　図版提供：千葉市立郷土博物館

結城浜の合戦で千葉成胤の危機を救うために示現した妙見菩薩。画面左の馬上の武士が千葉成胤　『下総国千葉郷妙見寺大縁起絵巻』より　相馬妙見歓喜寺蔵（非公開）・福島県立博物館寄託

留守になった千葉館《ちばやかた》（千葉市中央区・千葉地方裁判所付近）を下総国千田庄（多古町を中心とした地域）を支配していた平家方の武士・千田親正が襲撃し、千葉結城浜で合戦となった。ここには成胤の奇抜な作戦と、そして「千葉氏の守護神である妙見菩薩の加護により勝利を得た」という物語が登場する（結城浜合戦）。

さらに、「吾妻鏡」九月十四日条には「千葉介常胤の孫・成胤や常胤の六男・胤頼が千田親正を捕縛した」という記述があり、ここから成胤と親正の戦闘は史実と思われるが、場所については書かれていない。こうした記事が「吾妻鏡」に載せられている事実や、「源平闘諍録」の「結城浜合戦伝説」は千葉結城浜で何らかの事件が起こったことを示唆する。

また、この戦いについては、十五～十六世紀に制作された北斗山金剛授寺《ほくとさんこんごうじゅじ》（現、千葉神社）の記録「千学集抜粋」（以下、「抜粋」）や『千葉妙見大縁起絵巻《ちばみょうけんだいえんぎえまき》』（千葉市・栄福寺蔵）などにも詳しく書かれている。湿地帯での事件が極めてリアルに描かれているので、合戦が史実に基づいたものである可能性が高い。さらに『延慶本平家物語』『源平盛衰記』などの平家物語諸本にも、頼朝と常胤が千葉の結城浦（雪の浦）で参会する場面が書かれていて、この事件が史実に近いのではないだろうか。

第一章　武士の揺籃と千葉常胤の登場

葛原親王と高望王の上総下向

千葉氏は、桓武天皇の皇子・葛原親王《かづらはらしんのう》の子孫にあたる。親王は桓武天皇と多治比真人真宗《たじひのまひとまむね》との間に生まれた。治部卿《じぶきょう》や大蔵卿《おおくらきょう》・式部卿《しきぶきょう》を歴任して二品《にほん》となり、上野国太守・太宰師《だざいのそち》をつとめて一品となった。仁寿三年（八五三）六月四日に六八歳で薨去、親王の遺命に従って薄葬とした。墓所は京都府乙訓郡大山崎町《おとくにぐんおおやまざきちょう》とされ、現在地には「伝葛原親王御陵」や「館跡」の石碑が建立されている。

その孫・高望王《たかもちおう》は「平」姓を賜い、皇族の身分を離れ〝従五位下上総介〟として赴任した。介《すけ》とは国の次官であるが、上総国と常陸国と上野国《こうずけのくに》は親王任国《しんのうにんこく》とされ、トップである「守《かみ》」はおかれず「介」が事実上の国の長官的な存在となった。この下向の要因について、朝廷で藤原北家が政権を握った段階で出世の機会が失われ、皇親として朝廷から支給される禄や時服料だけでは厳しい窮乏が予想された。地方に行けば貴種として歓迎されるばかりか、婚姻を通じて地盤を築くことが可能であった。高望は国司の立場を利用して多くの田畑を開墾し、広大な私営田を獲得したようで、任期が終了してもそのまま関東に留まった。高望には国香《くにか》・良兼《よしかね》・良将《よしまさ》・良文《よしふみ》・良茂《よししげ》の子供たちがおり、高望の所領を継承し新田開発を行い、強大な私営田領主として発展していった。

葛原親王の遺跡の伝承地は千葉県だけでなく全国に拡がっている。群馬県沼田市の迦葉山弥勒寺《かしょうざんみろくじ》は、親王が上野太守《こうずけたいしゅ》のときに親王の発願で建立されたという。神奈川県藤沢市葛原は「親王の館跡」の伝承地である。親王を祭神とする神社に千葉県香取市白井《ちばけんかとりししらい》の「星宮神社」がある。岐阜県高山市と飛騨市に鎮座する桂本神社《かつらもとじんじゃ》は葛原親王を祭神とし、桓武平氏の末裔を称する飛騨江馬氏《ひだえまし》によって創建されたという。

平高望の遺跡は、高望を祭神とする神社が東京都内にある。西東京市の「阿波洲《あはす》神社」と小金井市の「上《うえ》宮大澤神社《みやおおさわじんじゃ》」である。千葉県横芝光町の四社神社《ししゃじんじゃ》は高望が上総介として政務を行ったという。口碑（郷土史家・故山田勝治郎氏談）に、千葉県香取市（旧山田町）帰命台の「帰命台の大杉」がある。根元に石の供養塔があり、高望の墓所と伝える。末裔の菅谷氏が墓守として守ってきたという。

葛原親王塚伝承地の碑　京都府大山崎町

関東全域を巻き込んだ平将門の乱

承平・天慶の乱は、関東で平将門《たいらのまさかど》が朝廷に反逆をして関東独立を宣言、西海では伊予掾《いよのじょう》の藤原純友《ふじわらのすみとも》が海賊を指揮し、瀬戸内海の水運を封鎖したことで知られている。ここでは、将門の乱について記しておこう。平高望の子供たちは、上総国《かずさのくに》・下総国《しもうさのくに》・武蔵国《むさしのくに》・常陸国《ひたちのくに》をそれぞれ開拓して館を構えた。

高望の子・平良将（良持とも）の子が将門である。将門は上洛し、藤原忠平の下で下級官吏として奉仕していた。その後、関東に戻ると伯父の国香たちが父の所領を侵略していることに憤慨、不和が生じ始める。延長九年（九三一）ごろから、特に「将門記」では、女論＝源護の娘とのとりあい＝で軋轢が生じるようになると源護と合戦になり、その子息の扶・隆・繁を殺害し、味方した国香を戦死させてしまった。

　これを知った国香《くにか》の弟・良正《よしまさ》は同年十月に出陣し、常陸国新治郷河曲付近《にいはりごうかわの》で合戦し、将門はこれを撃退する。さらに翌年、良正は兄・良兼《よしかね》や国香の子《こ》・貞盛《さだもり》を誘って下野国に出陣した。この合戦でも、将門は勝利をおさめた。この合戦のさなか、三人の子息を将門に討たれた源護は朝廷に将門を告発した。将門は同年十月に上洛して関東の状況を報告。朝廷は審理の末に将門へ大赦を下し、彼は下総国へ戻った。将門の帰国と同時に良兼は上総国（横芝か）から出陣し、将門も応戦するために出陣した。常総国境の子飼川《こかいかわ》の渡し（茨城県常総市）で合戦。しかし、良兼方は祖父・高望や父・良将の肖像画を掲げたため、将門は退却した。将門は同年八月、下総国豊田郡で良兼軍に応戦するが、彼自身が脚気《かっけ》を患って敗北を喫する。十月には将門は常陸国真壁郡で良兼軍を破り、さらに石井の営所（坂東市）で夜襲を受けたが、これを撃退する。この時、貞盛は東山道を下って信濃国へ避難した。

　関東平氏の一族間で争っていた時期の同年二月、武蔵国では武蔵権守《むさしごんのかみ》の興世王《おきよおう》と武蔵介《むさしのすけ》源経基《みなもとのつねもと》が武蔵郡司《むさしぐんじ》の武蔵武芝《むさしたけしば》と争っていた。この争いの調停に動き和解が成立したが、経基は誤解から翌天慶三年（九四〇）、将門と興世王が謀反を企てていると朝廷に訴えた。一方、常陸国では、常陸守藤原維幾《ひたちのかみふじわらこれちか》が租税未納の罪で藤原玄明《ふじわらはるあき》を追捕しようとしていた。将門は玄明を庇護し、維幾に玄明赦免の取り成しを依頼したが失敗し、交戦することになった。このため、将門は常陸国府（茨城県石岡市）を襲ってしまった。

これまで平氏一族間の私闘であったのが、国府襲撃は公への反逆となったことから、将門も国家反逆への意思を固めることになる。常陸国府を契機に下野国府や上野国府を占領し、国鑑《くにかがみ》と印鑰《いんやく》を奪った将門は、「親皇」を称し、下総国猿島郡に都をおいた。朝廷と同様に文武百官をおき、関東諸国に除目を発し、興世王や平将頼を国司に任命した。ここに関東独立の宣言がなされたわけであるが、長くは続かなかった。天慶三年、将門が兵を各地に返した隙に、下野国の藤原秀郷と従兄弟の平貞盛が兵四千を率い、将門を襲撃した。将門は残った兵たちと奮戦したが、猿島郡で虚しく戦死してしまった。翌年、天慶四年には将門の首が京の東市で晒《さら》された。

将門の乱は、律令国家の衰退をみせつけた。朝廷自らが追討したのではなく、在地豪族である藤原秀郷や平貞盛などの鎮圧により地方勢力が増大していくことになる。この乱は平氏一族の対立だけでなく、源護など常陸源氏との争いなど複雑な事情が絡んでいたが、関東の豪族たちによる中央政権への反抗的意識・独立意識が少なくともあった。これを契機に、関東の豪族たちは潜在的にあったその意識に残り、後に変容しながら新勢力を築いていく。将門を討った藤原秀郷からは小山氏・長沼氏など下野国を中心とした大豪族が発展し、貞盛からは後に平氏政権をつくった平清盛、鎌倉幕府の執権北条時政などへとつながる。そして将門の遺領を継承した平良文からは上総氏・千葉氏・三浦氏・秩父氏などが派生、発展していった。

千葉氏の祖・平良文とその遺跡

将門の乱以降、その下総国を継承したとされるのが平良文《たいらのよしぶみ》である。良文は平高望の子で、将門の叔父

平良文の墓　神奈川県藤沢市・二伝寺

にあたる。「将門記」には良文についての記載がなく、乱における活動の詳細はわからない。「今昔物語《こんじゃくものがたり》」の「良文が村岡五郎《むらおかごろう》と称して武蔵国村岡に住み、武蔵国《むさしのくに》箕田《みのだ》の源充と争う」という記述からも、武力と戦略をもちあわせていたようだ。「千葉大系図」には、良文が醍醐天皇の命で逆賊を討つために関東に下向して陸奥守鎮守府将軍に任じられ、さらに、将門の遺領を継いで下総介・上総介に任じられたとあるが、これも鵜呑みにするのは難しい。「千葉妙見大縁起絵巻」「千学集抜粋」にも、平良文が平将門に味方し妙見の加護を受けたという記述がある。「源平闘諍録」には、良文が甥の将門の養子として跡を継いだと記載されている。後世、良文は「武蔵野開発の父」と仰がれ、千葉・上総・秩父をはじめ三浦・大庭などの坂東八平氏は「延慶本平家物語」などに良文の子孫として記されていて、事実はともあれ重要である。なお、千葉氏や相馬氏は中世以降に将門を英雄視し、「将門末葉」を称する。

良文は村岡五郎を称し、武蔵国村岡（埼玉県熊谷市）がその居館とされ、以前は良文を供養する墳墓と板碑があったが荒川の改修で消滅したという。下総国村岡（茨城県常総市）にも居館跡があり、竹藪のなかに石碑がある。相模国村岡（神奈川県藤沢市）の二伝寺は良文の菩提寺で、良文・忠頼・忠通の供養塚が残る。下総国《しもうさのくに》阿玉郷《あたまごう》（千葉県香取市＝旧小見川町）には良文館跡や樹林寺がある。本尊の夕顔観音は良文の守護仏で、夕顔観音出現塚は良文塚と伝承されている。旧小見川町南部は、昭和三十年代に合併されるまで「良文村」といった。各地に残るこれらの伝承は、子孫の秩父・三浦・千葉によってつくりあげられたものかもしれない。

平繁盛に仇敵と呼ばれた平忠頼

忠頼《ただより》は良文の子で「陸奥介」に任じられ、弟に忠光、子息は長元の乱を引き起こした忠常である。福田豊彦氏が紹介した「続左丞抄《ぞくさじょうしょう》」には、忠頼と貞盛の弟・繁盛《しげもり》の争いを記している。寛和二年、繁盛は太政官に解状《げじょう》（上申書）を提出した。その内容は、繁盛が延暦寺《えんりゃくじ》に金泥大般若経《きんでいだいはんにゃきょう》六百巻を書写して奉納しようとしたところ、仇敵である陸奥介忠頼と忠光が妨害した。「大般若経が滞りなく届けられるよう、危険を排除していただきたい」旨が記されている。「繁盛は単に大般若経を寄進するだけでなく、藤原氏などに近づく権門《けんもん》接近を狙って忠頼等の仇敵打倒を企てた」と福田氏は説く。将門の乱を鎮圧した繁盛が忠頼を「仇敵」と呼んでいるから、忠頼の父である良文は将門と親しかったとも考えられる。なお、平忠頼の伝承・遺跡は少ないが、千葉県市川市に残る「葛羅《かつら》の井戸《いど》」は忠頼産湯の井戸という伝承を残している。

平忠常の乱とその本拠地

将門の乱が収束したあとで、房総半島全域に大反乱が起こった。万寿四年（一〇二七）から長元四年（一〇三一）に及ぶ平忠常《たいらのただつね》の乱である。忠常は良文の孫で、下総国・上総国に勢力をもち、「上総介、武蔵国押領使」を官職にもった地方官吏であった。

ことの発端は、忠常の税の滞納から国司と対立したのが要因である。忠常は大規模な田畑を確保するため、私財を上総介や下総権介という権限を活用し、下総や上総に広大な領地をもったようだ。そして、国司より力をつけた。万寿二年、忠常は官物を納入しなかったため、反逆をすることになる。朝廷からは追討使として中原成道《なかはらしげみち》と平《たいらの》直方《なおかた》が決定する。その間、忠常は長元元年に安房国府に侵入して安房守藤原維《あわのかみふじわらこれ》忠《ただ》を焼殺、上総国府を占領した。朝廷は平直方を追討使に任命したが功をあげられず、長元三年に忠常は再度、安房国府を襲撃、安房守の藤原光業は印鑰を放棄して京へ逃げ帰った。次いで安房守に平《たいらの》正輔《まさすけ》が任命されたが、下向途中の伊勢国で平致経と合戦となり安房へ赴任できなくなった。九月には、直方にかわって源《みなもとの》頼信《よりのぶ》（甲斐守）が追討使に任命されると、平忠常は出家して子息法師と共に頼信に降伏をした。

その後、平忠常は美濃で逝去し、首は晒された。「今昔物語」に「忠常は源頼信の臣下」との記述があり、この乱によって当時、房総三国は亡国同様になったという。反乱が長引いた背景に、父忠頼の時と同様、貞盛流の平氏（直方や維幹）と良文流の平氏（忠常）の対立が深く関係していた。「今昔物語」には「衣河ノ尻ヤガテ海ノ如シ、鹿島梶取ノ前ノ渡ノ向ヒ顔不見エ程也、而ニ彼ノ忠恒ガ栖ハ、内海ニ遥ニ入リタル向ヒニ有ル也、然レバ責寄ニ、此入海ヲ廻テ寄ナラバ七日許可廻シ、直グニ海ヲ渡ラバ、今日ノ内ニ被責ヌベケレバ（略）」とある。福田豊彦氏も指摘するが、「内海」を「香取海」もしくは「椿海」とすれば、忠常の本拠地は下総国大友（香取郡大友）がふさわしい。大友は台地上にあり、かつては香取海と椿海の水運の要衝であった。ただ、この大友だけではなく上総と下総の支配を考えると、水運が盛んな利根川下流域周辺に本拠地があったことは確かだろう。

忠常の逝去地は、「左経記」に美濃国野上、「扶桑略記述」「百錬抄」には美濃国山縣郡、「千葉大系図」には美濃国蜂屋庄とある。野口実氏が指摘しているが、鎌倉初期に千葉常胤が故あって美濃国蜂屋庄を源頼朝に強く請求しているが、この蜂屋庄には忠常の墳墓伝承があったのかもしれない。

忠常の子孫と太平洋水運

忠常の子・常昌《つねまさ》（将）や常近《つねちか》は罪を許され、助命された。近世に作成された「千葉伝考記」「千葉大系図」によると、平常将は頼義・義家と主従関係になり、陸奥国において常将と常永は前九年の役に従軍、常兼は後三年の役で転戦したという。これらは「陸奥話記《むつわき》」などに記載がなくそのまま信用できないが、源頼信と平忠常の関係からも源氏及び陸奥国との縁は深くなり、この関係が常胤の頃まで続いたのであろう。

平常将の遺跡伝承は別途詳説するが、千葉県香取郡東庄町大友館跡に墳墓が伝わるほか、武蔵国平ノ山寺（埼玉県ときがわ町・慈光寺）を中興したと伝え、上野国榛名山麓（群馬県高崎市～榛東村）には常将伝承が数多く残る。常将の子孫たちをみると、平忠常が行った新田開発の例にならって、常長（永）の子・常時（常晴とも。上総介）、その子・常澄（上総権介）、常時の甥にあたる常重（下総権介）なども「介」の権限や新田不検注の政策を利用して広大な土地を開拓。上総氏・千葉氏をはじめとする「両総平氏」と呼ばれる大武士団へ発展していくことになる。

平安初期頃、下総国から陸奥国にかけて太平洋水運が盛んだったらしい。野口実氏の研究から、平安中期頃の下総国・陸奥国・常陸国の関係が深いことが判明してきた。平繁盛流の平氏から清原武則が出るなど、出羽清原氏との関係が明らかにされている。清原武則のあと鎮守府将軍を継いだとされる海道貞衡は、繁盛流の子孫である。この孫が海道（海島）忠平（忠衡）で、陸奥国南部地域の太平洋側を支配した一族である。忠平の娘は下総国の平常兼に嫁ぎ、千葉常重（常胤の父）を生むことになる。これまで貞盛・繁盛流とは敵対関係にあったが、海道平氏との縁組みだけでなく、常陸大掾の支流・豊田四郎政幹も娘を常重に嫁がせ、さらに常胤の娘が多気（大掾）直幹に嫁ぐなど「下総～常陸～陸奥」の関係が強くなっていた。そしてこの奥州との関係が、後に千葉氏の経済的な基盤である砂金入手や、鎌倉以降の所領獲得にもつながっていくことになる。

千葉氏の誕生と千葉館

平常長（永）の子・常兼は「大椎権介《おおしいのごんすけ》を称した」（「千学集抜粋」）という。これは上総国大椎（千葉市緑区大椎）とされ、房総半島の付け根で村田川の上流域だ。下総国とも接し、上総と下総両国を支配しやすいこの地を拠点に選んだのであろう。この大椎館から千葉館に居を移したのは常兼の子・常重《つねしげ》である。常重が千葉に館を築いて移住したのは、大治元年（一一二六）六月一日である（「千学集抜粋」）。現在、千葉市ではこの日を「千葉開府の日」として各種行事を行っている。これまでは現在の亥鼻公園に城館がつくられ、長い間、亥鼻に千葉氏の館があったとされてきたが、近年、常重や常胤時代の館は、亥鼻公園の下を流れる都川に面する千葉地方裁判所付近に立地していたと考えられている。

千葉氏の本拠地で史跡が散在する亥鼻台。中央は千葉城の復興模擬天守で現在は千葉市立郷土博物館となり千葉一族に関する資料等が展示・研究されている　千葉市中央区

『吾妻鑑』文治二年三月十二日条の「関東御知行国々内　乃貢未済庄々注文」に、千葉庄は「八条院御領」とあり、その成立は鳥羽上皇の院政期（一一二三～一一五六）と考えられている。千葉庄の成立も大治年間と考えれば符号する。『吾妻鑑』承元三年十二月十五日条には、「（略）千葉介成胤者、先祖千葉大夫、元永以後為当庄検非違所之間。右大将御時、以常胤被補下総一国守護職之由申之」とある。

幕府が関東の守護にその由来を調査した際、下総国守護の千葉成胤がこれに応答したものが記されている。これによると、元永年間（一一一八～一一二〇）に先祖の千葉大夫が千葉庄の検非違所であった。このため、源頼朝の時に千葉常胤が下総一国の守護に補せられたという。この千葉大夫を「千葉大系図」は「常重」とする。そのほか『群書類従本千葉系図』では千葉大夫を「常兼」、中条本「桓武平氏諸流系図」では常長を「千葉大夫」、常兼を「千葉次郎大夫」と記し、よくわからない。千葉への本拠移転は常重の代で間違いないが、すぐに開発・移転したのではなく、それ以前に父祖である常長や常兼の時代から千葉郡池田郷を開発していた可能性もある。「徳嶋本千葉系図」には、常長の三男・三郎常房（鴨根三郎常房）が「千葉三郎常房」を称することから、常長の時代より千葉の開発が始まっていたのかもしれない。

平良文以来の伝領・相馬御厨

「相馬御厨《みくりや》」は千葉常重の時、大治五年（一一三〇）六月に相馬郡内の私領のうち布施郷を伊勢内宮《いせないくう》に寄進したことで成立した。この御厨は、先祖・平良文以来の相伝の領地でもあった。

御厨とは、中世における神社の庄園で、神殿へ神饌《しんせん》などを供えるための生産場所のことである。相馬御厨も、千葉氏が相馬郡の一部を伊勢内宮に寄進し、その禰宜家《ねぎけ》・荒木田《あらきた》氏の下で現地支配をした。常重がなぜ、重要な土地を寄進したのか。これは伊勢神宮を領主にすることで、下総国衙からの課役を逃れることができた。常重は、伊勢神宮一禰宜の本家、権禰宜の領家の下で下司職《げししき》となる。下総国衙も十二月にこの寄進を認め、以後、現地の実質的な支配者として子孫に継承していくのである。

相馬郡の伝領については、久安二年八月十日「正六位上平朝臣常胤寄進状」（「鏑矢伊勢宮方記」:『千葉県史料』中世編）にある。これは、先祖・良文の所領である相馬郡の土地を子孫に代々伝えた。しかし、常兼のときに常重には譲らず、常兼の弟・常晴に伝えて「国役不輸の地」とした。その後、天治元年（一一二四）六月に常晴が常重を養子にして譲り受けたと常胤が主張するものだ。ここで常晴は、上総国を中心に下総国に所領をもち、常晴の子・常澄、その子広常に至り、上総地域に大きな影響力をもつことになる。

その後、常胤が家督を継承すると長承四年（一一三五）七月、下総国司の藤原親道《ふじわらのちかみち》は公田官物の未納を理由に常重を召し捕え、相馬郡と立花郷を親道に譲る証文を書かせた。康治二年（一一四三）、源義朝は常晴の子・常澄の要請で、常重から相馬郷の譲状を書かせた。義朝は、この土地を改めて伊勢神宮へ寄進している。常胤は前述の久安二年（一一四六）、公田官佛の未済分を納入して相馬郡司に任じられ、その支配権を回復し、再度、伊勢神宮に寄進した。源義朝と常胤は競合することになるが、その後、千葉常胤と源義朝の間でどう決着したのかは不明だ。千葉常胤は保元の乱で義朝の率いる関東の兵の中に、上総常澄の子広常とともに名が見えるから、源義朝の傘下に入ることで領地の保全を図ったとの見方もできる。

平清盛政権下、永暦二年（一一六二）正月、源義宗が相馬御厨を寄進するという事件が起きる。義宗が前下総守藤原親通が持つ新券を親通の次男・親盛から入手し、奪取した。常胤も対抗手段として翌二月に再度、伊勢神宮へ寄進の意向を示した。しかし、伊勢神宮は常胤に味方できなかった。常胤側の領主であった禰宜の荒木田明盛と、義宗側の領主であった禰宜の度会彦章《わたらいひこあき》による対立が生じた。義宗が伊勢神宮に供祭料を負担して寄進状の約束を果たしたことが評価され、長寛元年（一一六三）に義宗の寄進が妥当とする宣旨が出された。これにより義宗は相馬御厨全域を支配し、千葉氏の先祖以来の領地は失ってしまったのである。なお、相馬御厨における源義宗は、従来は常陸国の佐竹義宗とされていたが、清和源氏源頼清流の「源義宗」であるという（佐々木紀一氏「「平家物語」中の佐竹氏記事について」）。

千葉常胤木像　高野山の千葉氏菩提所に伝わる木像を阿波の粟飯原氏が複製したという　徳島市・粟飯原康胤氏蔵

「常胤をわが父と思う」――頼朝と常胤

千葉氏は、平安時代末に下総の千葉へ移住して武士団を形成したが、下総国司や源義朝などから侵奪を受け、平安時代末期には相馬・立花の権利を完全に失い、次第に平家方から圧迫を受けていった。一方、上総で武士団を形成した上総系は、常晴の子・常澄が源氏の棟領として関東地方に勢力を伸ばした源義朝と結び、国内武士団の統合に努めた。そのうえで下総に進出を図り、常澄の子・広常は平治《へいじ》合戦後も上総国全域の所領や下総埴生庄・匝瑳郡・印東庄・木内庄などや、千葉氏の所領としていた相馬領まで勢力を拡大させていた。このように、千葉氏が所領の経営に苦しんでいる頃、平治の乱で敗れて伊豆の蛭《ひる》ケ《が》小島《こじま》に流されていた源義朝の子・頼朝が、治承四年（一一八〇）八月十七日、三島大社の祭礼で手薄になっていた伊豆目代の山木兼隆《やまきかねたか》を奇襲で討ち果たし、相模の石橋山に軍を進めた（『吾妻鏡』）。それに対して、相模武士の大庭景親は三千騎の兵を集めて石橋山に陣取る頼朝を急襲する。敗れた頼朝は海路、安房に逃れていった。

さて、常胤は頼朝の安房到着の報に呼応し、下総国府（市川市）で頼朝と参会するが、このとき頼朝は三十四歳、常胤は六十三歳。対面した頼朝は常胤を座右に招き、「常胤をわが父と思う」と述べ、信頼を寄せている。

上総広常の死と頼朝の後悔

　一方、決起に遅参したとはいえ、二万騎を率いて頼朝のもとに参陣した上総介広常は、その後の頼朝軍の勝利に大きく貢献するが、寿永元年（一一八二）、鎌倉で梶原景時と双六に興じている最中、頼朝の命を受けた景時によって殺害されてしまう。上総氏はこの頃、単に上総国内だけでなく下総国内の木内庄や埴生庄・相馬御厨などを領地としており、最近の研究では、その勢力から考えて両総平氏の嫡流と推定されている。この上総氏から英傑の上総介広常が登場した。広常は上総介常澄の子に生まれ、上総権介を継承する。史料によっては「弘常」と書くものもある。その居館は諸説あり、一宮町の高藤山《たかとうさん》かいすみ市町布施地区、あるいは睦沢町などといわれる。

源頼朝銅像　源氏山公園に建てられている　神奈川県鎌倉市

　源頼朝の父・義朝に仕え、保元の乱・平治の乱に活躍するが、この乱で義朝が討たれて以来、平氏に従う。頼朝が石橋山に兵を挙げると、広常は弟の金田頼次《よりつぐ》に命じて三浦介義明に加勢させた。そして頼朝が安房に逃れてくると、これを助けている。先述のように、このありようは「吾妻鏡」と「延慶本平家物語」ではだいぶ違っている。「吾妻鏡」では「千葉介と相談のうえ参上する」といった返答だが、「平家物語」では「ただちに頼朝の傘下に入る」旨を表明している。二万騎を率いて下総国府に参上した際、頼朝が大器でなかったら殺害して清盛に機嫌を取ろうとしたという話なども、創作の可能性が高い。確かに、二日遅れの到着を咎められるが、三百騎の千葉勢と二万騎の上総勢では、その規模からいって集合させる時間も必要であるだろう。

さて、頼朝は、九月二十日には房総地方の武士団をまとめることに成功するが、これによって平家方の武蔵国や相模国などの関東武士団も頼朝に恭順を示し、傘下に馳せ参じるようになる。頼朝は、平家軍が富士川に到着すると、二十万の大軍を従えて富士川に出陣し平家軍を破る。このとき広常は、上洛を急ぐ頼朝へ、常胤・義澄と共に頼朝の脅威となりうる動きをみせる佐竹氏の討滅と東国固めの重要性を説き、続く佐竹征討に大きな勲功を挙げる。

しかし、頼朝は強大な軍事力を持つ広常に疑いの目を向ける。三浦半島の浜で頼朝を迎えたとき、下馬の礼をとらなかったことから、鎌倉政権づくりに支障ありと見たのだろう。広常の一族郎党は謀反の罪を着せられ、その身柄は各武士団に預けられて所領は没収された。一子の小権介良常《よしつね》は自害して果てる。そこで上総一宮の玉崎神社宮司の田中氏が、甲冑一式と願文を鎌倉の頼朝に見せた。そこに書かれていたのは、なんと頼朝の武運長久を願った広常の願文であった。頼朝は悔み、広常の弟の金田頼次・相馬常清などを放免し、所領の一部を返している。しかし、すでに上総氏の昔日の面影は見られなくなっていた。

房総各地に残る広常伝説

いすみ市下布地区に代々住む渡辺姓の方々は、広常の末裔を称する。平成十年に訪問した谷田牧場の渡辺忠昭さんも、そのひとりである。訪問した渡辺宅では、輪番制で「広常の衣冠束帯《いかんそくたい》姿の木像」を預かっており、口伝によると、広常の子・岳太郎（良常か？）が川で自害して果て、その後、十一面観音像をつくったそうで、彼が死んだという淵を今でも「岳太郎淵」と呼んでいる。広常の娘に源氏に嫁いだ袖萩という者がいて、戦前まで袖萩愛用の硯箱を伝えていたそうだ。

また、良常の遺児伝承も残っていて、名を石橋丹後守光宗《いしばしたんごのかみみつむね》という。一族二十八人と共に九十九里浜を北上し、蓮沼《はすぬま》村の中之島に落ち着いて蓮沼地方の沼地を開拓し開祖になったという。そして然阿良忠上人に帰依して極楽寺を建立、上総氏の菩提を弔った。その子孫が昭和五十年代に蓮沼村助役を務めた石橋茂勝さん（取材当時）で、今なお光宗の位牌を持っている。また、正式には息女が二人いて、その一人が甲斐源氏の名流・加々美長清《かがみながきよ》に嫁ぐが、この長清こそ弓馬の師範とされる小笠原《おがさわら》長清である。長清は広常の連座を被らず、本領と共に所領を拡大しながら阿波《あわ》守護を務めた。そして宝治《ほうじ》合戦で敗れた相馬常清の遺児とされる常重や、常清の一族である角田《すだ》氏、天羽直胤《なおたね》の遺児を引き取っている。

広常の明るく粗野な人物像は、鎌倉武士の典型として庶民に人気だったようだ。たとえば、「歌舞伎絵」や「那須の九尾の狐」伝説にも登場する。「九尾の狐」伝説とは、中国の殷王朝を滅ぼした幻の美女を装った、九つの尻尾を持つ黄金狐が登場する。日本へは遣唐使に混じって入ってきたとされる。この狐は悪さをしていたが、ついに「玉藻の前」と称して宮中に入り込むことに成功する。そして鳥羽上皇の寵愛を受けるが、陰陽師の安部氏に正体を見破られ、下野那須の地に逃れる。鳥羽上皇は東国一の武者として知られる三浦介義明と上総介広常に命じ追討に向かわせる。義明と広常は正面と裏手から攻め、ついに茶臼岳麓で討ち取ると九尾の狐はもだえ苦しみ、「那須の殺生石」となって近づく生物を皆殺しにしたという（真実は硫化水素）。

しかし、黄金狐のため、それを殺害した義明・広常にも累が及び、二人とも非業の最期を遂げる。義明の流れをくむ葦名《あしな》・三浦一族が江戸時代に羽前角館藩主になるが、角館三代目の当主もわずか三歳で縁側から落ちて死ぬ（葦名三浦氏断絶）という悲劇を生んだ。角館では、九尾の狐伝説によるものとして、狐を供養する「七色稲荷神社」を祀っているそうだ。

広常の末裔とされる渡辺姓の方々が守る上総広常の木像　千葉県いすみ市

千葉県夷隅郡には、上総介広常に関わる数々の伝説が残る。いすみ市布施には広常の館があったとされ、広常の供養塚や広常の愛馬を葬った尾骨神社、頼朝が広常の宿所として提供した硯山長福寺、広常の末裔と称する渡辺姓の方々が守る「広常木像」も残されている。また、いすみ市大原地区にある瀧泉寺には広常手植えの大銀杏が生い繁り、東光寺には位牌、金光寺には広常の古びた五輪塔が残される。勝浦市には、殺害された遺体を隠すために置いた大杉八幡社（滝口神社）があり、上総介平君の碑が建っている。

第二章　千葉氏の発展と戦乱の時代

1　千葉常胤と六人の子供たち

全国に一族が所領を得る

頼朝から厚い信頼を得た常胤は、鎌倉幕府の草創に極めて重要な役割を果たした。

常胤は元永元年（一一一八）五月、上総国大椎（現、千葉市緑区大椎町周辺）で生まれる（一説には東庄町大友）。父は大椎権介（千葉介）常重。母は、豊田政幹の娘と伝える。幼年期の記録は残っていない。

上総国大椎郷の位置する土気地区は鹿島川を利用した場合、佐倉・印旛沼を経て香取海水運に通じていた。南側へ流れる村田川を下れば東京湾である。東側の丘陵地帯を抜ければ大網白里を経て、九十九里、匝瑳方面に至る。こうした立地条件は、多くの武士たちや遊行僧など当時の知識人・文化人の交流の場となり、常胤の幼年期に大きな影響を及ぼしたと思われる。大治元年（一一二六）六月一日、常胤が八歳のとき、祖父・常兼が没し、家督を継承した常重は本拠地を大椎から千葉に移し、常胤も父と共に千葉に移住した。このとき、千葉氏の守護神とされる妙見を千葉に勧請し、平忠常や子の覚算の建立と伝わる千葉郷の古刹・北斗山金剛授寺尊光院（現、千葉市中央区院内・千葉神社）を妙見宮の別当寺にしたと伝える。

さて、頼朝が安房に到着し、常胤は一族を率いて参戦した。ここで重要なことは、常胤が頼朝に源氏の本拠を「鎌倉」に置くよう進言したことである。そして葛西・豊嶋《としま》・江戸・河越・畠山の諸氏を従えた頼朝は相模の鎌倉に入り、富士川の夜戦で平維盛の軍を撃破、ついで北関東の雄・佐竹氏をも降して東国を支配下におさめた。常胤一門の軍勢は、その後の寿永三年（一一八四）に行われた木曽義仲《よしなか》征討、摂津《せっつ》一《いち》ノ谷《のたに》の合戦、翌四年の周防《すおう》・豊後《ぶんご》遠征にすべて参加して功を重ねている。

鎌倉の頼朝が、出征軍の大将・源範頼《のりより》に送った親書を見ると、老齢を顧みずに奮戦を続ける常胤に対し、いたわりの心情を述べている。のちに、側近の筑後《ちくご》権守俊兼《ごんのかみとしかね》がぜいたくな服装で出勤するのを見た頼朝は、「千葉常胤や土肥実平を見よ、彼らは清濁を分かたぬ（教養が豊かでない）武士ではあるが知行は大身で、しかも衣服は質素、いつも派手なことをしないから家は富裕で、多くの郎党を抱えて忠勤を励んでいる」とたしなめたのは有名な話である。武士たちが抗争した鎌倉時代。武士すなわち東戎《あずまえびす》は「文字知らず、文化知らず」と言われ蔑まれてきたが、その中で文化・芸術を育んできた一族（宇都宮氏）もいて、千葉氏もその一つである。鎌倉中末期に千葉一族の文化も発展すると、了行法師・道源上人・龍山徳見《りゅうざんとくけん》が現れる。常胤は質実剛健の関東武士だが、実際は深い教養のある人物で、時には「他の御家人《ごけにん》たちの前で雅楽や舞踏を行った」（『吾妻鏡』）と伝える。

鎌倉に幕府を開いた頼朝は元暦《げんりゃく》元年（一一八四）、侍所《さむらいどころ》に続いて公文所《くもんじょ》・問注所《もんちゅうじょ》を開設、翌文治元年に平家一門を壇ノ浦《だんのうら》の合戦で滅亡させ、まず東国の政治権力を手中にした。その翌年には全国に守《しゅ》護《ご》・地頭《じとう》を設置し、在地武士団を支配することに成功する。また、鎌倉入りして以来不仲になり、各地を転々と潜行していた義経《よしつね》一党を文治五年（一一八九）、平泉《ひらいずみ》の藤原氏と共に滅亡させた。そして建久《けんきゅう》元年（一一九〇）、頼朝は右近衛大将《うこのえたいしょう》、同三年（一一九二）には征夷大将軍《せいいたいしょうぐん》となって鎌倉幕府は文字どおり政治機構の中枢となった。こうして鎌倉時代という、わが国初の武家政治がスタートしたのである。

頼朝は平家残党の動きを監視し、不測の事態に備え諸国の国衙の地や庄園に守護・地頭を置く。「守護」は治安警察と同時に、御家人と幕府との間でさまざまな行政上のパイプ役を果たす〝地方長官〟である。「地頭」は荘園領主を監視する一方、協力して農民を監督し、年貢の効率的な取り立てをするといった荘務を執行する地方の役人である。このため、朝廷の任命した国司の権限は著しく弱体化することになった。

鎌倉時代初期の千葉氏の所領は、下総国では千葉庄・千田庄・萱田郷《かやだ》（八千代市）・吉橋郷《よしはし》（八千代市）・埴生庄（成田市北西部、栄町）・印東庄。上総国では上総介広常の遺領である玉前庄・伊北庄・伊南庄・望東郡金田保・長南郡多名気《たなげ》（棚毛か？）・武射郡《むさ》南郷・同戸田郷《とだ》・長生郡《ちょうせい》米満《よなみち》・同角田・大椎郷・時田（長柄郡刑部郷鴇谷か？）を得ている。このほか肥前国《ひぜん》小城郡《おぎ》（佐賀県小城市）、豊前国《ぶぜん》上毛郡《こうげ》成恒名《なりつね》（福岡県上毛町）・薩摩国《さつま》島津庄内寄郡《よせごおり》五箇郡（鹿児島県薩摩川内市内一帯）・大隅国菱刈郡入山村（鹿児島県伊佐市菱刈）などである。常胤の所領のうち、長男の胤正は千葉氏の拠点とされた下総国の千葉庄・千田庄など下総国の本宗家の所領や北九州の小城など、上総国内の広常の所領を伝領し千葉介および上総介を称した。この所領は子の成胤・常秀・観秀《かんしゅう》・胤忠《たねただ》・胤朝《たねとも》・胤広《たねひろ》・師胤・胤時《たねとき》などに継承されている。このうち千葉氏の家督を継承したのは成胤であった。成胤は胤正の遺領のうち、下総国の千葉庄・千田庄・葛飾郡萱田郷・吉橋郷など、下総国の本宗家の所領や北九州の小城などの所領を伝領し千葉介を称した。

一方、常秀は上総国内の上総氏の遺領や下総の埴生庄・薩摩寄郡・五箇郡などの所領を継承し、上総介を称した。また、建久元年（一一九〇）十二月十一日、左兵衛尉《さひょうえのじょう》に任官している。以下、観秀は葛飾《かつしか》郡栗原《くりはら》郷、胤忠の所領は不明、胤朝の所領は印東庄六崎《むつさき》郷、胤広の所領は印東庄立沢《たつざわ》郷および千田庄中村《なかむら》郷三谷《みたに》・同庄南並木《みなみなみき》の平戸《ひらと》・印東庄中沢《なかざわ》、師胤は神崎《こうざき》庄・埴生郡遠山形《とおやまかた》郷、胤時は白井庄・印旛《いんば》郡鳴矢郷などを継承した。成胤は「小次郎」とされ（鍋島文庫蔵「平朝臣徳島系図」）、「養子たるゆえ」（「源平闘諍録」「抜粋」）とも書かれている。これに対し常秀は、父・胤正から上総介の称号と上総国全域、南九州の島津《しまづ》庄《しょう》、寄郡五箇郡など広大な所領を継承している。その数を成胤の継承した所領と比べると、最大の所領を継承したのは常秀であることから、鎌倉時代初期の千葉氏武士団を代表していたのは、常秀の率いる上総千葉氏であった可能性も否定できない。

誠実・大胆で思慮深き人、常胤の死

鎌倉幕府の重鎮であった常胤と頼朝との関係は他の御家人より深く、頼朝の私的生活の中にまで及んでいた。頼朝の長子・頼家《よりいえ》は、寿永元年（一一八二）八月に生まれたが、頼朝の妻・政子《まさこ》の腹帯を新調したのは常胤の妻で、頼朝はこの帯を受け取ると自ら結んだといわれている。また、誕生に伴って行われた最大の儀式「七夜の儀」は、常胤以下六人の子息が行っている。

こうした常胤と頼朝の特別な関係は、以後も続く。文治四年（一一八八）七月、頼家の「着甲の儀式」には常胤が鎧櫃を開き、その鎧を着せている。また、北条義時《よしとき》の子・泰時《やすとき》の元服の儀式が幕府で行われた際、その席の前列の中央に座したのは常胤であった。建久三年（一一九二）八月、頼朝は征夷大将軍に任

じられるが、この時、頼朝は自署の下文《くだしぶみ》を回収し、政所下文《まんどころくだしぶみ》に統一した。常胤はこの下文を最初に与えられる立場にあったので、厳重な抗議を申し出る。常胤は政所で発給する下文ではなく頼朝の花押《かおう》のある下文を要求したが、頼朝は常胤の要求を承諾し、自ら下文の袖に花押を自署し常胤に与えたという。こうした常胤と頼朝との関係は、頼朝の死まで変わることなく続いたのである。

さて、頼朝は建久十年（一一九九）正月に没するが、頼朝の死は幕府内部に大きな動揺をもたらした。頼朝の近臣・結城朝光《ゆうきともみつ》は、同年十月に幕府の詰所で「忠臣は二君に仕えず」と語ったが、梶原景時はこれを謀反として頼家に讒訴した。すると常胤は、三浦義澄・畠山重忠《しげただ》など御家人六十六人と共に鶴岡八幡宮の廻廊に集まり、「景時排除の連判状《れんぱんじょう》」を作成する。このときの連判状の筆頭は、常胤であった。齢八十二歳の常胤が、実際、この席に同席できる可能性は高くないが、頼朝没後の動揺した幕府の中で、御家人を代表して大きな発言力を持っていたのは確かであろう。建仁元年（一二〇一）三月二十四日、千葉介常胤が世を去った。享年八十四歳。下総国千葉山（千葉市稲毛区園生町地内）に葬られたと伝えられている。

千葉山　この石の付近が千葉氏歴代当主の墓と伝わる　千葉市稲毛区

六人の息子と三人の息女

常胤は、同じ関東平氏の流れである秩父重弘《しげひろ》の息女を妻に迎えた。この秩父氏との間には、七人の男児をもうけた

千葉常胤室の位牌　畠山重忠が叔母の常胤夫人のために建立した慈勝寺に伝わる　東京都あきる野市・慈勝寺蔵

とされる。秩父氏は現在の埼玉県秩父地方から埼玉県西部を支配した一族で、重弘の子・重能《しげよし》から畠山氏を名乗る。ここで、その子どもたちの事績を紹介しよう。

【千葉胤正】　長男・胤正は千葉一族の統率者、調整役として抜群の働きをする。頼朝が安房に上陸した際、弟・胤頼と共に父・常胤を説得したり、また、従兄弟の畠山重忠が冤罪により千葉氏に預けられた際には、頼朝にとりなしをしている。常胤亡きあとは、子息・成胤と共に執権《しっけん》・北条氏の御家人排斥政策をくぐり抜け、千葉一族をまとめていったという。

【相馬師常】　次男は相馬次郎師常。その所領である相馬御厨は、現在の東葛飾地方から茨城県守谷市に至る広大な土地である。彼は平将門の末裔・相馬氏の養子になったという説もあるが、父・常胤の領地である相馬御厨の経営者として相馬氏を創始した。武勇に優れ、源平合戦にも従軍。奥州藤原氏追討に戦功をたて、陸奥《むつ》国行方《なめかた》郡（現在の福島県浜通り）を領地として賜る（「薩摩旧記」）。また、泰衡《やすひら》の家来であった大河兼任《おおかわかねとう》の反乱鎮圧にも活躍した。鎌倉では扇《おおぎ》ケ《が》谷《やつ》近辺に屋敷があったとされ、師常は須佐男命を祀る。土地の人は師常の人となりをあわせ「荒ぶる神」として、これを「相馬天王社」と呼び崇敬した。武勇に優れた師常も、殺伐とした武家社会の中で精神的な救いを求めたのであろう。念仏行者として端座合掌して亡くなったと書かれている（「吾妻鏡」）。子孫は、下総に残った下総相馬氏、陸奥行方郡に行った奥州

全国に展開する千葉一族

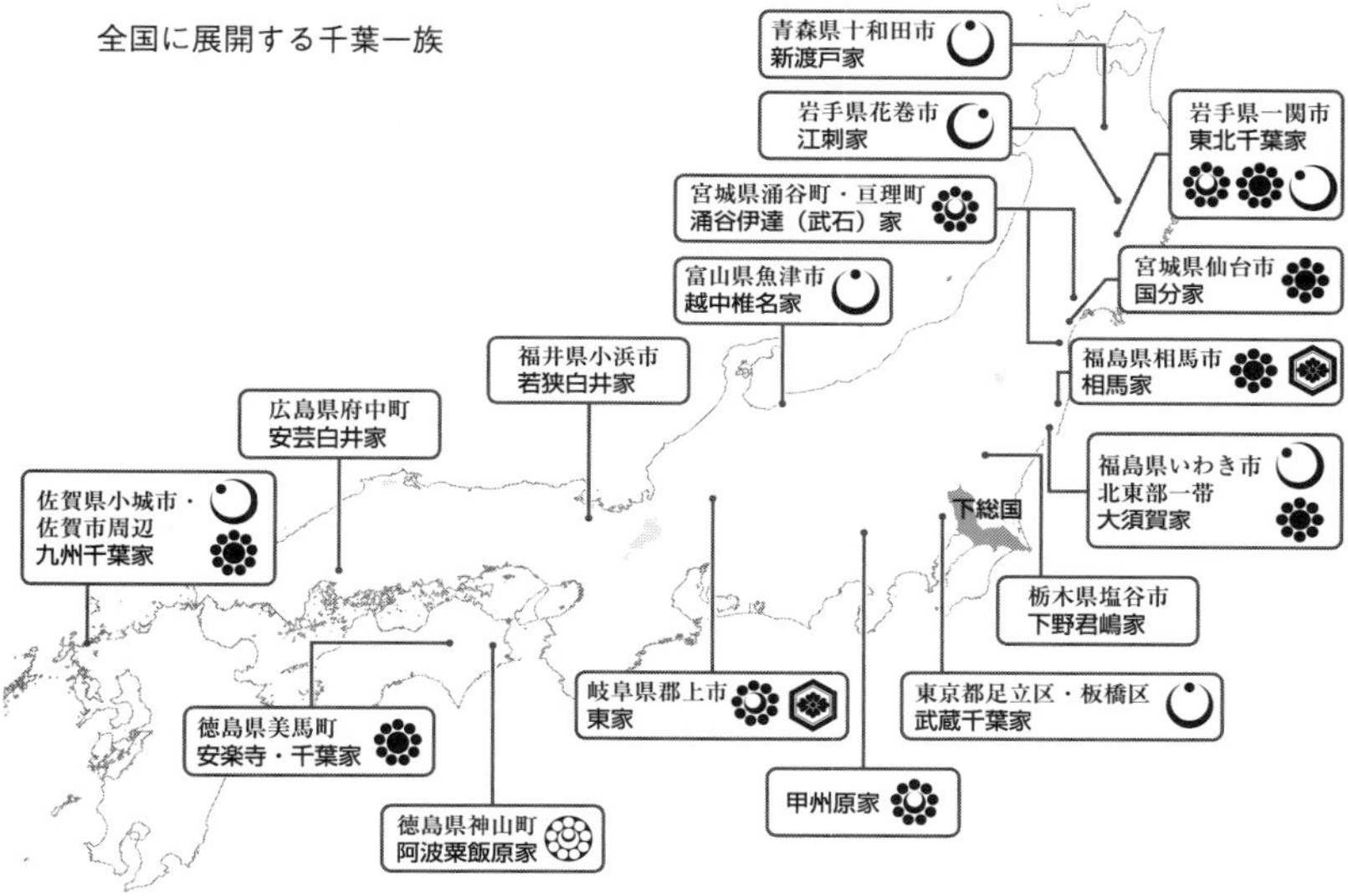

相馬氏、武州辛垣館《からかい》（東京都青梅市）の三田《みた》氏がいる。奥州相馬氏は、鎌倉時代から明治維新まで同じ領地を維持した全国でも稀な大名家であった。

【武石胤盛】　三男は武石《たけし》三郎胤盛。現在の千葉市内の京葉道路・武石インターチェンジ付近に館を構えた。現在の武石には、胤盛が中興開基したという伽羅陀山真蔵院や三代王神社が残る。胤盛は兄弟の中でも一番文献が少なく、謎のベールに包まれている。伝承（「香取郡誌」『世俗東荘誌』など）では、最初は香取郡神生《かんのう》館（香取市神生）に住み、観音菩薩を信仰したと伝える。千葉常重・常胤が千葉に本拠を移すと胤盛も武石郷を与えられ、武石姓を名乗る。源平合戦では父母兄弟と共に頼朝の弟・範頼の軍に従い、木曽義仲や平家軍を破る。しかし他に記録がなく、詳細は不明である。

　この胤盛には、いくつかの伝承が残されている。千葉市・真蔵院には、胤盛の母を供養したという板碑がある。亡くなったことに関する記録はないが、かつて

国分胤通の墓　胤通は千葉常胤の子。国分郷を領したため名字の地となった　千葉県市川市・下総国分寺

存在した長野県小県郡武石村（現在は上田市）は胤盛の移住地と伝承され、その村名は胤盛の名から取ったとされる。武石地区には武石山妙見寺があり、胤盛夫妻の供養碑が残る。胤盛の子孫に、下総に残った下総武石氏と奥州に行った武石氏がある。奥州武石氏は、のちに亘理《わたり》と姓を変え、江戸時代には仙台伊達藩の重臣として涌谷《わくや》領（宮城県遠田郡）二万三千石余の領主・伊達安芸家につながる。今なお、涌谷の地には武石胤盛の位牌所・光明院が残る。

【大須賀胤信】　四男は大須賀四郎胤信といい、成田市周辺を領地としていた。胤信は一族の中でも武勇に優れた。源平合戦・奥州合戦の戦功によって、父・常胤から陸奥国好島庄《よしまのしょう》（福島県いわき市）預所職を譲られた。武道も心得、家臣の中には弓馬でならした篠山丹三がいて、胤信自身も鎌倉で御調腹懸け（将軍の弓矢を持つ役職）を命じられるが「武士として恥である」と断った。このため鎌倉への出仕を一時止められるが、北条義時と和田義盛との合戦のとき、武功を挙げて、この手柄で甲斐国井上庄《いのうえのしょう》（山梨県笛吹市石和町周辺）を賜ったといわれている。子孫には下総松子《まつこ》城（成田市松子）に拠った下総大須賀氏、下野国守護の宇都宮氏重臣の君嶋《きみじま》氏、陸奥国好島庄に拠った磐城《いわき》大須賀氏、そして徳川家康《いえやす》草創期の最強軍団「横須賀衆」を率いた大須賀康高《やすたか》も胤信の末裔と称する。このように大須賀氏は、祖先・胤信に限らず武勇に優れた一族であったようだ。

【国分胤通】　五男は国分《こくぶ》五郎胤通（胤道）。現在の市川市国分町付近に館を構えていた。胤通は、一族の中では「乱暴者」というイメージもある。早い時期から国分五郎と称し（「源平闘諍録」）、常胤の代理として下総国府との折衝や国府と何らかの関わりがあったようだ。下総香取郡矢作《やはぎ》周辺（香取市本矢作周辺）にも館があったとされ、彼が香取新宮の神宮領で大宮司家の許可なく土地を収奪したり、「国行事職」（国司から任命され神宮の木材等を伐採し調達する役職）と称して乱暴な行いをしたことが、香取神宮旧大禰宜家文書からわかる。そのせいか、香取市内の寺社の記録には「胤通が下馬の礼をとらず神罰を被った」などの伝承が残っている。胤通の子孫には、大崎城《おおさき》に拠った国分氏、鹿島神宮惣大行事職・国分氏、鹿島新當流開祖・塚原卜伝《つかはらぼくでん》などがいる。奥州千代《せんだい》（仙台）城主・国分氏は千葉氏流とされるが、一説には藤原流・長沼《ながぬま》氏の分流ともいわれている。

【東胤頼】　六男は東六郎大夫胤頼。現在の香取市小見川から東庄町・銚子市周辺を領していた。彼は中央政府と緊密な関係にあり、兄弟の中で一番出世した。文武両道に秀で紳士的なイメージである。「大夫」の名の通り貴族である「従五位下《じゅごいのげ》」の官位を授与されている。早くから京都・神護寺の再興に尽くした文覚と親交を持ち、後白河上皇の妹・上西門院《じょうせいもんいん》に仕えている。胤頼は、文覚《もんがく》の妹を妻にしたという説もある。頼朝と親交が深く、三浦義澄と共に源氏の挙兵をすすめた。源平合戦や奥州藤原氏の追討に尽力し、その恩賞として下総国海上郡一帯、陸奥国（一説には陸奥国黒川郡）を所領として与えられた。孫の胤行《たねゆき》に至って美濃国郡上《ぐじょう》郡を加領された。晩年は「国宝法然上人絵伝」に描かれている通り念仏行者として過ごし、しかも、法然《ほうねん》上人の側近くにいた重要な人物であることがわかる。文芸にも秀でていたようで、その影響下で子の重胤《しげたね》は和歌に優れ、鎌倉幕府三代将軍・実朝《さねとも》の深い信任を得る。孫の胤行にいたっては藤原定家《さだいえ》の孫娘を妻に迎えたといわれ、千葉一族で最初の右筆《ゆうひつ》（書記官）に任ぜられる。末裔は、美濃郡上に東氏本宗が移り、下総には木内・海上氏、江戸期に鹿島神宮當禰宜となる東氏の一流が残った。美濃東氏は、のちの室町時代に当代きっての歌人・東常縁《とうつねより》を輩出し、千葉宗家の建て直しのために下総を転戦している。

【日胤】「律静房日胤《りつじょうぼうにちいん》」という頼朝の祈祷師である。以仁王《もちひとおう》の挙兵では王を守って戦死した。常胤の長男とも末男ともいわれる。日胤の名跡は一族から養子を迎え、円城寺氏として再興された。

常胤には男子のほかに、女子がいたことはあまり知られていない。各文献から常胤の息女について探ってみた。三人の娘の嫁ぎ先にも、千葉の色を強く残しているのがわかってきた。

【真壁氏】常胤の女子が常陸国多気《たけ》（茨城県つくば市）の大掾直幹《なおもと》に嫁ぎ、大掾義幹《よしもと》・真壁長幹《ながもと》を生んだ（「鏑木本千葉大系図」）という。名字の地・桜川市真壁町には真壁氏の守護神・駒瀧神社があり、神官・桜井氏は真壁氏の分流といわれる。家紋も千葉常胤にあやかって「月に九曜紋」を使用する。のちに常陸守護・佐竹氏に属し、近世に佐竹氏が秋田に転封の際、秋田藩重臣となった。

【伊東氏】江戸時代に宮崎県南部を支配した日向飫肥《ひゅうがおび》藩主・伊東《いとう》氏。同氏の祖先は、曽我《そが》兄弟の仇役とされた伊豆の御家人・工藤祐経《くどうすけつね》であり、その妻が常胤の息女とされている。江戸時代の『日向纂記』『寛政重修諸家譜』には、祐経の妻は常胤の娘と記されており、その間に生まれた子が日向国地頭職となる伊東祐時《すけとき》。こののち伊東氏は、日向国都於郡《とのごおり》城（宮崎県西都市）を中心に活躍し、戦国時代には日向一国を支配、江戸時代には日向飫肥藩五万石の大名となった。伊東氏は『曽我物語』の影響でだいぶ苦労したのか、千葉氏を意識して常胤から下賜された「十曜紋（伊東氏では月に九曜紋と呼称）」を使用している。宮崎県日南市は伊東氏ゆかりの町で、鵜戸《うど》神宮を始めとして至るところで十曜紋が見られる。

【葛西氏】　常胤の女子が葛西清重《きよしげ》に嫁いでいる（群書類従本「笠井系図」）。葛西氏は、千葉氏と同じ平良文の流れをくむ関東平氏の末裔である。清重は、下総国葛飾郡一帯の領主として常胤の領地と接するだけでなく、婚姻関係もあったようだ。清重も、武蔵国内の平家軍に属していた江戸・畠山一族の源氏への誘降に成功している。のちに葛西氏は奥州藤原氏追討に尽くし、頼朝から奥州総奉行を任じられたほか、陸奥磐井《いわい》郡・牡鹿《おしか》郡などの所領を与えられている。なお、野口実氏の教示によれば、常胤の娘が宇都宮朝綱の妻になったという（『曽我物語』）。

2　鎌倉幕府と上総千葉氏の慟哭

北条政権下で所領を維持する

常胤亡きあとも、千葉氏は下総・上総以外にも大きな領地を持っていた。常胤は長男・胤正の八人の子のうち、成胤と常秀にそれぞれ下総国と上総国を委ねる。下総を支配した千葉氏は、成胤・胤綱《たねつな》と継承した。この間、鎌倉幕府では二代将軍・源頼家、三代将軍・源実朝と継承したが、実権は将軍の生母の一族である北条氏に集中する。もともと鎌倉幕府は有力武士団の連合体のため、御家人の抗争が絶えず、しばらくすると梶原景時・阿野全成《あののぜんじょう》・安田義定《やすだよしさだ》・比企能員《ひきよしかず》・畠山重忠・和田義盛がそれぞれ粛清されていった。

この中にあって千葉氏は、一族郎党を結束して守っていた。

承久《じょうきゅう》元年（一二一九）、三代将軍・実朝が甥の公暁《くぎょう》に殺害され源氏は滅亡する。京都の後鳥羽《ごとば》上皇は武家から政権を取り返すため、執権・北条義時追討の院宣を出し、ここに承久の乱がはじまった。この乱で、千葉胤綱は東海道大将軍に命ぜられ軍功を挙げる。この胤綱に逸話が残されている（「古今著聞集」闘争部）。鎌倉在勤中に幕府第二の実力者・三浦義村《よしむら》が一番上の席に座っていたところ、胤綱が彼よりも高い座席に座った。義村は「千葉の犬はふしどを知らぬ（胤綱は居場所を知らない）」といい放つ。そこで胤綱も「三浦の犬は友も食らうぞ」といい返した。義村の従兄弟・和田義盛が乱を起こしたとき、義村が裏切って北条についたことを皮肉ったものだ。三浦氏を相手に、堂々と対抗できる実力を持っていたことがわかる。しかし、この頃の千葉氏当主は胤綱が二十一歳、以後、時胤《ときたね》・頼胤《よりたね》と続くが、いずれも二十・三十代の若さで死去してしまう。

その反面、上総国を支配した千葉常秀（境平次《さかいへいじ》）の一族（上総千葉氏）が栄華を迎えた。祖父・常胤は一族を代表して孫・千葉常秀を左兵衛尉に任官させ（「吾妻鏡」）、「常秀が上総国司に任じられた」（藤原定家「明月記」）とも記されている。その子・秀胤《ひでたね》は上総権介に任じられ、幕府内の第二の実力者・三浦泰村《やすむら》の妹を妻にする。千葉氏の中でも、下総千葉氏の当主が年少のため上総千葉氏が千葉氏全体を代表する立場にあった。そして幕府最高の政務・裁判の決定機関である評定衆《ひょうじょうしゅう》にも、千葉一族ではこの千葉上総権介秀胤が最初に任命された。最近、上総国を支配した境常秀をはじめとする上総千葉氏が嫡流（正統）という説も出ているが、この権勢の強大さと三浦泰村の姻戚ということが滅亡への序曲になっていった。

宝治合戦と上総千葉氏の滅亡

仁治三年（一二四二）、三代執権北条泰時《ほうじょうやすとき》が死去し、その嫡孫の北条経時《ほうじょうつねとき》が跡を継いだが、年少のためかねてから北条氏主導の政治に不満を募らせていた御家人たちは、将軍藤原頼経の元に集まって北条氏への反対勢力が形成できつつあった。そのような中、寛元四年（一二四六）、経時が逝去し、弟の時頼《ときより》が執権になった。その年に宮騒動が起こり、北条氏分流の名越光時《なごえみつとき》・時幸《ときゆき》が頼経側近《よりつねそっきん》の千葉秀胤《ちばひでたね》・後藤基綱《ごとうもとつな》らと図り、時頼打倒を画策した、しかし、名越兄弟が出家して降伏。北条時頼により頼経が京都へ送還され、将軍派であった千葉秀胤たち御家人たちも評定衆を解任された。この騒動の際、三浦氏は将軍派の背後にありながらも動かず、処分を受けなかったようだ。

三浦氏は千葉氏同様に幕府創設以来の大族で、北条氏に匹敵しうる最大勢力であった。三浦泰村《みうらやすむら》は北条氏へ反抗する意志はなかったようだ。時頼の外戚で勢力を振るっていたのは安達氏である。時頼の外祖父にあたる安達景盛《あだちかげもり》は、幕府のナンバー2である泰村に対抗意識が強かった。時頼は最後まで三浦氏との妥協を考えていて側近の佐々木氏信《ささきうじのぶ》や平盛綱《たいらのもりつな》を泰村のもとに派遣し、和議を結ぼうとした。しかし、景盛は子息・泰盛に命じて三浦館を襲撃、三浦方は妹婿の毛利季光《もうりすえみつ》や宇都宮時綱《うつのみやときつな》らの縁戚と合流した。もともと時頼は三浦氏との関係修復を望んでいたが、安達氏に引きずり込まれる形になり、弟の北条時定《ほうじょうときさだ》を大将軍に任じて三浦泰村の追討を命じた。泰村《やすむら》・光村兄弟《みつむらきょうだい》は頼朝の廟所である法華堂に避難し、ここで自害して三浦氏は滅亡、佐原三浦氏が残っていく。

このとき、三浦泰村の妹婿である千葉秀胤もその一党と見なされ、追討を受ける。続いて、時頼は追討命令を下総の千葉氏に出したが、当主・頼胤は数えの数歳、その名代として一族の大須賀胤氏《たねうじ》と東胤行が追討軍の大将となった。一族にとっては、まさに苦渋の選択であった。なぜなら、討つほうも討たれるほうも又従兄弟の関係にあったからである。胤行にとっては、娘が秀胤の次男・泰秀《やすひで》に嫁いでいる。いわば、自分の娘婿を討つことになるわけである。さらにこの乱でも、一族が二分する。胤氏の叔父・大須賀範胤《のりたね》が三浦氏に味方したため、これを討つことになった。大須賀胤氏・東胤行（出家して素暹《そせん》）を大将とする追討軍は、上総介秀胤が本拠を構えたという大柳館（睦沢町）に押し寄せた。ここへは秀胤の弟・時常《ときつね》も兄の一大事と駆けつけた。時常は自分の領地・埴生庄が兄に横領されていたので兄と対立していたが、この内乱に駆けつけたことで「武士として美談である」（『吾妻鏡』）と言われた。秀胤・時常たち一族郎党は館に薪を積み込み、火を放って自害した。ここに上総千葉氏は滅亡した。

追討軍の大将・東胤行は、幕府に対し恩賞の代わりに秀胤の子たちを預かることを希望し、許された。ただ「預かる」（『吾妻鏡』）としか記されておらず、後の消息は不明だが、伝承では東北地方に逃げたとされる。また、東氏を継承する東氏村《うじむら》が上総泰秀の遺児という説もある。大須賀胤氏の叔父・大須賀範胤も「逐電」と書かれているが、のちに鬼怒川を遡り下野の名門・宇都宮氏を頼り、現在の真岡市君島に居住して君嶋氏になったという。この際、常秀の子供の一人が、やはり大須賀範胤と同行したと思われる。この子は、君嶋郷から直近の新渡戸《にとべ》郷（栃木県真岡市水戸部）に土着して新渡戸氏を名乗ったという。教育者・農政学者として名高い新渡戸稲造の先祖である。

上総広常の弟・相馬九郎常清は、兄の殺害後に上総千葉氏の家臣となっていたが、この戦乱で敗れた。諸系図には見えないが、常澄の子・常重《つねしげ》という人物が僧侶となって四国へ渡る。阿波に従兄弟・小笠原長清（上総広常の娘婿）が守護でいたから、これを頼り阿波に浄土真宗を四国で初めて伝えたとされ、その寺院は「千葉山安楽寺」として今なお残っている。この戦乱で上総千葉氏の領していた上総国・薩摩国寄郡・豊前国成恒名・下総国埴生庄などが没収された。千葉一族全体として、領地が大幅に減らされたことになる。ところで追討にあたった二人だが、大須賀胤氏のその後はわからない。ただ、自分の所領にある律宗・慈恩寺を崇敬し、律宗の高僧・真源《しんげん》上人の招請に尽力したという。滅亡した一族の菩提を弔ったのであろうか。東胤行は娘婿を討ち果たしたが、恩賞の代わりに孫を助命し許された。「新後撰和歌集」には、その頃の心境を綴った「むつき」と題する孫への思いを伝える和歌を残す。そして一族の血で染められた房総の地を捨てる決心をし、承久の乱で拝領した美濃国郡上郡へ三男・行氏《ゆきうじ》を伴い隠棲した。郡上では念仏三昧に明け暮れ、一族の供養をしたようだ。胤行はまた、念仏宗（浄土真宗）を初めて美濃国郡上郡に根付かせることになる。

泰胤が下総千葉氏を再編

頼胤の叔父・泰胤は動揺した千葉氏を立て直し、新たな武士団の再編に着手する。泰胤は成胤の次男で千葉次郎と称した。妹の千田尼を北条時頼の後室とし、娘の一人を北条氏一門の金沢顕時《かねさわあきとき》に嫁がせ、もう一人の娘を千葉介頼胤の室とした。主君・頼胤と幕府の実権を掌握していた北条氏との関係を密にし、そこで形成された権力を利用して千葉氏武士団の再編を図った。

泰胤による再編の内容は今日まで伝えられておらず、その一環として行われたであろう「妙見宮御番の事」「尊光院の六院六坊体制」など、尊光院内の組織の確立（「抜粋」）には、泰胤の所領があった千田庄周辺の武士団、原《はら》・円城寺《えんじょうじ》・粟飯原《あいはら》・三谷・椎名・鏑木《かぶらぎ》・池内《いけうち》などの武士団が深く関わっていることから、泰胤の主導で行われた可能性が高い。これら泰胤の千葉氏武士団の編成で、もっとも注目されるのは「千葉御家御元服儀式」だ。惣領の長子の元服を妙見宮の神前で行うことで、惣領の最有力候補者である「嫡子の地位」の確立を狙った。このように、祭政一致の武士団編成は千葉氏守護神である妙見信仰を利用し、武士団結合の要とする惣領の嫡宗権確立を図ったのだろう。

〝元寇〟で九州千葉氏が誕生

北条氏と千葉泰胤について豊田武氏は興味深いことを述べている。同氏は北条時頼伝説の全国的な広がりの背景を、宝治合戦を契機とした北条氏得宗領の増大に求めており（『中世の政治と社会』）、伝説の分布が得宗領や北条氏と関係の深い地域と重なり、とくに最明寺といった諸寺院は得宗領に建立された寺院であって、それが時頼伝説を生んだという。下総国でも正泉寺（我孫子市）や、上総国には御宿最明寺（御宿町）が残る。岩手県一関市周辺も千葉泰胤の影響が強いが、豊田氏は、一関市川崎町にある「最明寺」は千葉泰胤流の奥州千葉氏によって建立されたものと考えている。

こうして再編強化された千葉氏武士団も、二度の元冠《げんこう》で下総と九州の千葉氏に大きく分裂していく。

「元寇の戦ひ」『國史画帖 大和桜』より

元はモンゴル族が建国した国で、初代皇帝・フビライは皇位に就くと文永《ぶんえい》十一年（一二七四）・弘安《こうあん》四年（一二八一）の二度にわたって日本侵攻を企てた。鎮西《ちんぜい》（九州）に所領があった千葉介頼胤は幕府の命を受け一族を率いて出陣し、合戦で傷つき翌年没すると、子の宗胤《むねたね》が出陣した。そして弘安の役ののちも、三度目の元の来寇を危惧した幕府によって小城にとどめ置かれた。このため千葉氏本宗は、下総（千葉）に残って千葉氏全体を統括していた頼胤の子・胤宗《たねむね》が継承し、小城を拠点とした肥前千葉氏と下総千葉氏の二流に分立した。

活躍する千葉氏出身の僧侶

これまでの千葉氏研究は、関東（鎌倉）が中心であった。しかし、京都での活動や権門とのつながりで特に興味深いのは、了行法師《りょうぎょうほうし》の存在である（野口実氏「了行とその周辺」）。宮騒動《みやそうどう》（寛元の政変。寛元四年閏四月、名越光時の反乱未遂および将軍・藤原頼経が鎌倉から追放された事件）や宝治合戦以来、将軍家と執権北条氏の周辺は一触即発の状況にあった。建長の政変もまた、九条氏が関与するクーデターであった。この中心人物が了行法師である。建長三年（一二五一）十二月に幕府の顚覆を図って同志を募ったという嫌疑で逮捕されている。このときに矢作左衛門尉も逮捕されたが、彼は国分氏の矢作常氏と比定されている。了行は九条家の後援を得て入宋《にっそう》している。さらに了行の甥の倉持忠行《くらもちただゆき》（原氏）は足利氏の奉行人で、建長の政変には足利氏の影も関係している。

　ここで、この時代に活躍した了行と、もう一人道源《どうげん》という千葉氏出身の僧侶を紹介しておこう。

　了行は、千葉氏支流の原氏出身の僧。下総国千葉寺で修行をした。千葉氏を介して九条家（摂関家）に仕え、一二三四年から一二四〇年の七～八年間の一時期渡宋した。さらに、嘉禎二年（一二三六）に一切経「観音玄義科」などを請来。これらは千葉氏だけでなく九条家との関係が背景にあるとする。了行は九条家の住僧として京都に宿所と持佛堂をもち、僧位最高の法印になった。さらに、建長二年の閑院内裏《かんいんだいり》西対造営にあたっては、千葉氏もその一部の造営に関与しているが、「了行が九条家の意思を千葉氏伝える有力者であったこと」や、「了行の名で金銭の借用できた」ことなどが判明している。

　道源は、千葉氏支流の木内（小見）氏の出身で常陸国《ひたちのくに》鹿島神宮寺《かしまじんぐうじ》の浄行僧《じょうぎょうそう》であった。公家の西園寺《さいおんじ》家《け》の助力を得て渡元して経典を請来し、六波羅《ろくはら》に那蘭陀寺《ならんだじ》を開いたとする。特筆すべきことは道源が「徒然草」の作者兼好法師と親交があり、「徒然草」に道眼上人とあるのがこの道源にあたるという。「千葉大系図」等から「法号道源」の名をもつ「小見四郎左衛門尉胤直」と比定している。

　ここで、大切なのは千葉氏の在京活動である。千葉常胤も京都警護や東胤頼も上西門院に仕えるなど京都での活動をしていたが、木内胤朝も京都での活動をしていたため下総守になっているし、子息の胤家も左衛門尉である。この父子は承久の乱で活躍し、恩賞として西国の大和国《やまとのくに》宇野庄《うのしょう》や淡路国《あわじのくに》由良庄《ゆらしょう》を与えられた。これら野口氏の研究から、すでに鎌倉期には千葉氏とくに香取郡を本拠にした一族が在京活動を経て、原氏出身の「了行」と木内氏出身の「道源」が入宋し、文化的業績をあげていることがわかった。加えて禅僧史の研究から、この二人以外に同時期に中国に留学した禅僧がいるのでご紹介したい。一人は林叟徳瓊《りんそうとっけい》。二人は龍山徳見《りゅうざんとくけん》である。

林叟徳瓊は千葉氏出身であるが、生地や父母の名前については不明である。入宋して、帰国後、建長寺開山・蘭溪道隆に参禅し、その法嗣《はっす》となった。鎌倉では、禅興寺（北鎌倉にあった現在廃寺で　その塔頭の明月院が残る）の住持、寿福寺の住持となる。晩年は寿福寺の山内に桂光院をつくり、隠棲したとある。

龍山徳見は香取郡出身の千葉氏とあり（中巌円月「東海一漚集《とうかいいちおうしゅう》」「行状記《ぎょうじょうき》」）、木内氏の出身ではないか（「香取郡誌」）と考えられている。龍山は南宋に密航して元王朝で約四〇年も修業し、元政府から官刹・兜卒寺住持を与えられている。後に足利尊氏兄弟の招請によって日本に帰国し、京都で南禅寺・建仁寺の住持となる。龍山の弟子たちは臨済宗黄龍派を形成し、五山文学を指導した。のちにこの法脈から一休宗純や今川義元、太原崇孚などが出た。鎌倉時代を通じて了行・道源・龍山徳見には不明な点が多いが、林叟徳瓊などの僧侶が中国に留学し、日本に戻って文化的学問的な業績を残したことは特筆すべきことである。

大族として発展する千葉氏支流

【相馬氏】　千葉介常胤の次男・師常は、父の所領の中から下総の相馬御厨を継承し、また、奥州合戦の恩賞で陸奥国行方郡（福島県南相馬市）・千倉庄《ちくらのしょう》北草野《きたくさの》（福島県南相馬市）・高城《たかき》保（宮城県松島町）などを伝えた。師常は当初、師胤と称したが、後に師常と名を変えたという。子に義胤《よしたね》・常家《つねいえ》・行常《ゆきつね》などがいた

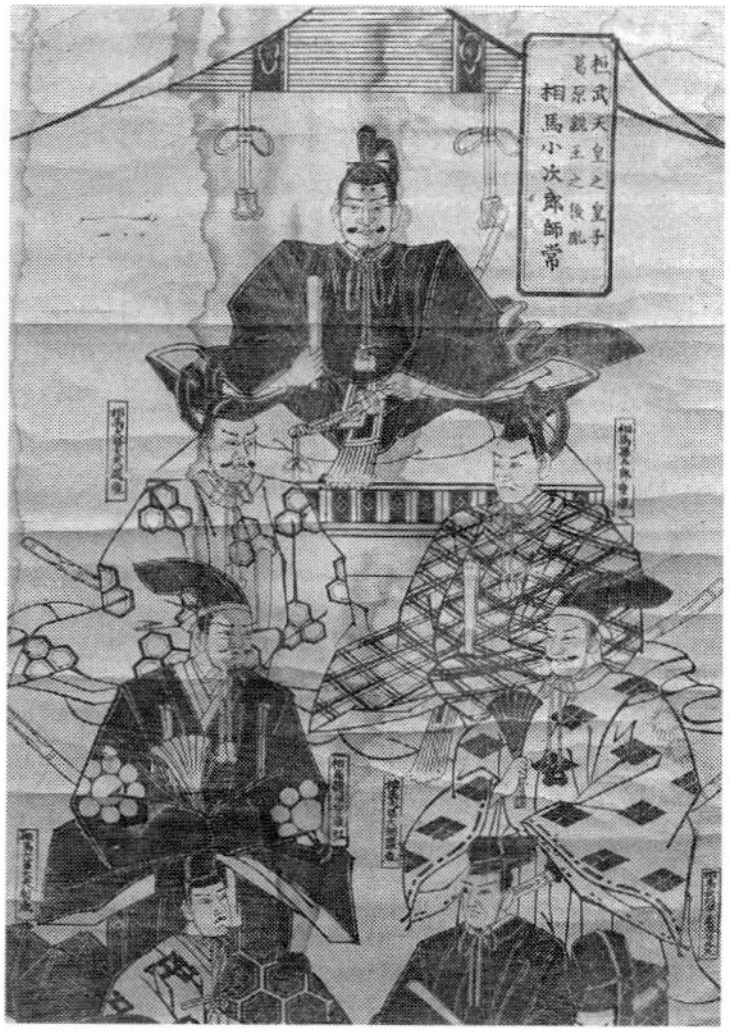

相馬藩の歴代藩主像　相馬師常以下、歴代当主の肖像　福島県相馬市・中原敏雄氏蔵

が、所領の大部分は義胤が継承したと思われる。相馬氏は、義胤の子の胤綱《たねつな》や孫の胤村《たねむら》の代に多くの庶氏家に分かれた。胤村の所領は「相馬文書」永仁《えいにん》二年（一二九四）の御配分系図によると、九人の子に分与され、このうち長子の胤氏《たねうじ》が下総国相馬郡内の所領を継承し、次男の胤顕《たねあき》が行方郡岡田《おかだ》を分与された。最多の所領は五男の師胤《もろたね》で、行方郡の大部分と下総相馬郡内の所領を継承した。師胤の所領は子の重胤《しげたね》に継承されるが、重胤は元亨《げんこう》二年（一三二二）に岡田氏や大悲山《だいひさ》氏などと共に、奥州行方郡に移住した。

【武石氏】常胤の三男胤盛は、下総国千葉郡武石郷と陸奥国亘理郡を獲得し、武石三郎と称する。名字の地は下総国千葉郡武石郷（千葉市稲毛区武石町一帯）である。胤盛は「吾妻鏡」に三郎胤盛武石とされるが、「吾妻鏡」の異本（『国史大系』「吾妻鏡」）には三郎胤成とある。「源平闘諍録」「宇佐神宮武官木内氏系図」には武石次郎胤重とあって胤盛の名はない。これは交名の順序から、胤盛の嫡子・胤重《たねしげ》が胤盛の名代として出陣したものではないか。胤重は、松島寺の「五大堂鐘銘写」に「其後日（亘）理郡地頭武石二郎胤重、嘉禄《かろく》三年（一二二七）丁亥被鋳改畢」とあるから、同年には亘理郡の地頭となっていたのだろう。胤重には胤義《たねよし》（広胤《ひろたね》）・胤氏《たねうじ》の二子があり、胤氏の子孫は乾元《けんげん》元年（一三三九）に奥州へ移住し亘理を称したという。

【大須賀氏】　常胤の四男・胤信は、下総国香取郡大須賀郷（保）・千葉庄多部田《たべた》・陸奥国岩城郡・甲斐国井上庄などを領し、大須賀四郎と称した。名字の地である大須賀保は大須賀川の上流一帯で、現在の成田市（旧大栄町）を中心とした地域であろう。建久年間の「香取神宮遷宮用途注進状」（香取文書）には大須賀郷として登場する。文永八年二月の「下総国司宣写」には「大須賀保」とあり、陸奥国岩城郡（福島県いわき市）や甲斐国井上荘にも所領があったようだ。胤信は「源平闘諍録」に田辺田四郎胤信とある。胤信には通信《みちのぶ》・胤秀《たねひで》・胤村《たねむら》・重信《しげのぶ》・教《のり》（成）胤《たね》の五子があり、通信・重信・教（成）胤の三人は大須賀姓氏を継承するが、胤秀は田部田氏（多辺田）を称し、胤村は荒見《あらみ》氏を称した。

【国分氏】　常胤の五男・胤通は、下総国葛飾郡国分郷・香取郡大戸庄《おおとのしょう》などを領し、国分五郎と称した。国分は、真間川の支流である国分川下流西岸に位置する。古代には下総国分寺・国分尼寺が置かれている。この地域は現在の市川市国分・国府台・須和田などである。

大須賀胤信像　千葉県成田市・円通寺蔵

　大戸庄は小野川と大須賀川に挟まれた台地とその周辺で、現在の香取市南西部から成田市東部一帯と考えられている。もともと大戸神社の社領で、香取神社神官の近衛氏に寄進されたと考えられている。「吾妻鏡」文治二年（一一八六）三月十二日の「関東知行国乃貢未済庄々注文」には「殿下御領大戸神崎」とある。鎌倉時代にこの地域は千葉介常胤に与えられ、その五

国分氏の守護神・妙見菩薩像　千葉県香取市・本命寺蔵

男・胤通より子の常通《つねみち》に継承されている。寛元《かんげん》二年（一二六二）の香取神社の造営に「大戸庄・国分小次郎跡（常通）」とあることから、以後、常通の子孫がこの所領を継承したと考えられる。また、文永年間（一二六四～一二七五）の香取神社遷宮の四面釘貫文（国分寺本役）の作料である官米六十石を負担した地頭弥五郎時道女房の「時道」は、常通の子・時通《ときみち》のことであろう。このため葛飾郡国分郷の所領も、常通の子孫が継承したものと考えられている。

ちなみに、下総台地ではお茶の生産がなされ、千田庄東禅寺での茶摘み、生育状況などの記録や、称名寺の学僧であった湛睿から千葉氏被官の中村氏へ仙茶が贈られたことがわかる（「称名寺文書」）。「願性書状」には、国分氏出身とされる村田尼願性がお茶の香りを愛好し味を楽しんだことが記され、闘茶の原型的な要素が鎌倉期にあったようだ。千葉氏の女性に係る記録が少ない中で、国分氏支流の村田氏妻・願性のような女性が茶を好んだという記述が残っていることが貴重である。

【東氏・木内氏】　常胤の六子・胤頼は、下総国香取郡木内庄・立花庄（東庄）・三崎庄などを所領とし、木内六郎大夫と称した。名字の地である木内は「和名抄」の城上郷《きのかみごう》が城内郷《きのうちごう》に訛ったものとされる。初見史料は「大禰宜大中臣真平譲文」（「香取文書」）に「限東海上木内堺」とある。文治二年（一一八六）三月十二日条の「関東知行国乃貢未済庄々注文」には橘并木内庄とあり、庄園の成立は平安時代末期であろう。木内は下総台地北部に位置し、現在の香取市小見川南部から旧山田町にまたがる地域である。立花庄は平安時代末期の久安二年（一一四六）八月十日の平常胤寄進状（「鏑矢伊勢宮方記」）に「相馬・立花両郷」、正和二年（一三一三）四月二十五日の関東下知状案（「円福寺文書」）にも「橘（立花）庄　号東庄《とうのしょう》」と記されている。鎌倉時代前期頃までは橘庄と呼ばれていたが、のちに東庄と呼ばれるようになった。このため、胤頼は当初、「千葉胤頼」もしくは「木内六郎胤頼」と称したようだ。この橘庄（東庄）の区域は現在の東庄町・香取市旧山田町・旧小見川町・旭市旧干潟町など東総台地の一帯である。

　三崎庄は治承四年（一一八〇）五月十一日、文治元年（一一八五）十月二十八日条の皇嘉門院惣処分状（「九条家文書」）に「しもつさ　みさき」とあり、皇嘉門院《こうかもんいん》聖子から九条良通《くじょうよしみち》に継承されたと考えられる。文治二年（一一八六）三月十二日条の関東知行国乃貢未済庄々注文には、「殿下御領　三崎庄」とある。三崎庄の在地領主権は、開発領主の海上常衡から常幹《つねもと》・（片岡）常春《つねはる》に継承されたが、「吾妻鏡」文治元年（一一八五）十月二十八日によれば、片岡常春が佐竹太郎義政《よしまさ》と同心し謀反を企てたことで預所を召し上げられた。のち、前記の所領のうち船木《ふなき》・横根《よこね》両郷は返還されたが、文治五年三月十日に再び停止されて（「吾妻鏡」文治五年三月十日条）、この所領は常胤に与えられ、さらに子の胤頼に継承された。

　こうして胤頼は、木内庄および東庄・三崎庄などを領有した。三崎庄は前出の正和二年（一三一三）四月二十五日の関東下知状案（「円福寺文書」）には海上庄と書かれていて、海上庄とも呼ばれていた。この荘園は利根川河口に突き出た下総台地の東辺で、現在の銚子市・旭市旧海上町・旧飯岡町などの一帯である。東氏は胤頼の孫・胤行が承久の変に戦功を立てて美濃国郡上郡山田庄《やまだのしょう》（岐阜県郡上市大和町）を獲得し、胤行の孫・盛義《もりよし》は下総国東庄上代郷《かじろ》・上総国周東郡・因幡国千土師郷《いなばちはじ》などを領していたという。

3　千葉氏本宗の分立・発展と室町幕府

所領獲得のため同族で争う

元寇《げんこう》を二度も退けた執権《しっけん》北条時宗が三十六歳で亡くなると、息子の貞時《さだとき》が執権職を継承する。そのころ、御家人たちの窮乏は日に日に悪化していた。その救済のために出されたのが徳政令で、御家人が借金をしている土地や借財をすべて棒引きにするものだ。一時期には効果があったものの、すぐに土地や借財を重ね、貧乏に拍車がかかる。さらに、武士の所領についても大きな変化が到来する。その頃は本領は嫡男が継いで、次男・三男が土地を分与されていた。そして、それぞれに一族郎党を養っていたのである。

千葉氏では、千葉宗胤《むねたね》（大隅守）が元寇後の九州（肥前国、大隅国）の経営に従事していて、弟の胤宗が下総国の政務を行っていた。宗胤は、父・頼胤と元寇で戦没した将兵の供養のために肥前国小城《おぎ》（佐賀県小城市）に円通寺（臨済宗）、下総国千葉に宗胤寺《そういんじ》を建立した。子息の胤貞は日蓮宗に帰依し、猶子として日祐を迎え、小城に光勝寺、下総国千田庄（千葉県多古町）に日本寺《にちほんじ》を建立した。このころから、千葉氏は胤貞と貞胤が千葉氏惣領の座を巡って熾烈な抗争を行っている。お互いに相手の誹謗中傷をし、千葉氏家督継承の正統性を神仏に祈念する。これによって千葉氏の惣領の権限は、弱体化し始めた。

一方、鎌倉後期を中心に、千葉常胤の六人の兄弟も下総国から各地の領地に下向する。常胤の次男・相馬師常の系統の相馬氏は相馬御厨を継承していたが、広大な領地をそれぞれ息女や子供たちに分割し細分化していった。そして鎌倉末期の元弘年間、相馬重胤の代に陸奥国行方郡（福島県南相馬市、相馬市一帯）に下向する。常胤の三男・武石胤盛の系統の武石氏は、乾元年間、三代孫の武石宗胤の代に陸奥国亘理郡（宮城県亘理町）へ下向。常胤の四男・大須賀胤信の系統の大須賀氏は、陸奥国好嶋庄預所職として維持していたが、のちに東西に二分され、好嶋庄東庄は大須賀氏が伝領することになり子孫が移住した。常胤の六男・東胤頼の系統である東氏は、胤行のときに宝治合戦後の処理を行い、下総国を長男・泰行に任せ、行氏・氏村を伴って美濃国郡上郡（岐阜県郡上市）へ移住する。

東氏・伊北氏の所領侵奪

下総国に残っていた東泰行《とうのやすゆき》の弟の系統に東盛義《もりよし》がいて、上総国周東郡内・下総国東庄上代郷・因幡国千土師郷などを領していた。これらも祖先以来の所領であったが、罪科によって数度にわたり没収され、相模国金沢称名寺《しょうみょうじ》に寄進された。そのため盛義は称名寺と所領で争い、鎌倉幕府の裁定の結果、盛義方に「非」とされ称名寺に渡すよう命じられる。しかし、盛義は引き継ぎができないことを理由に引き延ばし、さらに鎌倉幕府滅亡に伴って子息胤義・重義が必死になって獲得に熱意を燃やす。所領に乱入し乱暴狼藉を働く事件まで発生したが、その後、盛義の子孫の消息は不明である。鳥取県智頭《ちづ》町は因幡国千土師郷にあたり、盛義と称名寺領の領民たちとの抗争の地である。この抗争は「称名寺文書」に、領民たちがお金を支払って用心棒を雇用し盛義方の代官と争ったことが記載されている。

また、伊北胤明《いほうたねあき》は、上総介広常の甥・伊北常仲《つねなか》の子孫である。常仲は頼朝の房総入国のとき反頼朝の動きを見せ討たれた。しかし、子孫の時胤は千葉氏や北条氏との関係を強め所領の拡大につとめている。承久《じょうきゅう》の乱に活躍し、出雲国福田庄・猪布庄・飯野庄を獲得するが、領主の上賀茂《かみがも》社に訴えられ地頭職を停止させられた。結局、上賀茂社側の訴えが勝《まさ》ったようだが、伊北氏のその後の消息は不明である。

千葉氏が下総と九州に分立

一三〇〇年代の鎌倉幕府は、北条貞時から北条高時《たかとき》へと執権が受け継がれていくが、北條氏の嫡宗家は得宗《とくそう》と呼ばれ執権の独裁体制が強くなる。この高時のころになると高時の政治への無関心から、執権直属の武士（御内人）である長崎高綱《ながさきたかつな》・高資《たかすけ》父子の力が強大化していく。さらには御家人を顧みない政治が横行し腐敗が起こったことから、北条氏から政権を取り上げて天皇中心の政治に戻す動きが加速してきた。その中心人物が後醍醐《ごだいご》天皇である。後醍醐天皇は、側近の日野俊基《ひのとしもと》を中心に正中の変を起こす。第一回目の計画が失敗すると、俊基や花山院師賢《かざんいんもろかた》と再度密謀する。が、これも露見したために日野俊基は捕縛され、鎌倉で斬られる。天皇は意を決し、師賢を身代わりに比叡山に、天皇自らは大和笠置山《かさぎやま》に立てこもり、武士を結集させた。幕府は金沢貞冬《かなざわさだふゆ》・足利高氏《あしかがたかうじ》を大将として追討を行い、攻撃を受けた後醍醐天皇と師賢はつかまり、それぞれ隠岐国、下総国に流された。

このころ、千葉氏は宗胤の子・胤貞、胤宗の子・千葉貞胤に分かれ、千葉氏惣領をめぐって争っていた。

千葉貞胤は、後醍醐天皇の隠岐国護送に高名な武士五名とともにあたった（『増鏡』）。一方、花山院師賢の下総国配流にあたって下総国名古屋で身柄を預かるも、異国の風土が崇ったのか数年も経ずして下総で死去してしまった。貞胤は手厚く師賢を葬っている（この墳墓の前に明治期に小御門神社が創建された）。

貞胤は後醍醐天皇の護送と、花山院師賢の身柄を預かったことから後醍醐天皇への忠誠を尽くすようになる。さらに河内国の千早赤坂城の楠木正成《くすのきまさしげ》が籠城して幕府軍と交戦すると、当陣に新田義貞《にったよしさだ》・千葉貞胤・千田胤貞が従軍していた。特に義貞と貞胤は親しかったようで、義貞の娘が貞胤の子・氏胤に嫁いでいる。

小御門神社　花山院師賢を祀る　千葉県成田市

この陣から、義貞と貞胤は理由をつけて東国に戻っている。千田胤貞は千早赤坂城攻めに参陣している（伊勢市光明寺蔵「光明寺断片」）が、それ以外はわからない。

その後の元弘三年（一三三三）五月、新田義貞が上野国で挙兵すると新田軍に呼応して出陣、金沢貞将《さだゆき》の軍を破り六浦《むつら》から鎌倉に侵攻した。やがて鎌倉幕府が倒れ建武《けんむ》の新政がはじまったが、建武二年（一三三五）七月、北条高時《たかとき》の子・時行《ときゆき》が信濃で挙兵し鎌倉に侵攻すると、足利尊氏《あしかがたかうじ》は鎌倉に出兵し後醍醐天皇に反旗を翻した。朝廷は新田義貞に尊氏追討を命じるが、貞胤はこの軍に属していた。この頃、下総国千田庄では、建武二年正月頃から胤貞方の武士と守護・貞胤方の武士が衝突を繰り返していた。千田庄東禅寺《とうぜんじ》に守護使が乱入したことから始まる。続いて同

新田義貞像　個人蔵

年七月、同庄内並木一帯で両者の戦闘が始まった。この戦闘で胤貞方は、貞胤に属する千葉侍所方の武士を多数討ち取る。同二十七日には守護方の竹元《ささもと》氏が反撃に転じ、胤貞方の土橋《つちはし》城を攻め落城させた。また、並木城も同時に落城させた。

こうして、千田庄の争乱は貞胤方が有利に進めた。一方、戦闘は千葉氏の本拠地である千葉館周辺でも起こり、北朝方の千田胤貞は相馬親胤と共に新田義貞に従い、千葉館を攻撃する。しかし、両者は途中、鎌倉で挙兵した足利尊氏の軍に参陣したため、千葉周辺の戦闘は終了する。

さて、貞胤と胤貞は、足利尊氏と新田義貞が箱根峠で戦闘を交えると、貞胤が新田軍、胤貞が足利軍に分かれて戦う。しかし、建武三年（一三三六）十月、後醍醐天皇と足利尊氏の和睦が成立すると、新田義貞は恒良《つねよし》・尊良《たかよし》両親王を奉じて北国に下ったが、この軍に従って北国に赴いた貞胤は、越前《えちぜん》木《き》ノ《の》芽《め》峠《とうげ》（福井県敦賀市）で足利氏の軍門に降って、千葉氏は南朝派の貞胤が足利軍に降伏したため、一族間の内部抗争もいったん終息している。胤貞は以後、肥前小城の経営に尽くすことになり、この子孫は「九州千葉氏」と呼ばれる。貞胤は伊賀《いが》国守護・遠江国守護を兼任し、下総国の経営にも尽くした。そして尊氏・直義《ただよし》兄弟の対立が激しくなった観応《かんのう》二年（一三五一）、貞胤は六十一歳の生涯を閉じる。

粟飯原氏が足利政権下で活躍

この時代、千葉一族の中でも粟飯原《あいはら》氏の功績は光を放っている。貞胤の弟・氏光《うじみつ》は、小見川に拠った粟飯原氏を継承して足利一門に忠誠を尽くした。氏光は、その子・清胤《きよたね》と共に下総守に就任し、特に足利直義の信頼が厚く、「太平記《たいへいき》」によれば彼から恒良親王に毒薬を渡すよう命じられ実行している。清胤は足利政権樹立後、一族の中から抜きん出て政所《まんどころ》執事《しつじ》を三回にわたって務めた。直義方の清胤も、直義と執事・高師直《こうもろなお》の対立では師直暗殺計画を事前に師直に知らせ、計画が中止されたことが「太平記」に記されている。のちに粟飯原氏は下総に戻るが、室町幕府の奉公衆となったり、阿波細川《ほそかわ》氏に仕えた粟飯原氏もいたようである。

当時、足利尊氏は幕府があった鎌倉を重視していた。三男・基氏《もとうじ》を鎌倉に派遣して一族の上杉《うえすぎ》氏にそれを補佐させ、関東に室町幕府と同様の政権をつくった。これを「鎌倉府《かまくらふ》」といい、基氏の子孫は鎌倉公《かまくらく》方《ぼう》、上杉氏は関東管領《かんとうかんれい》を世襲することとなる。千葉貞胤が京都で没すると、千葉介を継承した子の氏胤《うじたね》は足利将軍家に伺候し、後醍醐天皇の追福を目的に建立された京都・天龍寺落慶法要に東常顕《つねあき》（美濃郡上東氏）・粟飯原清胤と共に参加する。氏胤は足利尊氏に従軍し、直義追討戦や南朝攻略で紀州に出陣、楠木《くすのき》正儀《まさのり》の赤坂《あかさか》城を攻略する。その功績で上総国守護に任命されたが、途中、美濃の領所で没した。氏胤の所領は子の竹寿丸《ちくじゅまる》が継ぎ、元服後は満胤《みつたね》と名乗る。鎌倉公方も初代基氏から氏満《うじみつ》に代替わりをしていて、下野の小山義政《よしまさ》が隣国の宇都宮基綱《もとつな》を攻めると、早速、氏満に従軍して小山を追討している。

氏満の息子・満兼《みつかね》は、鎌倉府体制を強化するために、①佐竹氏（常陸太田）②千葉氏（下総千葉）③小山氏（下野小山）④結城氏（下総結城）⑤長沼氏（下野長沼）⑥宇都宮氏（下野宇都宮）⑦小田《おだ》氏（常陸小田）⑧那須《なす》氏（下野那須）の一族に対し、「屋形《やかた》」の称号と朱の采配を許し、特権を与えた。応永《おうえい》五年（一三九八）のことであった。

千葉氏は、鎌倉府では侍所の重臣（一部に所司＝長官＝になったともいう）とされ、鎌倉以来、政治よりも軍事指揮権を持つ家柄として重宝され、特に足利氏に対する忠誠心から公方の信頼を一手に受けていた。ところが、基氏以来三代続く鎌倉公方家は、次第に室町幕府に対する独立性を露わにしていく。そして、ついに大きな事件を起こる。

浄土宗第八祖となった胤明

南北朝の動乱で戦いに明け暮れる中、当時の人々は〝心の癒し〟を求めていた。足利尊氏も後醍醐天皇のために天龍寺を建立し、夢窓疎石《むそうそせき》国師の勧めで安国寺利生塔を一国に一寺ずつ設置した。下総国では大慈恩寺（成田市）、上総国では眼蔵寺（長柄町）に利生塔が設置されたといわれている。

千葉氏も同様に仏教帰依が如実に現れ、千葉貞胤は時宗の一遍《いっぺん》上人に帰依し、その弟子・他阿真教《たあしんきょう》上人を招いて菩提寺・海隣寺の改宗を行っている。真教上人は武蔵国にある平将門の首塚（現、東京都千代田区大手町）を供養した人物としても有名だ。江戸時代作「千葉伝考記」は「念仏にうつつをぬかし、千葉氏本来の妙見信仰を怠っている」と貞胤を痛烈に批判している。

この時代に、千葉氏から芝増上寺を創建した浄土宗第八祖・酉誉《ゆうよ》上人という名僧が出る。貞胤の子・氏胤の妻は新田義貞の息女と伝え、息子はのちに千葉氏を継承する満胤と胤明《たねあき》がいた。この胤明が僧となり西誉聖聡《しょうそう》と名を変え、千葉妙見寺（金剛授寺尊光院）で出家し真言密教を学ぶ。阿弥陀経にも精通した聖冏《しょうげい》上人に帰依し、そして浄土宗第八祖を継ぎ武蔵国紀尾井町に念仏宗道場・増上寺を建立する。弟子では良暁《りょうぎょう》が三河を中心に布教に努め、松平氏（のちの徳川氏）の帰依を受ける。家康は大の浄土宗信者として有名だが、これは西誉の撒いた種が花開いたともいえる。

上杉禅秀に与した満胤・兼胤

鎌倉公方氏満、満兼の両者を補佐したのは、関東管領の犬懸《いぬがけ》上杉朝宗《ともむね》である。朝宗は応永十六年（一四〇九）七月に満兼が没すると、上総国長柄郡の胎蔵寺（のち眼蔵寺、千葉県長柄町）に隠退する。そして満兼の子の持氏《もちうじ》が公方、山内《やまのうち》上杉氏の上杉憲定《のりさだ》が管領に就任する。

しかし、憲定が応永十六年に病のため管領を退くと、代わって朝宗の子・氏憲《うじのり》が管領に就任した。氏憲は、鎌倉公方の足利持氏と不和であった。応永二十二年（一四一五）五月二日、持氏が氏憲の家臣であった越幡《おばた》六郎の科を理由に出仕を停止して所領を没収する事件が起きると、それを契機に管領職を辞任する。これは氏憲の関東管領職就任に不満を持つ持氏、氏憲と対立関係にあった山内上杉憲基《のりもと》などの策謀による。当時、足利氏の重臣であった上杉氏は、宅間《たくま》上杉氏・山内上杉氏・犬懸上杉氏・扇谷《おうぎがやつ》上杉氏などに分かれ、関東管領の職は山内上杉氏と犬懸上杉氏が交互に補任されていたが、両者は次第に対立していく。持氏は氏憲の辞任後、扇谷上杉憲定《のりさだ》の子・憲基《のりもと》を起用して管領としたが、この管領職辞任を契機に氏憲と持氏・憲基の対立は激化していった。この頃、京都では将軍足利義持《よしもち》と弟の義嗣《よしつぐ》が対立していたが、義嗣は関東での持氏と氏憲の対立を聞くと、密かに氏憲（禅秀《ぜんしゅう》）や持氏の叔父・満隆《みつたか》と謀って持氏に反旗を翻すように勧めた。義嗣の側室の一人は氏憲の娘である。これに応じた氏憲は同年十月二日、満隆やその養子・持仲《もちなか》（持氏の弟）などと共に持氏の館を攻撃し、鎌倉を占拠した。これが上杉禅秀の乱である。

氏憲の台頭を危惧した将軍義持は、駿河の守護職・今川範政《いまがわのりまさ》や上杉房方《うえすぎふさまさ》などに氏憲追討を命じた。この時点で氏憲に味方した武士団の多くが離反し、形勢は逆転する。不利になった氏憲方は同月九日、憲基の弟・佐竹義人《よしひと》に敗れると鎌倉に退却し、氏憲は満隆・持仲などと共に鎌倉雪ノ下《ゆきのした》で自害した。この乱には、氏憲方に氏憲と姻戚関係のある下総の千葉兼胤《かねたね》、武蔵国守護代・長尾氏春《うじはる》、上野国の岩松満純《いわまつみつずみ》、下野国の那須資之《すけゆき》、甲斐国の武田信満《のぶみつ》、常陸国の大掾満幹や篠河《ささがわ》公方の足利満貞《みつさだ》、常陸国の山入与義《やまいりともよし》・小田持氏など、足利持氏に不満のある広範囲な武士が従っていた。この頃、千葉氏惣領（千葉介）は貞胤から氏胤・満胤・兼胤と継承されたが、上杉禅秀の乱に千葉兼胤が氏憲の娘を室としていた関係から、兼胤と父・満胤が氏憲方として出陣した。しかし、今川範政の追討軍が近づくと持氏方に降伏したため、所領は安堵されている。

上杉禅秀の乱後、持氏は氏憲方残党の追討を進め、上野国で蜂起した岩松満純を捕えて処断した。続いて上総国内で埴谷小太郎重氏《はんやこたろうしげうじ》による上総本一揆《ほんいっき》が起きると、応永二十五年（一四一八）四月二十六日、一《いっ》色左近将監《しきさこんしょうげん》および白石彦四郎《しらいしひこしろう》入道（佐竹氏の一族）に一揆の追討を命じる。

上総本一揆は、氏憲が守護職を務めた上総国の中小の武士が持氏に反抗して蜂起したもので、上杉禅秀の乱の残党に対する持氏の過酷な処置が原因といわれている。追討軍の一色勢は上総国八幡《やわた》で鹿島出羽守《かしまでわのかみ》憲幹《のりもと》や烟田左近将監《かまたさこんしょうげん》・同遠江守幹胤《とおとうみのかみもとたね》らと合流、養老川をさかのぼって一揆の本拠地である市原の平三《へいぞう》城（市原市平蔵）を攻め落とし、一揆を鎮圧している。だが、翌応永二十六年（一四一九）正月、一揆軍は再び蜂起した。持氏は新たに木戸《きど》内匠助範懐《たくみのすけのりかね》を将とした追討軍を派遣、一揆軍のたて籠る坂本《さかもと》城（長生郡長南町坂本）を攻める。一揆軍は激しく抵抗したが、同年五月六日に一揆の中心人物であった埴谷小太郎重氏が降伏したため、一揆は完全に鎮圧されたのである。この乱が鎮圧されると、関東管領上杉憲基は犠牲になった敵味方の菩提を弔うため、鎌倉の円覚寺正続院に常陸国信太郡久野郷《しだぐんくのごう》（坂本大菊丸《さかもとおおきくまる》跡）を寄進し、伊豆国三島《みしま》に隠退した。

4　戦国の幕開けと千葉氏本宗の滅亡

胤直が足利持氏を永安寺に攻める

足利義持は、応永三十五年（正長《しょうちょう》元年・一四二八）正月に病で没した。持氏は義持が病で倒れる前に、将軍職の継承を望んで義持の養子となることを願い出た。しかし、幕府はこれを無視し、義持の弟・青《しょう》蓮院義円《れんいんぎえん》をクジで選んだ。義円は還俗して義宣《よしのぶ》と称し、正長二年（一四二九）三月、六代将軍に就任し名を義教《よしのり》と改めた。これに憤懣やるかたなき持氏は兵を率いて上洛しようとするが、関東管領・上杉憲実《のりざね》に諫められる。しかし、将軍義教に抵抗した持氏は同年九月、永享《えいきょう》と年号が改元されたにもかかわらず元の年号を使用した。永享七年（一四三五）正月に反持氏派の篠川公方足利満直《みつなお》を攻め、続いて六月には那須氏追討のため一色直兼《なおかね》を下野国那須口に派遣、また、佐竹氏追討のため上杉定頼《さだより》を出発させた。翌年には信濃守護職の小笠原政康《まさやす》と村上頼清《よりきよ》の紛争に介入し、信濃国に出兵した。信濃国は幕府分国で、紛争への介入は関東公方の権限を大きく逸脱したものであった。関東管領・上杉憲実は再び持氏の出兵を諫めたが、持氏はこれを無視する。こうして、憲実と持氏の対立は一層深まっていった。持氏は永享九年（一四三七）六月、嫡子・賢王丸《けんおうまる》の元服の際、将軍の偏諱《へんき》（将軍の名を賜う）を受ける習慣を破って義久《よしひさ》と命名したが、これを諫めた憲実は身の危険を感じて八月十四日、上野国に退いた。持氏は憲実を討つため、同十五日に一色直兼を派遣し同十六日には自ら武蔵国府中《ふちゅう》の高安寺《こうあんじ》に陣を敷いた。これを聞いた将軍・義教は八月末、今川範忠・武田信重《のぶしげ》・小笠原政康・上杉持房《もちふさ》・朝倉孝景《たかかげ》・土岐持益《ときもちます》などの大軍を鎌倉に追討軍として派遣する。幕府軍は九月二十七日、持氏軍を相模国の早川尻《はやかわ》で破り、十月十九日には上杉憲実が上野国から武蔵国に進出、分倍河原《ぶばいがわら》に陣を張った。

一方、十一月一日には、鎌倉を守衛していた三浦時高《ときたか》が持氏に離反し大倉《おおくら》の御所を襲撃した。追い詰められた持氏は十一月五日、武蔵国金沢《かなざわ》の称名寺《しょうみょうじ》で出家したのち鎌倉の永安寺《ようあんじ》に移り、降伏を願い出る。しかしこの願いは許されず、永享十一年（一四三九）二月十日、持氏を自害させた。持氏の子・義久は父に遅れて同月二十八日、鎌倉の報国寺《ほうこくじ》で自害したが、安王丸《やすおう》・春王丸《しゅんおう》・万寿王丸《まんじゅおう》の三人の遺児は鎌倉を逃れた。持氏の自害に際し、その側近として印東伊豆入道・神崎周防守などの千葉氏出身者も運命を共にした。この時期、千葉氏惣領は千葉介兼胤から胤直《たねなお》に継承されていた。胤直は永享の乱では持氏に従って出陣し、持氏が憲実と対立した際には和睦を勧めたが不調に終わったため下総国に戻り、憲実方に寝返って市川に布陣した。そして同年二月十日、憲実に従って鎌倉の永安寺を攻めている。

京都方に火をかけられて炎上する鎌倉公方の御所。持氏と家臣たちは切腹する　『結城戦場物語絵巻』　栃木県立博物館蔵

結城合戦で胤直が寄進した宝塔

鎌倉を逃れた持氏の子である安王丸・春王丸・万寿王丸の三人は、結城氏《うじ》朝《とも》を頼って結城城に入った。幕府は伊豆国国清寺に隠退した上杉憲実を復帰させ、上杉清方《きよまさ》・持朝《もちとも》などに出陣を命じる。幕府の支持を受けた憲実は大軍で結城城を包囲し、嘉吉《かきつ》元年（一四四一）四月十六日に落城させた（結城合戦）。このとき城将の結城氏朝は自刃し、持氏の遺児、安王丸・春王丸は捕えられて京都に護送中、美濃の垂井《たるい》で殺された。しかし、末子の万寿王丸は同年六月、将軍・義教が赤松満祐《あかまつみつすけ》に殺される（嘉吉の乱）と、運良く助命されたのである。千葉胤直は結城合戦に叔父の馬《ま》加康胤《くわりやすたね》など一族を率いて出陣したが、合戦後の嘉吉二年（一四四二）、弟の胤賢《たねかた》と共に上総国の天応山観音教寺（山武郡芝山町）と、下総国印西庄《いんざいのしょう》龍腹寺（印西市）に宝塔一基ずつを寄進した。宝塔は現存しないが、建立当時の棟札が現存する。

観音教寺の棟札には、寄進者の千葉胤直・胤賢や家臣の円城寺肥後守胤《たね》定《さだ》・渡辺《わたなべ》治朗《じろう》左《さ》衛門尉《えもんのじょう》続家《つぐいえ》の実名と、背面に全体にわたって法号が刻まれている。背面には、中央に同寺の本尊十一面観音菩薩の梵字が刻まれ、そのまわりを八字の梵字が放射線状に取り巻く。法号の人物は特定されていないが、仏教の塔はもともと釈迦のお骨を納めたもので、仏の礼拝や供養を目的に建てられている。また、この棟札には寄進者である胤直や胤賢が実名で登場することから、背面の法名は主に結城合戦など一連の合戦の犠牲者のものと考えられる。その年号が「嘉吉二年」であることから、この宝塔の寄進は犠牲となった千葉一族の供養ではなかろうか。龍腹寺の宝塔も同様と考えられるが、棟札は観音教寺のものと寄進者がほぼ同様であるが、胤直・胤賢や渡辺続家の実名のほか、法名が付されているものもある。

胤直が自害、本宗家が滅亡する

将軍・義教が赤松満祐に殺害されると、将軍職は義教の長子・義勝《よしかつ》が継承した。しかし、義勝が早世すると文安《ぶんあん》六年（一四四九）四月、嗣子の義成《よししげ》が将軍職に就任して義政《よしまさ》となる。関東管領は上杉憲実の後任に山内上杉憲忠《のりただ》が就任した。憲忠や千葉氏などの関東の武士団は、将軍・足利義政に持氏の遺児・万寿王丸の関東下向を要請する。義政がこれを許したため万寿王丸は関東に下向し、同年四月に鎌倉で元服して成氏《しげうじ》と称した。同時に、成氏は鎌倉公方に就任したが、関東管領山内上杉氏と対立するようになり、関東《かんとう》奉公衆《ほうこうしゅう》を中心とした簗田《やなだ》・里見・結城・小山・小田・千葉・宇都宮などの諸氏と謀ってこれに対抗した。

こうして両者の間に緊張が高まったが、宝徳《ほうとく》二年（一四五〇）四月二十日、山内上杉の執事・長尾景仲《かげなか》と扇谷上杉氏の執事・太田《おおた》資清《すけきよ》が鎌倉の成氏を攻撃する事件（江の島合戦）が起きる。成氏は一時、鎌倉から脱出し江ノ島に逃れたが、翌二十一日には成氏派の千葉新介胤将《たねまさ》・小田持家・宇都宮等綱が反撃に転じて長尾・太田軍を攻撃した。この争いは憲実の弟・道悦《どうえつ》が駿河国から来て和睦を仲介し、また、幕府の管領・畠山持国《もちくに》が成氏の要請で関東奉公衆に御教書を出して和解を勧めたため、両者の和睦が成立し、成氏は鎌倉へ戻った。しかし、京都では幕府管領職に親上杉派の細川勝元《かつもと》が就任すると、関東では次第に上杉派の勢力が増大していく。これに反発した成氏は、享徳三年（一四五四）十二月二十七日、関東管領の上杉憲忠を殺害した。

　関東は、この事件を契機に戦闘が各地へ拡大し戦国に突入する。事態を重くみた将軍・義政は享徳《きょうとく》四年（康正《こうしょう》元年、一四五五）四月、駿河守護・今川範忠《のりただ》に命じて成氏を追討させるが、これを知った成氏は鎌倉を脱出し古河に逃れた。千葉胤直は当初、成氏に属していたが、成氏が今川範忠に追討されると上杉派に転じる。胤直の母は先に亡くなった上杉氏憲（禅秀）の娘である。この頃、千葉氏の家臣や一族も次第に自立し力をつけ、成氏方と両上杉方に分かれて争っていたが、成氏派であった胤直の重臣・原胤房《たねふさ》は、成氏の支援を得て享徳四年（一四五五）三月、胤直の拠る千葉城を攻撃した。

　敗れた胤直は子の宣胤《のぶたね》や弟の胤賢、家臣の円城寺尚任などと城を脱出し、千田庄の志摩《しま》（島）城や多古《たこ》城に入り上杉方の救援を待った。しかし同年八月、成氏派であった胤直の叔父・馬加康胤や原胤房は、胤直・宣胤父子を攻撃する。多古城には宣胤がいたが、

多古城で一族郎党と共に自害する千葉胤宣　『太田道灌雄飛録』に描かれるが、実名を「胤宣」（本文では宣胤）と記す

多古城跡の大空堀　近年、史跡として整備が施された　千葉県多古町

馬加康胤は同年八月十二日、これを落城させた。宣胤は「むさといふ所（多古町居射か？）」の阿弥陀堂に逃れ自害した。胤直と弟の胤賢が居た志摩城は原胤房に攻撃され、同月十四日に落城した。胤直・胤賢兄弟など一族は土橋の如来堂に逃れたが、ここも胤房軍に攻撃され、翌十五日に胤直は円城寺因幡守や胤直の御前・上﨟など女房たちと共に自害した。「鎌倉大草紙《かまくらおおぞうし》」によれば、如来堂別当の東光院は胤直一族の遺骸を集めて供養をしたうえ、その骨を千葉庄の大日寺に送ったという。先に成氏のもとに出仕していた千葉介胤直の子・新介胤将は、「本土寺過去帳」によると享徳三年（一四五四）六月に没しており、胤直・宣胤父子が自刃したため千葉氏本宗家はここに滅亡した。なお、「鎌倉大草紙」によると胤直の弟・胤賢もここで自刃したとされているが、「本土寺過去帳」に、胤賢は「九月オツツミ（小堤）にて腹切られ」たとされている。胤賢は子の自胤《これたね》や実胤《さねたね》などと土橋の如来堂を脱出し、匝瑳郡小堤《おんづみ》（山武郡横芝光町小堤）に逃れていたのだろう。しかし、ここも馬加・原の連合軍に攻撃されて胤賢は自刃したが、実胤と自胤兄弟は武蔵国に逃れ、上杉氏に庇護された。

千葉胤直一族の滅亡後、千葉氏本宗家を継承したのは胤直の叔父・馬加康胤だが、古河公方の成氏と対立していた両上杉氏は、胤賢の子・実胤と自胤を市川城に入らせ、これに対抗した。しかし、市川城は康《こう》正《しょう》二年（一四五六）に成氏に攻められて落城し、実胤は武蔵国に逃れて石浜《いしはま》城、自胤は赤塚《あかつか》城を拠点とした（武蔵千葉氏の成立）。その後、実胤は美濃に退隠したため、武蔵千葉氏は自胤の子孫が継承した。

こうして、千葉氏本宗は馬加康胤の系統の下総千葉氏と、胤賢の系統の武蔵千葉氏の二流に分裂した。千葉実胤は、「応仁武鑑」には可児大堂（岐阜県御嵩町・願興寺）に墓があるというが現存しない。

中世武士の館を再現した模型　千葉県佐倉市・国立歴史民俗博物館蔵

武士・御家人たちの日常と生活

幕府をつくりあげた鎌倉武士は、頼朝を頂点にして組織や規律を強化した。頼朝は自分の家臣となった各地の武士に対し、先祖以来持っていた領地の支配を認め、また、新しく開発した領地も認めた。頼朝の家来となった武士を御家人といい、こうして主従関係が確立したのである。国ごとに守護、各地の庄園には地頭を置き、封建《ほうけん》社会の確立を強化した。のち、鎌倉幕府は北条氏が執権として実権を握り、武家政治の基礎をますます固めていった。地方の武士は将軍の家臣になったからといって、鎌倉に集まっていたわけではない。それぞれの領地で農民と一緒に住み、農地の経営と軍役を果たした。また、税の徴収・土地管理や警察の仕事もしている。

中世の武士は、江戸時代の武士と違って農村に住み、直接領地の農民を支配し農業経営を行っている。庄園の地頭として、また庄官《しょうかん》・名主《みょうしゅ》として公領《こうりょう》の名田《みょうでん》を持ち、館も所領内に建てられていた。館は、水田に臨む平野部や低い丘陵の平坦部に設けられるのが普通である。おおむね方形の一辺が百メートル前後、周囲は土塁・空堀・水堀などで囲まれ、屋敷地は通常、堀《ほり》の内《うち》・土居《どい》などと呼ばれていた。主殿の屋根は草ぶきか板ぶきで建物は掘立て式が多く、館の中には二棟から四棟の建物が設けられていた。館の外では、所従・下人らを使って田畑を作り、屋敷内に氏神や寺院の分霊を祀る風習も持っていた。

鎌倉時代の各武士団は、それぞれの屋敷を拠点として所領の保全と拡張のために同族が結集し、いざというときに団結して強力な戦闘集団を形成する必要があった。また、勢力拡大や安全のため、しばしば婚姻関係を通じて他族との提携も図られていたのである。財産管理は、親の所領・財産を子供たちが分け合って相続する分割相続が慣習であった。一族は惣領を中心に団結していたが、惣領は一門の中から統率する器量のある者が選ばれる。もしも戦闘の際は、惣領の指揮のもと結束して戦っていたのだ。しかし、この惣領制度はのちに緩んでいくのを避けられなかった。鎌倉中期を過ぎる頃には、庶子《しょし》たちが惣領から独立していく傾向が著しくなり、それにつれて御家人制度も転換を迫られるようになった。

このような武士社会の中で、当然、力のある者が生き残り、栄えることができたことから、武勇が尊ばれ戦場で手柄をたてることを誇りとしている。こうして、武士たちは日常生活の中で剛健を重んじ、同時に清廉・簡素を旨とする生活態度を身につけていった。武道ばかりでなく、禅を通じて精神修養にも努め、信仰を持って文武両道に精進したのである。

第三章　全国で活躍する千葉一族——肥前・美濃・奥州

鎌倉幕府の重鎮であった千葉一族は、さまざまな合戦の恩賞として本拠地である房総三国のほか、肥前（九州）・美濃（岐阜県）・奥州（福島県・宮城県）にも領地を与えられ、それぞれ独立した勢力として、その歴史を刻んでいった。

1　肥前千葉氏——肥前・薩摩に広大な所領を得る

源平合戦で九州に所領を得た常胤

千葉氏が九州地方と関わりを持つようになったのは、源頼朝《みなもとのよりとも》の弟《おとうと》・範頼《のりより》が元暦元年（一一八四）から文治元年（一一八五）にかけて平家追討で出陣した際、常胤《つねたね》は孫《まご》の常秀《つねひで》を引き連れ従軍したことにある。この時、範頼・常胤軍が豊後国の緒方氏の協力を得て上陸し、豊前国では原田種直《はらだたねなお》の軍を破って大宰府《だざいふ》や筑豊地方《ちくほうちほう》を掌握し、長門国にいる平家一門の退路を遮断することに成功している。この作戦で源氏方の勝利に貢献した。常胤は戦後も九州に留まり、「鎮西守護人」として戦後処理にあたった。

こうした鎮西に関わる功績で、常胤は頼朝から鎮西守護人と薩摩国島津庄寄郡五箇郡の郡司職に補任さ

千葉城空撮　肥前千葉氏の本拠で南北朝から室町時代に築かれ15世紀に全盛期を迎えた。現在は千葉公園として整備されている　佐賀県小城市　画像提供：小城市教育委員会

れ、薩摩国高城郡《たきぐん》温田浦《ゆだうら》十八町・同公領百四十二町・東郷別符《とうごうべっぷ》公領四十二町七段・入来院《いりきいん》九十二町二段・祁《け》答院《どういん》十二町・甑島《こしきじま》四十町など、四十二町二段に及ぶ広大な所領を獲得した。「宇佐大鏡」には「小城東西并伴部保等在家役、往古宮召也、以嘉承年年中比、本在家三ヶ郷并二百余門也、門布等自宮召之、而文治以後、千葉介押妨之云々」とあり、常胤が文治年代に肥前の小城を獲得したことが確認できる。九州で獲得した所領は胤正《たねまさ》に、薩摩国《さつまのくに》などの所領《しょりょう》は常秀《つねひで》に、肥前《ひぜん》国《のくに》小城《おぎ》（佐賀県小城市）の所領《しょりょう》は成胤《なりたね》に継承される。しかし、常秀のあとを継いだ秀胤《ひでたね》が宝治合戦で滅亡すると、薩摩国などの広大な所領も幕府に取り上げられ、肥前国小城郡が千葉成胤の子孫による継承となった。千葉大系図には、成胤の子・時胤《ときたね》が仁治二年（一二四一）に逝去した際、肥前国小城郡平吉内の阿弥陀堂に納骨し、影像を下総千葉寺に安置したとある。

小城は千葉常胤から泰胤が代官支配を行い、元寇で

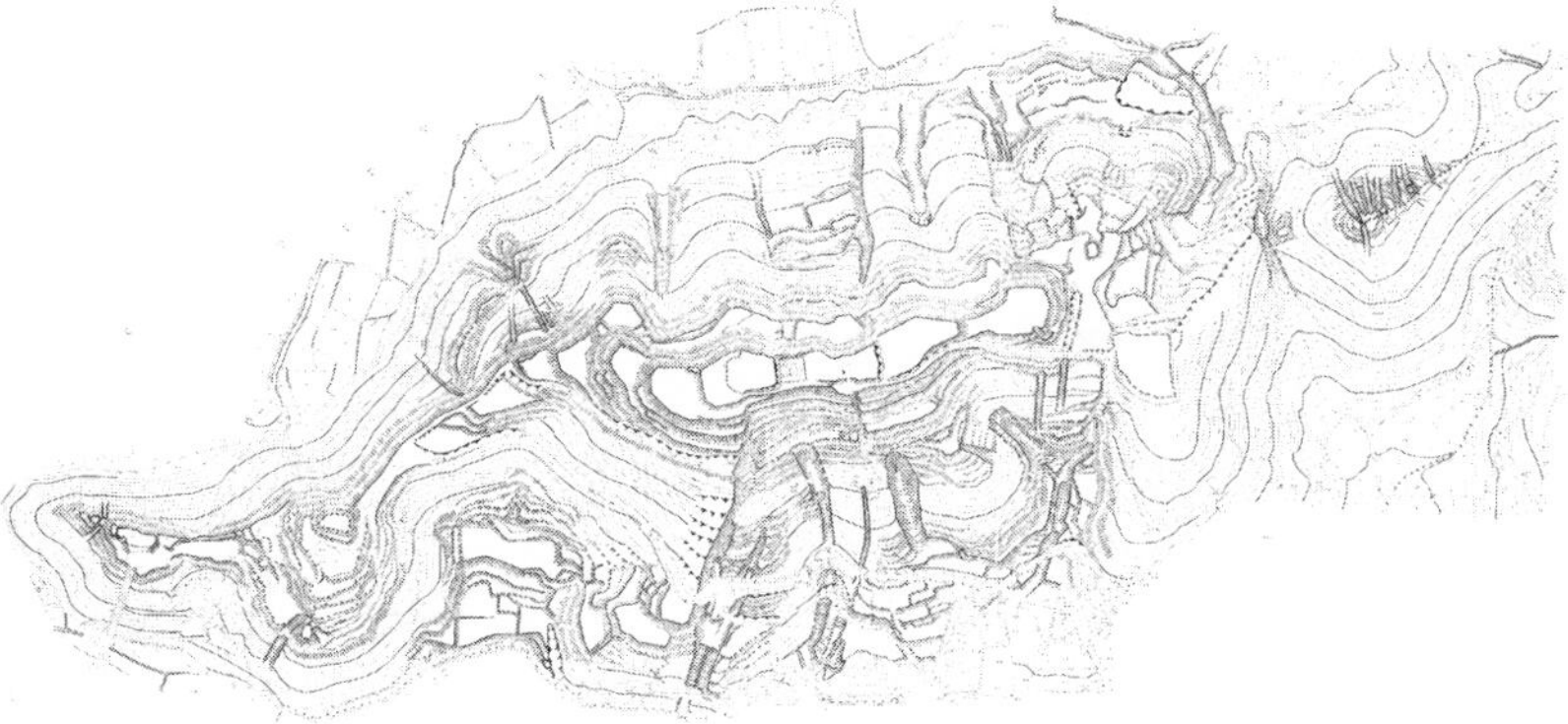

千葉城縄張図　小城市街を見下ろす城山の山頂全域が城跡である。名門の本拠らしく、要所に竪堀や空堀を配する大規模な城郭である　提供：佐賀県　踏査・作図：宮武正登

頼胤が従軍し小城へ下向する。その間、小城は先述の通り、建長二年の閑院内裏の再建費用に大きく関わった。小城は五百貫文と京上人夫、千葉氏の京上費用の借り銭二百貫文の担保となるなど、費用と人材を負担できる重要な所領でもあった。実際に動いたのは法華経寺の紙背文書で活躍する冨木常忍や、九条家との関係の深い了行である。さらに肥前国の武士・国分氏や高木氏も千葉氏によって家臣となり、下総へ来て活躍する。

蒙古襲来と肥前千葉氏の成立

一三〇〇年代の東アジアではモンゴル帝国が勃興し、金《きん》や南宋《なんそう》を滅ぼして大都《だいと》（北京《ぺきん》）に都を置き元《げん》を建国した。皇帝フビライは日本に朝貢を求めたが、これを拒絶されたため日本侵攻を企図した。そして文永十一年（一二七四）と弘安四年（一二八一）の二回にわたり、元軍を九州・中国地方に来寇させた。

九州の肥前小城に所領があった千葉頼胤は、この文永の役の傷がもとで小城で没した。その子・宗胤が大隅国守護として九州に来郡する（弟の胤宗が本国下総に残ったことで後に分立・対立する）。

宗胤は行政能力にたけた人物で、筑前国今津《ちくぜんのくにいまづ》（福岡市南区今津）では大隅国の御家人を動員・指揮し異国警護番役をさせているし、小城郡内でも圓通寺に「常胤以来代々幽霊菩提」のため田畑を寄進している。ちなみに今津は玄界灘に面した土地で、京都建仁寺《きょうとけんにんじ》を開いた栄西《えいさい》や鎌倉建長寺《かまくらけんちょうじ》を開いた蘭溪道隆《らんけいどうりゅう》が逗留した土地でもあり、千葉氏の禅宗帰依もこの頃から関連するようだ。宗胤は永仁二年（一二九四）に逝去するが、小城市内の圓通寺《えんつうじ》には持国天像《じこくてんぞう》と多聞天像《たもんてんぞう》、三岳寺《さんがくじ》の薬師如来《やくしにょらい》・大日如来《だいにちにょらい》・十一面観音《じゅういちめんかんのん》は宗胤の一周忌法要に合わせて造立されたという。その後、一子の胤貞が幼少だったため、宗胤後室の尼明恵が小城の政務を代行している。胤貞は下総国千田庄《しもうさのくにちだしょう》（千葉県多古町周辺）で育ち、千田胤貞《ちだたねさだ》ともいう。そのため、千田庄ゆかりの千葉氏の一族・家臣がともに小城に下向した。中村氏《なかむらし》・金原氏《かねはらし》・原氏《はらし》・円城《えんじょう》寺氏《じし》・岩部氏《いわべし》・粟飯原氏《あいばらし》・飯笹氏《いいざさし》・東氏《とうし》などである。下総国猿島郡からは岩井《いわい》（石井《いわい》）氏《し》も下向している。そして胤貞の猶子《ゆうし》である日祐《にちゆう》（中山本妙寺三世・千田日本寺開山）は小城に松尾山光勝寺《まつおさんこうしょうじ》を開く。さらに牛頭城（祇園城）を築いて代々の拠点とした。

肥前千葉氏が全盛期となる

千葉宗胤《ちばむねたね》の子・胤貞《たねさだ》と千葉胤宗《ちばたねむね》の子・貞胤《さだたね》は鎌倉末期から下総国守護を争うようになり、それが南北朝時代とともに胤貞は足利尊氏、貞胤は新田義貞に従って同族で争うことになった。九州では南朝方として菊池武敏《きくちたけとし》・阿蘇惟直《あそこれなお》と北朝方の大友貞宗《おおともさだむね》・少弐氏《しょうにし》・島津氏《しまづし》が対立《たいりつ》していた。延元元年（一三三六）に足利尊氏は多々良ケ浜で南朝方と戦って勝利をおさめたが、千葉胤貞が活躍したという（「北肥戦誌」）。

胤貞《たねさだ》には胤平《たねひら》がいたが下総《しもうさ》千田《ちだ》庄《しょう》を守り、弟の胤泰《たねやす》が養子となって肥前小城を継承し、足利《あしかが》尊氏・一《いっ》色道猷《しきどうゆう》に従った。しかし、足利尊氏の庶子・足利直冬が九州で蜂起して観応の擾乱が始まると、九州は北朝、南朝、直冬と三者鼎立の状況になる。正平六年・観応二年（一三五一）には直冬軍が胤泰軍と小城で合戦したとある。その後、足利尊氏は応安四年（一三七一）に今川貞世《いまがわさだよ》（了俊《りょうしゅん》）を九州探題として派遣すると、胤泰は了俊の下に入った。了俊はまたたくまに九州の南朝勢力を撃退し、北朝勢力の拡大につとめた。しかしながら、九州平定を前に了俊は九州探題を解任されてしまい、養子の今川仲秋《いまがわなかあき》が肥前にとどまる。仲秋の妻は胤泰の娘で、その子孫は今川から持永氏に改姓して千葉氏の家臣となる。

千葉胤貞の木像　佐賀県小城市・光勝寺蔵　画像提供：小城市教育委員会

千葉宗胤夫妻の墓　千葉県中央区にも宗胤の墓がある　佐賀県小城市・円通寺管理　画像提供：小城市教育委員会

千葉胤貞の墓　胤貞は宗胤の子　佐賀県小城市・光勝寺　画像提供：小城市教育委員会

肥前千葉氏の関連地図　現在の佐賀県小城市周辺

今川了俊が九州を去った後に、肥前千葉氏は最盛期を迎える。胤泰《たねやす》・胤基《たねもと》・胤鎮《たねしげ》・元胤《もとたね》のころである。胤泰は小城郡だけでなく佐嘉郡にも進出し、応永八年・九年に佐嘉郡で知行安堵状を出している。応永年間の一時期、肥前国守護が在国しない時期があったようで千葉氏の勢力拡大に有利に作用したようだ。特に千葉氏は肥前国衙の在庁官人の家柄であった於保氏や、肥前河上社の祭礼執行に携わる国衙官《こくがかん》人《じん》・鑰尼《かぎあまし》氏をも掌握するようになった。

胤泰のあとは胤基がついだ、鑰尼刑部大輔泰高を重用し、応永七年（一四〇〇）二月二十三日の河上社遷宮式では「千葉介代」として「座主権律師増鑁、大宮司鑰尼信濃守季高」が祭礼を差配して「於保、成道寺、龍造寺」などの肥前武士が動員され、流鏑馬が奉納されている。国衙が管理する河上社を千葉氏の力で復活したわけだが、事実上、肥前国守護的な役割を果たしていたと考えられる。また、豊後国《ぶんごのくに》の名門・大友親著《おおともちかつぐ》は、豊後国の守護のほかに筑前国守護も兼ねていた。肥前と筑前が接する関係から親著に「千葉氏の女」が嫁ぎ、生まれたのが大友親繁《おおともちかしげ》である。年代的にみて千葉胤基の息女の可能性がある。

さらに胤鎮《たねしげ》のころに「今川氏の旧領を知行……国中に威をふるい、既に肥前の国主と仰がれ」（「北肥戦誌」）とある。上総国出身の鍋冠日親といわれた日親が松尾山光勝寺に来山する。その子・元胤は日本よりも李氏朝鮮側史料に出てくる。朝鮮側《ちょうせんがわ》の高官《こうかん》の記によると「千葉殿　己卯年　遣使来朝す居は小城にあり」「肥前州小城千葉介元胤と称す　歳遣一航を約す」（申叔舟《しんしゅくしゅ》「海東諸国記《かいどうしょこくき》」）とあり、千葉元胤が李氏朝鮮に使者を派遣し、毎年一航路を約束している。また、元胤《もとたね》が犬追物《いぬおうもの》や猿楽《さるがく》を好み、京より観世太夫を呼んで「千葉氏の全盛此時」（「北肥戦誌」）とある。

一族の分裂と内紛・衰退

元胤が寛正五年に逝去すると子・教胤《のりたね》が相続したが早世し、嫡流家が断絶する。分家の胤紹《たねつぐ》の子・胤朝《たねとも》が継ぐも、弟の胤将に殺害されてしまう。大宰府《だざいふ》の少弐政資《しょうにまさすけ》は、弟・胤資《たねすけ》を胤朝の後継として送り込み、晴気《はるけ》城主《じょうしゅ》とした［西千葉氏・晴気千葉氏］。一方、小城郡の赤目城には、胤朝の甥・興常《おきつね》が周防《すほう》の大内義《おおうちよし》興《おき》の支援を受けて対抗することになる［東千葉氏・祇園千葉氏］。

このころから肥前千葉氏は東西に分かれ、周防《すおう》の大内氏《おおうちし》、豊後《ぶんご》の大友氏《おおともし》、大宰府《だざいふ》の少弐氏《しょうにし》、肥前《ひぜん》に勃《ぼっ》興《こう》した龍造寺氏《りゅうぞうじし》のために翻弄させられる。明応六年（一四九七）、大内義興《おおうちよしおき》は九州に遠征し大宰府を占領。少弐政資は弟の胤資を頼って晴気城に避難したが、大内・興常連合軍によって攻撃され戦死、少弐政資も自害した。翌年七月、義興が大友義長《おおともよしなが》に敗れると［西千葉］胤資の子・胤治《たねはる》と胤繁《たねしげ》兄弟が晴気城に復帰し、再び興常・喜胤父子と対立する。しかし、少弐政資の子資元を後ろ盾に胤治兄弟も活動するが劣勢となり、胤治が戦死、胤繁もまもなく逝去したため、少弐氏方の横岳資貞の子を養子として胤勝を継承させた。

［東千葉］は、興常・喜胤父子が後援者である大内義興の逝去で山口に一時退転した。天文年間になって龍造寺と少弐・千葉が盟約をしたため、東・西の千葉が和睦して興常父子は小城に復帰する。この和睦で少弐冬尚の弟・胤資を［東千葉］喜胤の養子にし、龍造寺家兼の家臣・鍋島清房の子（彦法師丸・千葉胤安、後の鍋島直茂）を［西千葉］胤連の養子とした。天文十三年、胤勝が討ち死にすると胤連が家督を継承した。［東千葉］喜胤が逝去すると少弐氏の胤頼が継承した。しかし、少弐時尚（冬尚）が弟の胤頼を頼って晴気に入ると、［西千葉］胤連は龍造寺隆信の支援を受け胤頼を討ち死にさせた。兄の冬尚も勢福寺城で戦死し、ここに鎌倉以来の武藤少弐氏は滅亡した。

龍造寺・鍋島の臣下となる

肥前国は戦国末期には大内氏の影響をうけながら、千葉氏の旗下にあった龍造寺氏が台頭してくる。［東千葉］の胤誠《たねまさ》及び息女は神代一族《くましろいちぞく》を頼って隠居した。胤誠は神代長良《くましろながよし》に千葉氏の重宝である「系図」「妙見の太刀」「妙見像」を譲り渡している。『房総叢書』及び『千葉氏の研究』（奥山市松著）では千葉胤誠の娘が神代家良の室となり継承したとあるが、婚姻関係はないので誤りである。神代氏はその後、常親《つねちか》・常《つね》利《とし》・常宣《つねのぶ》と「常」の字と「平朝臣」を名乗っており、千葉胤誠の後継者としての役割を果たしていたようだ。

［西千葉］は胤連《たねつら》のときに龍造寺氏と提携していくが、大内義隆《おおうちよしたか》が龍造寺《りゅうぞうじ》胤栄《たねみつ》を肥前守護代《ひぜんしゅごだい》にした時点で千葉氏と龍造寺氏の立場は逆転した。やがて龍造寺《りゅうぞうじ》隆信《たかのぶ》が肥前国主となり、その後、家臣・鍋島直茂《なべしまなおしげ》

が龍造寺氏に代わって肥前国主になっていく。胤連の養子となった彦法師丸（後の鍋島直茂）は、柴田聡司氏からの教示によれば千葉胤安《ちばたねやす》と名乗ったという（「北肥戦誌」）。胤安の妻は、千葉氏とともに関東下りした石井《いわい》氏《し》の末裔・石井常延《いわいつねのぶ》の娘（後の陽泰院）である。胤連に実子・胤信ができた際、彦法師丸（胤安）に、胤連が小城郡美奈岐八十町に田畑と十二名の家臣（鍵《かぎ》（鑰）尼《あま》・野辺田《のべた》・金原《かねはら》・小出《こいで》・仁戸田《にへだ》・堀江《ほりえ》・平田《ひらた》・巨勢《こせ》・井出《いで》・田中《たなか》・浜野《はまの》・陣内《じんない》）を付随させた。これが鍋島直茂の初めての家臣になったという。

胤連の子・胤信は鍋島藩重臣となり、常貞に至っては三千石を拝領し、その後、諸事情はあったものの千葉頼母二七〇石で再興され、旧領小城に領していた。また、別家の千葉氏からはフェートン号事件で佐賀藩を代表し責任をとった千葉胤明がでている。胤連には、落胤として徳川家康の政治顧問にして足利学校の庠主となる閑室元佶がいる。なお、西千葉の胤繁《たねしげ》の息女は、一人が松浦党《まつらとう》の鴨打胤忠《かもちたねただ》に嫁ぎ鍋島藩士となった。もう一人は龍造寺家晴《りゅうぞうじいえはる》に嫁ぐ。家晴は諫早領二万石を拝領、さらに胤繁の娘との間の子を直《なお》孝《のり》といい、諫早二万石を領する諫早直孝《いさはやなおのり》となって肥前藩重臣の千葉氏とも縁組みを続けていった。

2　相馬氏・亘理氏——独眼竜政宗と千葉氏

鎌倉幕府と密接に結ばれた相馬氏

相馬の初代師常は、「吾妻鑑」によると治承四年の段階で「相馬」を称している。御厨も継承したことになるが、これを岡田清一氏は疑問とする。相馬《そうま》御厨《みくりや》はこの時点で源義宗《みなもとよしむね》の支配が続いていたし、野口実氏の研究から、広常の弟で相馬常清の子・定常が「相馬介」を名乗っている。そこで文治五年（一一八九）八月の源頼朝書状（島津文書）が重要性をおびる。これによれば、「相馬の二郎」の記載があって初見とされ、この前後から師常が相馬御厨を領有し「相馬」姓を名乗ったという。

師常も常胤とともに平家追討・奥州藤原氏の追討に参加し、このときの戦功で陸奥国《むつのくに》行方郡《なめかたぐん》（福島県南相馬市・相馬市）を得たという。師常も常胤同様に頼朝から信任され、鶴岡八幡・永福寺をはじめ信濃国善光寺にも供奉している。建久元年（一一九〇）には頼朝に従って上洛も果たしている。

【相馬氏系図】

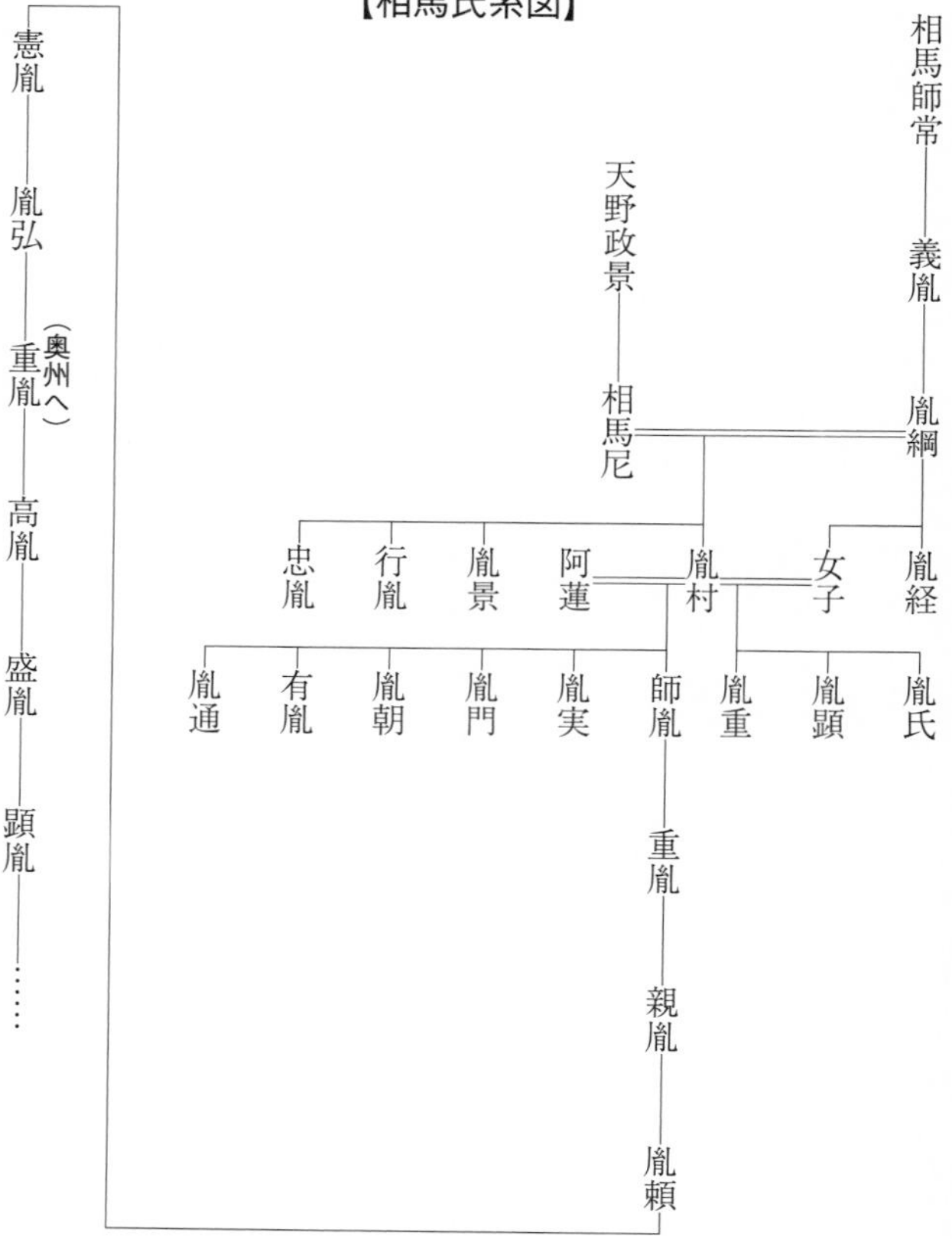

師常の鎌倉の屋敷は、相馬天王（八坂神社）の隣あたりといわれている。この屋敷で、師常は元久二年（一二〇五）十一月十五日、端座合掌《たんざがっしょう》して動揺もせず念仏行者《ねんぶつぎょうじゃ》として亡くなった。子どもは五郎義胤《ごろうよしたね》・六《ろく》郎常家《ろうつねいえ》（八木氏《やぎし》）・八郎行常《はちろうゆきつね》（戸張氏《とばりし》）の三人で、このうち八木常家の子・胤家《たねいえ》（式部大夫《しきぶだいふ》）は日蓮の有力な信徒であり、現在、国宝の「立正安国論《りっしょうあんこくろん》」は日蓮から八木胤家に授与されたもので、その後の変遷をへて中山法華経寺に収められた。義胤は相馬御厨と陸奥行方郡を継承したが、特に御厨は莫大な年貢を納めねばならず、外宮禰宜《げくうねぎ》度会行元と布の納入を巡り争論をおこすなど所領経営に腐心していた。義胤は北条義時と強いつながりをもち、畠山重忠追討では義時方で参陣している。承久の乱では泰時に従って宇治川合戦《うじがわかっせん》で奮戦した。戦後、淡路国炬口庄《あわじのくにたけのぐちしょう》の地頭として「相馬小次郎」の名前が淡路国太田文《あわじくにおおたぶみ》に出てくるが、この小次郎は義胤、もしくはその関係者であろうか。

嘉禄三年（一二二七）には、陸奥国行方郡千倉庄内と下総国相馬御厨の地を娘の土用御前《とよごぜん》に譲与したが、このあと土用御前が新田氏の一族・岩松時兼《ときかね》に嫁いだため、所領は岩松氏に継承された。義胤没後、所領は子の次郎左衛門尉胤綱《たねつな》に継承され、胤綱は嘉禎《かてい》二年（一二三六）に将軍・藤原頼経の御所の移徙に供奉している。また、胤綱の娘・妙智尼《みょうちに》は島津久経《ひさつね》に嫁ぐなど、相馬氏は鎌倉時代前期に姻戚関係などで幕府有力御家人と関係を深めていることがわかる。

相馬重胤が陸奥国行方郡に移住

相馬胤綱の子は、先妻との間に生まれた兵衛尉胤継《たねつぐ》、天野政景の娘（相馬尼）との間に左衛門尉胤村《たねむら》・

六郎胤景・七郎行胤《ゆきたね》・九郎忠胤《ただたね》などがいた。所領の多くは胤村に継承されたようだ。胤村は正嘉《しょうか》二年（一二五八）頃から体調を崩し、同年七月、弘長《こうちょう》元年（一二六一）七月の将軍・宗尊《むねたか》親王の鶴岡八幡宮参詣の供奉を辞退しており、この後、急逝してしまった。胤村の所領は子の胤氏《たねうじ》・胤顕《たねあき》・胤重《たねしげ》と、後妻の阿蓮との間の子である⑤有胤《ありたね》・①師胤《もろたね》・④胤朝《たねとも》・②胤実《たねざね》・⑥胤通《たねみち》・③胤門《たねかど》の九人の子に分配された。「相馬文書」「永仁二年（一二九四）の御分配系図」によれば、兄弟の序列で配分が決められ、長子の胤氏が下総相馬郡内の大部分を継承し下総相馬氏の祖となった。三子の胤重は、陸奥国行方都岡田郷を継承して岡田氏を称し、八子の胤門は陸奥国行方郡大悲山郷を継承して大悲山氏を称した。

しかし、実際に兄弟で最多の所領を継承したのは阿蓮の子五男の師胤で、これは阿蓮の当腹の嫡子であったためだろう。その遺領のうち、未処分地は平松若丸《まつわかまる》（下総国相馬御厨内藺間・粟野村／陸奥国行方郡耳谷村摩郡）、平□□丸（陸奥国行方郡高平村／鷹倉狩倉）、平鶴夜叉丸《つるやしゃまる》（陸奥国行方郡大悲山村）、胤村後家《ごけ》尼阿《あまあ》蓮《れん》（下総国相馬御厨内増尾村／陸奥国行方郡磐崎／小高両村）に分配された（文永九年（一二七二）十月二九日付「関東下知状」「相馬文書」）。一族の中で最多の所領を継承した師胤は、正応二年（一二八九）二月二十日、これを子の松鶴丸《まつつるまる》（重胤）に譲る。この重胤の継承にも、相当の苦難が待ち構えていた。

重胤の所領相続には一族の中でも反発があった。永仁四年（一二九六）に伯父・胤門の養子となってその所領を継承した（永仁四年八月二十四日付「相馬胤門譲文」「相馬文書」／永仁五年六月七日付「関東下知状」）。また同年に、伯父・胤氏と行方郡高村堰沢《たかむらせきさわ》の支配を押領して争った。さらに正安二年（一三〇〇）には伯父・胤実と下総国相馬御厨内増尾《ますお》村・陸奥国行方郡磐崎釘野《いわさきくぎの》・同郡小高《おだか》村の所領の領有権について相論を起こしたが、重胤が行方郡高村の出在家の領有権を争っているとき、北条氏得宗家御内人の長崎思元《しげん》が争いに介入して押領する事件が起こる。遠因は、元亨元年（一三二一）十二月十七日付「相馬重胤申状」（「相馬文書」）に「重胤、下総国相馬郡に居住するをもって」とあり、重胤は下総国相馬郡に居住しており支配力が弱まっていたこともあったのだろう。このため重胤は奥州移住を決意し、元亨三年（一三二三）四月、岡田氏・大悲山氏などの一族と共に陸奥国行方郡に移住した。「奥相志」によると、このとき家臣八十三騎が重胤と行を共にしたという。同時に、千葉氏一族の守護神とされる星の宮（妙見社）を勧請した。

なお、移住当初の拠点は行方郡大田《おおた》村別所《べっしょ》（福島県南相馬市）と思われ、嘉暦元年（一三二六）に同郡小高村に（福島県南相馬市）に移ったとされている。しかし、元亨二年（一三二二）七月四日付「関東御教書」には「小高孫五郎（重胤）殿」とあることから、実際に重胤が奥州に移住したのは元亨二年以前で、早い段階で小高に移った可能性が高い。

奥州に争乱が波及し重胤が戦死

元弘三年（一三三三）五月二十一日、鎌倉幕府が滅亡して建武政権が樹立されると、重胤の妻であった藤原氏の女（娘）は、後醍醐天皇のもとに超円《ちょうえん》を「御方」代官として派遣している。相馬小次郎長胤《ながたね》も後醍醐天皇に到着状を出しており、両者には綸旨《りんじ》が出され本領が安堵されている。同年八月、北畠顕家《あきいえ》は陸奥守に任じられ、父・親房《ちかふさ》と共に後醍醐天皇の子・義良《のりよし》親王を奉じて陸奥に下向したが、同十二月、相馬重胤は子の親胤《ちかたね》を代官として陸奥国府に本領安堵を申請して承認されている（「相馬文書」）。また、建武二年（一三三五）六月には行方郡の奉行に任命され、伊具・亘理・宇多・行方郡および金原保《かなはら》の検断を沙汰するよう命じられた（「相馬文書」）。

同年七月、北条高時の子・時行が信濃国で挙兵し、鎌倉を占領する事態が起こった。関東に下った足利尊氏は時行を討って鎌倉を取り戻すが、そのまま鎌倉にとどまって建武政権に反旗を翻すと、奥州には一族の斯波家長《しばいえなが》を派遣している。一方、北畠顕家は斯波家長に対抗するため同年十二月、義良親王と共に多賀《たが》国府を出陣した。こうして奥州で南北朝の争乱が始まるが、同十一月二十日、相馬重胤は所領を子の親胤や光胤《みつたね》、大悲山朝胤《ともたね》の妻女に譲ると共に、同十二月二十日に北朝の斯波家長に参向した。これに対し、相馬有胤の子の胤平《たねひら》・家胤《いえたね》・胤門《たねかど》などは南朝の広橋修理亮経泰《ひろはししゅりのすけつねやす》に属し、行方郡高平《たかひら》を拠点として信夫庄《しのぶのしょう》に進出、相馬氏の拠点の小高城を攻撃した（「相馬文書」）。

やがて、重胤の所領を継承した子の親胤は、足利氏の一族である吉良貞家《きらさだいえ》に従い、千葉宗胤の子・胤貞と共に下総国千葉庄の千葉館《ちばたて》を攻撃している。この後、親胤は胤貞と共に鎌倉の足利尊氏軍に加わり、箱根合戦に戦功を挙げる。箱根合戦で新田義貞軍を破った尊氏は京都に進撃するが、北畠顕家・新田義貞軍に敗れて九州に逃れた。尊氏を破った顕家は義良親王と共に関東に下向し、鎌倉の片瀬《かたせ》河で斯波家長軍を破る。このとき親胤の父・重胤は法華堂下で自害し、岡田胤康《たねやす》は片瀬川で討ち死にしたのである。重胤は亡くなる前の建武三年二月五日、弟の光胤に「小高堀内の防備を固めること。南朝方の凶徒に備えることなど」を指示した。

さて、小高に残った親胤の弟・光胤は重胤の教えを守り、小高城を改築して岡田氏・大悲山氏などの一族や伊達《だて》氏・標葉《しめは》氏・長江《ながえ》氏などと南朝方の来襲に備えた。さらに、光胤・長胤は建武三年（一三三六）三月十六日、南朝方の結城宗広《むねひろ》の家臣・中村広重《なかむらひろしげ》の居城熊野堂《くまのどう》城を攻撃したが、逆に、三月二十二日には南朝方の広橋経泰より小高城が攻撃を受けている。三月二十七日、光胤は南朝方の標葉氏一族と合戦し、四月九日には国魂行泰《くにたまゆきやす》より攻撃を受けている。一進一退が続く状況の中で五月二十四日、北畠顕家が大軍を率いて小高城を攻撃すると、城を守っていた光胤は討ち死に、子の胤頼は山林に逃れた。しかし、翌建武四年（一三三七）正月二十六日、胤頼は熊野堂城を攻撃し落城させている。こうしている間に、九州に逃れた足利尊氏は同年五月二十五日、摂津国湊川で新田義貞・楠木正成の連合軍と戦って勝利を得ると、同年六月には京都に入り光厳天皇を擁して室町幕府を開く。後醍醐天皇は、十二月に吉野に退いていった。

　室町幕府が成立すると奥州でも次第に北朝が有利となり、北畠顕家は義良親王と共に多賀城から霊山《りょうぜん》城に退いた。奥州に戻った親胤は同年二月、北朝方の奥州管領石塔義房《いしどうよしふさ》に従って常陸国の関《せき》城を攻め、暦応元年（一三三八）六月には南朝方の拠点霊山城・黒木《くろき》城・横川《よこかわ》城を攻撃した。その後も石塔義房の命で、白河《しらかわ》・三迫《さんのはさま》・渋江《しぶえ》・宇津峯《うづみね》城などを攻めている。貞和元年（一三四五）、室町幕府は畠山国氏《くにうじ》や吉良貞家を奥州管領《おうしゅうかんれい》として派遣、奥州の南朝方を攻めたが、足利尊氏と弟の直義の対立から「観応の擾乱」が起きると、この機を利用して南朝の北畠顕信《あきのぶ》は多賀城を占領した。親胤は顕信から南朝方へ加担の要請を受け、これを受諾。親胤は観応二年（正平六年、一三五一）十月、北朝方の多賀城攻撃に加わり負傷したが、その恩賞で陸奥東海道守護職に補任され、行方郡の所領を安堵された。

　康安《こうあん》元年（一三六一）に相馬親胤が没すると、その家督と所領の多くは子の胤頼に一括して譲られた。

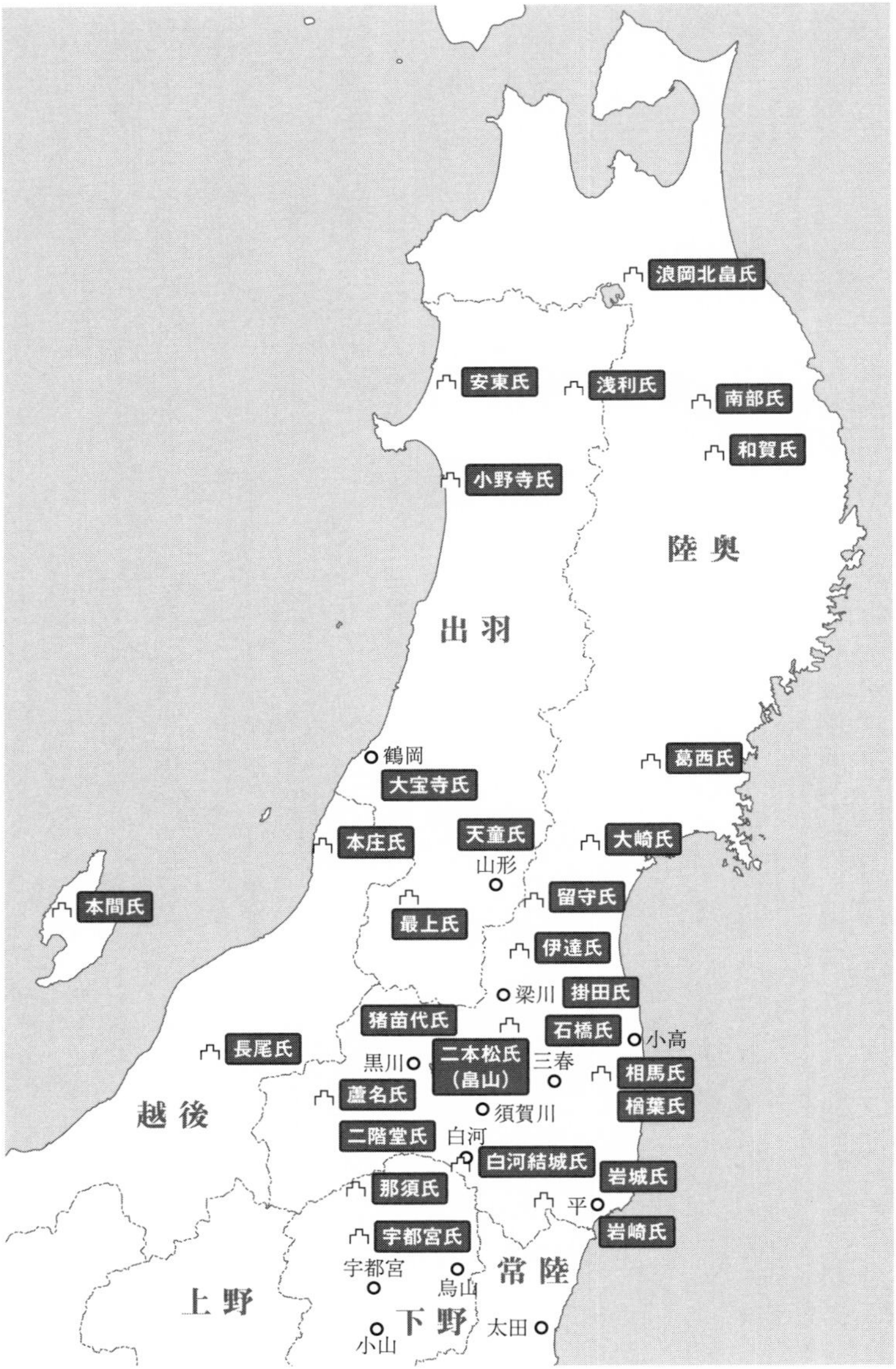
浪岡北畠氏
安東氏
浅利氏
南部氏
和賀氏
小野寺氏
陸奥
出羽
鶴岡
大宝寺氏
葛西氏
天童氏
本庄氏
大崎氏
山形
本間氏
留守氏
最上氏
伊達氏
梁川
掛田氏
猪苗代氏
石橋氏
小高
長尾氏
二本松氏
（畠山）
黒川
三春
相馬氏
蘆名氏
楢葉氏
越後
須賀川
二階堂氏
白河
白河結城氏
岩城氏
那須氏
平
宇都宮氏
岩崎氏
宇都宮
烏山
常陸
上野
下野
太田
小山

戦国時代の奥羽勢力図

胤頼は讃岐守に補任され、翌康安二年と貞治二年（一三六三）には東海道検断職に任じられている。南北朝の争乱に活躍した胤頼が没すると、相馬氏の家督は子の憲胤《のりたね》から胤弘《たねひろ》・重胤《しげたね》・高胤《たかたね》へと継承された。

自治をめざして勃発した五郡一揆

応永六年（一三九九）、鎌倉公方足利満兼の子・満貞を陸奥国岩瀬《いわせ》郡稲村《いなむら》（福島県須賀川市・稲村公方）、また、満兼の弟・満直を陸奥国安積《あさか》郡篠川《ささがわ》（福島県郡山市・篠川公方）に派遣し、奥州地方の統治を強化した。

これに対して応永十七年（一四一〇）、浜通りの行方郡・岩城郡・標葉郡・楢《なら》葉《は》郡・岩崎郡の国人である相馬氏・岩城《いわき》氏・白土《しらど》氏・好島氏・諸根《もろね》氏・標葉氏・楢葉氏などの十氏が一揆を結び（五郡一揆《ごぐんいっき》）、鎌倉府の支配については在地の国人が協力して対応し、独自の自治の確立をめざした。しかし、永享十年（一四三八）の永享の乱で鎌倉公方足利持氏が自殺し鎌倉府が滅亡すると、稲村公方足利満貞も自殺。また、永享十二年（一四四〇）に下総国の結城合戦で篠川公方足利満直も結城氏朝軍に攻められ自殺すると、奥州は武士団がお互いに争うようになっていく。

相馬義胤の墓　義胤は伊達政宗と死闘を重ね、その戦いぶりを政宗から賞賛されている。外天公とも呼ばれ、墓所は遺言によって伊達領に向かって葬られている　福島県南相馬市・同慶寺

相馬氏は、高胤の子・盛胤《もりたね》が家督を継承し、明応元年（一四九二）十二月に隣接する標葉氏の拠

点権現堂《ごんげんどう》城を攻めて標葉清隆《きよたか》・隆成《たかしげ》父子を自殺させ、その所領の標葉郡を獲得した。しかし、永正《えいしょう》十八年（一五二一）七月に盛胤が没して子の顕胤《あきたね》が家督を継承すると、顕胤は伊達稙宗《たねむね》の娘を室としていた関係から、岩城重隆《しげたか》の娘を稙宗の子・晴宗《はるむね》に嫁がせることを目的に岩城郡へ出兵し、木戸《きど》・富岡《とみおか》・久の浜《ひさのはま》・四倉《よつくら》などを攻め落とした。のち、この婚姻が成立すると久ノ浜・四倉は返したが、木戸・富岡は相馬領のまま支配を続けている。

伊達氏との抗争と小田原合戦

天文九年（一五四〇）、相馬氏最大のライバルであった伊達氏内部で、稙宗と子の晴宗が対立して争うことになった。このとき、相馬顕胤は稙宗を支持して伊達晴宗と争いを続けた。また、娘を三春《みはる》の田村清顕《たむらきよあき》に嫁がせるなど近隣の武士団と婚姻関係を結び、勢力の拡大に努めている。なお、清顕の娘・愛姫《めごひめ》は、伊達政宗《まさむね》の室となった。このように相馬氏は伊達氏と抗争を続けたが、天文十八年（一五四九）に顕胤が没すると、子の盛胤《もりたね》が家督を継承する。この頃の相馬氏の所領は、北は伊具郡、南は岩城郡の木戸・富岡に及んだが、木戸・富岡は元亀《げんき》元年（一五七〇）、岩城親隆《ちかたか》により奪回されてしまった。

東北の覇者・独眼竜といわれた伊達政宗のライバルと称され、鎌倉以来の領地を安堵させたのが相馬盛胤の子・義胤《よしたね》（外天公）で、妙見信仰を精神的支柱とし、一族が一致団結して相馬領を守っていた。しかし、天正十七年（一五八九）、義胤と岩城常隆《つねたか》は伊達氏に寝返った大越《おおこし》紀伊を討つため田村郡岩井沢《いわいざわ》に出陣すると、その隙に政宗によって相馬領の駒ケ峯《こまがみね》・新地《しんち》両城を占領されてしまう。翌天正十八年（一五九〇）

四月になると相馬義胤は新地城を攻め、同年五月、盛胤は駒ヶ峯城を攻めるがいずれも失敗し、相馬氏は窮地に立たされる。同年、豊臣秀吉《とよとみひでよし》の小田原《おだわら》合戦が始まると、相馬義胤は小田原の秀吉に参陣し、同年十二月七日に秀吉より奥州内に四万八千七百石を安堵された。また、本拠地を小高城から牛越《うしごえ》城（福島県原町市牛越）に移した。

南奥州は伊達政宗の出現により、各大名の多くは滅亡するか伊達氏家臣となるかの中で、相馬義胤《そうまよしたね》は伊達氏との抗争に打ち勝ち、近世大名として出発することになった。慶長五年（一六〇〇）におこった関ヶ原の合戦では、佐竹義宣（義宣の弟・岩城貞隆の妻は相馬義胤の妹）と同調の様子をみせたため、徳川家康から所領没収を言い渡された。義胤は隠居し子の三胤《みつたね》が名を蜜胤《みつたね》と変えて江戸で所領安堵《しょりょうあんど》の運動を行った。本多正信《ほんだまさのぶ》や土井利勝《どいとしかつ》に接触して、従来の宇多《うだ》・行方《なめかた》・標葉《しねは》三郡を領土として安堵された。以後、蜜胤は「利胤《としたね》」と名を改めた。土井利勝の「利」である。

小高から牛越《うしごえ》に館を築いていたが、改易の情報が牛越築城時だったため「不吉」の城とされ、改めて慶長十六年（一六一一）に中村に築城し、以後、明治維新まで相馬中村藩《そうまなかむらはん》六万石と呼ばれるようになった。途中、相馬藩二代目の義胤《よしたね》（大膳亮《だいぜんすけ》）は娘しかいなかったため、上総久留里《かずさくるり》城主《じょうしゅ》・土屋利直《つちやとしなお》の次男《じなん》が婿養子《むこようし》として入り相馬忠胤《そうまただたね》となり、相馬藩を継承した。その息子が昌胤《まさたね》で、徳川光圀《とくがわみつくに》の姪《めい》を妻にするなど徳川家とも縁戚関係を結ぶだけでなく、外様大名としても異例な側用人《そばようにん》になっている。

相馬氏は戦国時代から、伊達氏対策として常陸《ひたち》の佐竹氏《さたけし》とは友好関係にあった。江戸時代になっても相馬藩六万石、佐竹藩二十万石と石高に開きはあったが、縁組みを続けた。秋田藩二代目藩主《あきたはんにだいめはんしゅ》・佐竹義隆《さたけよしたか》の

武石宗胤夫妻の名前が刻まれた鎌倉期の宝篋印塔　神奈川県箱根町

生母《せいぼ》は相馬《そうま》義胤《よしたね》の妹《いもうと》であるし、幕末の秋田藩主・佐竹《さたけ》義堯《よしたか》は相馬《そうま》益胤《ますたね》の次男《じなん》でもある。

「亘理」を称した武石胤氏・宗胤

千葉介常胤の三男・胤盛（胤成）は、父・常胤より譲られた千葉庄武石郷のほかに建久元年（一一九〇）十一月、文治の奥州合戦の戦功で源頼朝より亘理《わたり》郡を賜っている。胤盛は当初、胤成と称していた（「北条本吾妻鏡」治承四年九月条）。元暦元年（一一八四）頃に没し、その所領は子の胤重に継承された。

宮城県松島町にある五大堂の鐘銘写に「曰理（亘理）郡地頭武石二郎胤重、嘉禄三年（一二二七）丁亥被鋳改畢」とあるし、「吾妻鏡」建長四年（一二五二）四月一日条には武石次郎（広胤か？）と子の朝胤《ともたね》（「千葉大系図」では弟）、弟の四郎胤氏《たねうじ》が将軍に供奉したという。武石入道（胤重）は建長二年（一二五〇）三月に閑院殿《かんいんどの》造営雑掌《ぞうえいざっしょう》として押小路《おしこうじ》面土平門西の築地三本の造営を負担しているが、建治元年（一二七五）五月の「六条八幡新宮用途注文」には「武石入道跡」とされており、胤重の没後、武石氏の御家人役は武石入道跡として一族が一括して把握していたようだ。なお、「吾妻鏡」文応《ぶんおう》元年（一二六〇）正月二十日条には「武石四郎左衛門尉長胤」とあり、御家人役は朝胤と子息・新左衛門尉長胤《ながたね》が奉公している。この長胤系の武石氏は下総に残り、戦国期まで下総武石氏として活動する。

胤氏系の武石氏は、岡田清一氏の指摘から北条得宗家《とくそうけ》の被官になった可能性がある。徳治《とくじ》二年（一三〇七）の「円覚寺毎月四日大斎結番注文」に「五番　曰理（亘理）四郎左衛門尉」とあることから、亘理の所領は胤氏系統が継承したのだろう。この史料から、武石氏が奥州に移住して亘理氏を称した時期も、胤氏から宗胤《むねたね》の代と推定できる。これについては「千葉大系図」に「亘理左兵衛尉、此時以居領之号為称氏」とあり、「伊達世臣家譜」には「胤氏子従五位下肥前守初称弥太郎・又左衛門尉宗胤、宗胤、乾元中始来于奥州、住于亘理城、宗胤子従五位下右京亮三郎治胤《はるたね》、治胤子従五位下石見守初称四郎高広《たかひろ》、高広子従五位下因幡守初称左兵衛尉広胤《ひろたね》、広胤、暦応二年始称亘理氏」と記されている。しかし前記史料から、その三十二年前の徳治二年（一三〇七）には胤氏の子・宗胤に「亘理四郎左衛門尉」とあるから、徳治年代には亘理氏を称していたのだろう。

なお、長野県長和町と神奈川県箱根町に武石宗胤の建てた宝篋印塔《ほうきょういんとう》がある。箱根町の宝篋印塔はその銘から、「円覚寺毎月四日大斎結番注文」記載の「亘理四郎左衛門尉」が得宗家の被官であったと推定できる。この宝篋印塔の造立に北条氏一族の金沢氏菩提寺・称名寺関係の僧侶や、得宗被官の二階堂氏が重要な役割を果たしたようだ。長和町の宝篋印塔は、桜井松夫氏（上田市史編纂委員）によれば、塩田北条氏の被官として武石氏が入部したと考えられる。この塔がある信濃塩田平《しおだだいら》は守護職であった北条館の所在地とされ、武石氏の信濃入部は北条氏の信濃支配と密接に関わっていたようだ。

武石氏の一部は北朝方で活躍

元弘三年（一三三三）五月、鎌倉幕府が滅亡すると、後醍醐天皇は建武政府に反発する勢力追討のため、子の義良親王と北畠親房・顕家父子を多賀国府に派遣する。同年十二月に陸奥《むつ》将軍府《しょうぐんふ》が設立されると、引付衆の三番に武石二郎左衛門尉が加わっている（「建武年間記」）。また、武石上総介胤顕《たねあき》は津軽降人《つがるこうにん》の金《かね》平《ひら》別当宗祐《そうゆう》、弟子・智道《ちどう》らを預かるとともに（「南部文書」）、翌建武二年（一三三五）六月、相馬重胤と共に伊具・亘理・宇多・行方郡などの金原保検断奉行に任じられた。

一方、武石胤顕も好島庄の領主・伊賀《いが》式部《しきぶ》三郎《さぶろう》に対し、安達郡《あだちぐん》木幡山《こはたやま》にたて籠った凶徒を追討する動員命令を出している（「飯野八幡宮文書」）。しかし、武石氏には武石五郎胤通《たねみち》（武石左衛門五郎胤通）のように、北朝に従った相馬氏と共に行動した一族もいる（「相馬家文書」）。胤通は、鎌倉から帰国した相馬光胤と共に小高城に籠城する。尊氏を破って奥州に帰国した北畠顕家軍の攻撃により小高城が落ちると、相馬親胤の子・胤頼と共に逃れ、その後も行動を共にしている。このように武石氏の本宗は当初、建武の新政府に味方し、尊氏が後醍醐天皇に離反すると北朝方として行動した。なお、建武四年（一三三七）二月六日付「氏家道誠《どうせい》奉書」（「相馬家文書」）によると、武石四郎左衛門入道道倫《どうりん》の子息「左衛門五郎」（胤通か？）が登場する。この父・道倫は、観応二年（一三五一）の船迫《ふなばさま》合戦（宮城県柴田町）で討ち死していることが確認されている。また、道倫の弟に武石但馬守がいる（「相馬家文書」）。

伊達氏と婚姻関係を結び相馬氏と争う

建武四年（一三三七）二月、武石道倫は亘理郡坂本郷《さかもと》（宮城県山元町坂元）について子息・左衛門五郎の軍忠状《ぐんちゅうじょう》を根拠にその知行を要請、二月に認められている。康永二年（一三四三）八月、石塔義房は武石新左衛門尉に対し、亘理郡鵲谷郷《さぎや》（亘理町逢隈鷺屋）の代わりに坂本郷半分、ならびに長戸呂村《ながとろ》（亘理町長瀞）を安堵した。続いて観応二年（一三五一）十月、武石道倫が船迫合戦で討ち死にした直後、奥州管領吉良貞家は、道倫の弟・武石但馬守に対して坂本郷の半分の知行を認めている。

南北朝の争乱が収束すると、武石（亘理）高広の所領を継承したのが左兵衛尉広胤であった。広胤の子息・行胤《ゆきたね》は永徳《えいとく》元年（一三八一）秋、苅田《かった》郡で伊達宗遠《むねとお》と戦って敗れ、のちにその支配に属した（「伊達正統世次考」巻之四「伊達宗遠項」）。この時期の亘理氏の動向は、行胤の子息・重胤《しげたね》（元胤とも記す）が応永十九年（一四一二）三月に国分盛経《もりつね》と戦って戦死し、同二十三年九月には、その子息・胤茂《たねしげ》が盛経の居城を攻撃したと伝えられており、伊達氏や国分氏と衝突が続いていた。胤茂の家督を継承したのは茂連《しげつら》だが、文安三年（一四四六）四月に没すると弟の宗清《むねきよ》が家督を相続する。しかし、寛正四年（一四六三）正月、末弟の茂元《しげもと》は兄・宗清、その子息の清胤《きよたね》・孝胤を殺害し家督を奪う。亘理茂元は文明十三年（一四八一）に没し、その所領は子の元胤《もとたね》が継承した。

この時期、伊達氏は奥州探題《おうしゅうたんだい》大崎《おおさき》氏と婚姻関係を結び、長享二年（一四八八）には大崎氏の内訌に介入するなど勢力伸張を図っていた。永正元年（一五〇四）、亘理元胤が没して二男の宗元《むねもと》が家督を継承すると、亘理氏を再び支配下に組み込むことに成功する。宗元は享禄四年（一五三一）に没するが、それ以前の永正十一年（一五一四）に伊達氏を継承した稙宗が大永三年（一五二三）頃に奥州守護職に補任され

亘理重宗夫妻の墓　重宗は伊達政宗の重臣で、妻は相馬盛胤の息女　宮城県涌谷町

ると、天文五年（一五三六）には「塵芥集《じんかいしゅう》」を制定し、同七年には「段銭《たんせん》帳」を作成して領域の年貢賦課体制を確立した。こうして、伊達氏は内部の支配体制の強化を進めると同時に、周辺の領主と婚姻関係を結んで奥州守護体制の確立を図った。亘理宗元が伊達氏に属したのは、この時期に符合する。亘理宗元の子・元重《もとしげ》は、稙宗の諱字「宗」を拝領して宗隆《むねたか》と名乗るが、その娘を稙宗の室として嫁がせる。また、宗隆には男子がなかったため、その娘と稙宗との間に生まれた綱宗《つなむね》・元宗《もとむね》を養子に迎えるなど婚姻関係を通じて次第に伊達氏と強い関係を結んでいった。亘理氏を継いだ綱宗は、天文十二年（一五四三）三月、稙宗とその子・晴宗が対立した天文の乱の際に懸田《かけだ》（福島県伊達郡霊山町）で戦死したため、綱宗の弟・元宗を養子に迎えた（「伊達世臣家譜」）。「亘理伊達氏系図」は、綱宗の戦死を天文十四年（一五四五）三月の穂原《ほばら》合戦としている。天文の乱のあと、元宗は異母兄である晴宗に属した。亘理氏はこの頃、伊達氏からほぼ独立した立場を維持していたようで、これは亘理の地が宿敵・相馬氏の最前線に位置したからだろう。

永禄七、八年（一五六四、六五）頃、伊達氏の家督は晴宗から輝宗《てるむね》に相続された。この時期、伊達氏の重臣・中野《なかの》宗時《むねとき》と牧野《まきの》久仲《ひさなか》が輝宗と対立、米沢《よねざわ》を出奔する事件が起こる。両氏は関《せき》、湯原《ゆのはら》（宮城県七ケ宿町）

を経て相馬領に向かうが、途中、宮《みや》（宮城県蔵王町）で亘理元宗・重宗父子に迎撃される。これは伊達氏の依頼によるもので、以後、亘理氏は相馬氏との戦いに出陣している。なお、亘理元宗は伊達氏との関係を維持しながら、子・重宗《しげむね》の妻に相馬盛胤の娘を迎えている。伊達氏が相馬氏と和議を結び、小康状態を保った天正五年後半であろう。その直後、相馬氏の家督が盛胤から義胤に相続されるが、伊達氏との関係は続き、翌年、輝宗は相馬との戦いの際に元宗・重宗父子に出陣を命じている。

伊達安芸宗重木像　宗重は伊達騒動で著名な伊達一門当主　宮城県涌谷町・見龍廟蔵

「伊達」に改称、伊達氏一門となる

天正十二年（一五八四）、伊達政宗が家督を相続した直後、輝宗は二本松《にほんまつ》城主・畠山義継《よしつぐ》に謀殺されてしまう。さらに同十四年、田村清顕が没すると田村家中で伊達派と相馬派が対立した。政宗は天正十七年（一五八九）五月、家臣の桜田《さくらだ》兵衛尉《ひょうえのじょう》を派遣して相馬領の西端「相馬飯土居《いいとい》」を攻略、さらに新地方面に出陣する。天正十八年（一五九〇）、伊達政宗は小田原にいる豊臣秀吉の下に向かう途中、相馬亘理国境で相馬義胤に急襲された。童生渕《どうしょうぶち》の合戦で、亘理重宗は義胤軍に勝利したが義弟・隆胤《たかたね》を殺してしまった。政宗は体制を立て直して小田原の秀吉のもとに出向き、所領安堵を受ける。しかし翌年、秀吉の命で政宗《まさむね》は居城《きょじょう》米沢城《よねざわじょう》（山形県米沢市）から岩出山城《いわでやまじょう》（宮城県大崎市）に移封されると、亘理元宗・重宗父子も遠田郡大澤村百々《とおだぐんおおさわむらどど》（宮城県大崎市）に移され、さらに涌谷（宮城県涌谷町）へ移ることになった。文禄三年（一五九四）、元安斎《げんあんさい》と名乗った亘理元宗は六五歳で逝去する。重宗は涌谷市街を整備し、城館、妙見社、圓同寺、光明院などを造営・移築した。「涌谷《わくや》妙見《みょうけん》宮縁起《ぐうえんぎ》写（千石氏蔵《せんごくしぞう》）」から父元宗が下総妙見寺を参拝したことを知り、重宗も先祖の地である下総《しもうさ》妙見《みょうけん》寺《じ》と海隣寺《かいりんじ》を参拝した。重宗の末娘は伊達政宗の子・宗根《むねもと》の妻となり、養子にした。重宗には特別に三千石の隠居領が渡され、これが亘理宗根の領地となるわけである。（佐沼亘理氏《さぬまわたりし》）

重宗と相馬盛胤の娘との間に生まれた定宗《さだむね》は伊達氏の中核として活躍し、東北の関ケ原合戦といわれた白石城《しろいしじょう》の攻防戦《こうぼうせん》で功名をたてた。後に慶長十一年（一六〇六）、定宗は政宗の娘・五郎八姫《いろはひめ》が松平忠輝《まつだいらただてる》に嫁ぐ際、将軍秀忠に拝謁を許され佩刀《はいとう》と時服《じふく》を賜っている。同時に、政宗から伊達姓と「竹に雀及び引両紋」を許された。一万石の後、二万二六四〇石の伊達安芸家《だてあきけ》となって伊達一門の三席になり、明治維新まで涌谷邑主として君臨した。なお、定宗の子・宗重《むねしげ》は、伊達藩《だてはん》のお家騒動《いえそうどう》（寛文事件《かんぶんじけん》）で活躍する伊達安芸のことである。明治になり、伊達安芸宗重は涌谷神社の祭神《さいじん》として祀られることになった。

3　一族から多くの歌人、詩僧を輩出――美濃東氏

胤行が美濃に所領を獲得する

千葉介常胤の六男・東胤頼の孫・胤行（素暹）は、承久の乱の功績で美濃国郡上《ぐじょう》郡山田庄（岐阜県郡上市）

を獲得し、その子の行氏・氏村と共に美濃国郡上郡山田庄に移住したという。行氏の没後、家督を継承したのは子の時常《ときつね》で、東中務丞《とうなかつかさのじょう》（法号・素阿弥《そあみ》）と称した。時常は和歌に秀で、その和歌は「千載集」に載せられている。また、将軍・宗尊親王、惟康《これやす》親王に仕えた。時常の没後に家督を継承したのは、胤行の子・氏村《うじむら》である。氏村は、郡上市大和町万場の阿千葉《あちば》城から栗巣川のほとりの篠脇《しのわき》城に移住したという。倒幕の戦功で建武政権の武者所に出仕して千葉介貞胤と行動を共にし、建武三年（一三三六）、新田義貞に従ったが越前の木ノ芽峠で越前守護・斯波高経に降伏した。

【東氏系図】

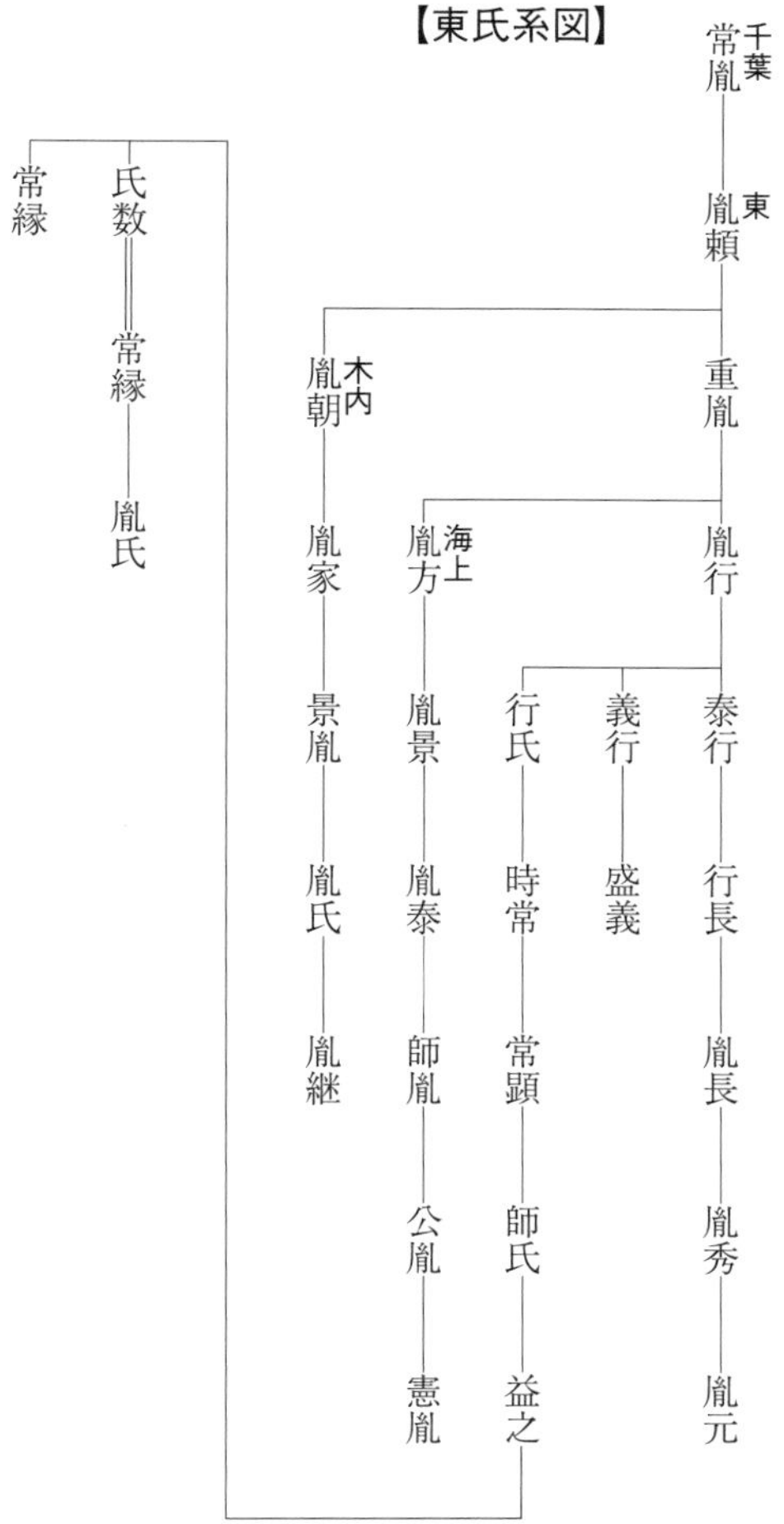

東常縁画像　千葉氏宗家の再興に尽くした美濃東氏の当主　岐阜県郡上市・乗性寺蔵

氏村の没後、家督を継承したのは子の常顕《つねあき》（伍阿《ごあ》、素英《そえい》）で東中務丞を称する。常顕は北朝の土岐頼春に属し、南朝方の弾正《だんじょうの》尹宮《かみのみや》と関《せき》（岐阜県関市）・迫《はさま》（同）・北野《きたの》（岐阜市）などで戦い、軍功を挙げた。その和歌は「新拾遺集」「新後拾遺集」「新続古今集」などに載せられている。常顕の没後、家督を継承したのは子の師《もろ》氏《うじ》で、東中務丞・下総守に補任された。師氏には四人の男子があり、長子の泰村《やすむら》が早世したため三子の益之《ますゆき》が家督を継承した。益之は「素明《そめい》」「格物道人《かくぶつどうじん》」「鉄壁《てっぺき》」などと号し、左衛門尉・式部少輔・下野守に任官している。臨済宗永源寺の霊仲禅英の下で参禅し、出家を考えたこともあった。「木蛇寺殿壙記」によると、京都三条堀川《さんじょうほりかわ》に住み、小笠原浄元《きよもと》に騎射を習い、玄心《げんしん》について兵学を学んだ。また、堤防を築き、新田の開発なども行ったという。

さて、関東では永享の乱に続いて結城合戦が起き、武士たちは関東公方派と関東管領派に分かれて大きな争乱となった。千葉一族であった益之は、将軍義教から叛乱軍に同調したと疑われ周防国に配流となるが、大内持世のとりなしで放免される。だが、京都に帰る途中に発病し、嘉吉元年（一四四一）四月三日、高野山《こうやさん》西滝下不動堂で没した。益之の家督は子の氏数《うじかず》が継ぎ、下総守に補任され奉公衆として将軍・足利義政に近侍した（「文安年中御番帳」）。氏数は文明三年（一四七一）没するが、家督は弟の常縁《つねより》（素伝《そでん》・東野《とうや》州《しゅう》・画錦居士）が継承し、左近将監・下野守に補任されている。

千葉宗家内紛のため下総に下向

　このころ下総では、千葉介胤直の家臣・原胤房と円城寺尚任が古河公方派と関東管領派に分かれて争っていた。古河公方派の原胤房は享徳四年（康正元年、一四五五）三月、胤直の居城・千葉城を攻め落城させた。胤直一族は千田庄（多古町）に逃れ、胤直は島城、子の宣胤は多古城に拠るが、両城は原胤房や胤直の叔父・馬加康胤などに攻められ、胤直の一族は滅亡してしまった。京でこれを知った常縁は、足利義政より御教書を賜り浜式部少輔春利《はましきぶのしょうはるとし》と共に下総国に下向して康胤と胤房を攻撃、康正二年（一四五六）、康胤を上総国八幡（市原市八幡）で敗死させた。

国名勝東氏庭園跡　岐阜県郡上市

　この戦いの最中の応仁元年（一四六七）、京都では細川勝元の東軍と山名持豊《やまなもちとよ》の西軍が対立し、応仁の乱が起きる。その際、美濃守護代《しゅごだい》の斎藤妙椿《さいとうみょうちん》が郡上に侵入し篠脇城を落城させた。下総でこれを聞いた常縁は、「あるかうちにかかる世をしも見たりけり人の昔のなおも恋しき」という和歌を詠んで妙椿と和睦し、文明元年（一四六九）四月二十日、下総に子の頼数《よりかず》を残して京都に戻り、同五月十二日、妙椿と対面して所領の返還を受けたという。常縁は戦わずして妙椿より所領を返還させたが、両者が共に将軍の奉公衆で旧

郡上八幡城　美濃東氏の支流である遠藤盛数によって築かれた　岐阜県郡上市

知の間柄だったからだろう。妙椿は、東氏との対立が中央政界で不利に作用すると考えたのではないか。この頃、和歌は中央政界では教養の一つとされ、藤原定家の流れは二条《にじょう》家・京極《きょうごく》家・冷泉《れいぜい》家の三流に分かれていた。常縁は二条家の歌道を継承した堯孝《ぎょうこう》に歌道を学んだ。また、冷泉正徹《しょうてつ》と親交があり、定家以降、秘伝とされた「古今和歌集」の解釈の奥義を究め、文明三年（一四七一）に郡上を訪ねた連歌師《れんがし》の宗《そう》祇《ぎ》にこの奥義を伝授した（古今伝授《こきんでんじゅ》）。文明十二年（一四八〇）には土御門《つちみかど》天皇の招きで入京し、関白の近衛政家《まさいえ》、右大臣・三条公敦《さんじょうきんあつ》、将軍・足利義尚《よしひさ》などに「古今和歌集」の要旨を伝えている。

このように、東氏一族は歌道に秀でた人材や優れた禅僧を輩出した。臨済宗の龍山徳見《りゅうざんとっけん》は香取郡の千葉一族（木内氏か）出身、鎌倉の寿福寺で寂庵上昭《じゃくあんじょうしょう》に師事した。嘉元三年（一三〇五）には元に渡り、天竜景徳寺の東巌《とうげん》や雲厳寺の古林清茂《くりんせいむ》などと親交を深めるが、観応元年（一三五〇）に帰国したのちは建仁寺に住んで南禅寺・天龍寺の住持となった。偈頌の大家で、朝廷から「真源大照禅師」の号を贈られている。東常縁の伯父の江西龍派《こうぜいりゅうは》は建仁寺・南禅寺の住持を務め、その弟の慕哲龍攀《ぼてつりゅうはん》も漢詩人として知られ、若き日の一休宗純を指導している。常縁の弟の南叟龍朔《なんそうりゅうしょう》や正宗龍統《しょうじゅうりゅうとう》も名高い禅僧だが、特に龍統は建仁寺の住持を務め、足利義政の預修三十三回忌の説法も行った。五山の詩僧としても名高く、文明八年（一四七六）八月、江戸《えど》城主・太田道灌《おおたどうかん》のために「寄題江戸城静勝軒詩序」を書いている。常縁の子・常庵龍崇《じょうあんりゅうそう》も優れた詩僧で、建仁寺の住持を務め、太原崇孚（雪斎）や今川義元を育てた。

遠藤慶隆が信長・秀吉・家康に仕える

美濃東氏は常縁没後に子の頼《より》（縁）数《かず》が継ぎ、左近将監《さこんしょうげん》・宮内少輔《くないしょうゆう》に任官し、将軍義政《よしまさ》の弟・義視《よしみ》に勤仕した。郡上の長滝寺白山社に老母から伝えられた藤原俊成女《ふじわらとしなりむすめ》手筆《てふで》の「古今集一部《こきんしゅういちぶ》」を寄進し、子孫の歌業の隆盛を祈願した。宝徳元年（一四四九）八月二十八日、将軍義政の初参内に随った帯刀《たてわき》十三番の中に「東下総三郎元胤《とうしもふささぶろうもとたね》」がいる。宝徳三年（一四五一）二月十八日には、元胤は叔父の安東氏世《あんどううじとし》・常縁《つねより》とともに仁和寺の常光院《じょうこういん》堯孝《ぎょうこう》法印が開いた北野天神の歌会に出席し、和歌に精進したという。

常慶の時代には、天文九年（一五四〇）八月二十五日、越前国《えちぜんのくに》の朝倉義景《あさくらよしかげ》が郡上郡に侵攻したが石徹白《いとしろ》氏の急報を受けた木越城主の遠藤胤縁・盛数兄弟の奮戦により撃退した。しかし、篠脇館の荒廃が激しいために再建を断念し、八幡の赤谷山に居を移した。しかし、常慶の子・常堯は遠藤新兵衛胤縁と不和になり、殺害。胤縁の弟・遠藤盛数は、胤縁の子・胤俊を伴い、赤谷山とは吉田川を挟んだ対岸の八幡山に砦を築いて謀反をおこし、八月二十四日に赤谷山城を陥落させた。ここに常堯は妻の里である白川郷の内ケ島城に避難。天正十三年（一五八三）十一月二十九日におこった天正大地震により帰雲城が山津波に襲われ、常堯は内ヶ島一族とともに亡くなった。（美濃東氏の滅亡）

常慶の娘婿・遠藤盛数は、郡上郡の領主となり八幡城主となる。その子・慶隆はバランス感覚にたけた武将で織田信長、豊臣秀吉に仕え、関ヶ原の合戦では徳川家康に属して郡上二万四千石の大名となった。慶隆《よしたか》の妹・見性院《けんしょういん》は山内一豊《やまのうちかつとよ》の妻《つま》になっている。慶隆と一豊が親族として共に在陣したことがわかっている。その後、嫡孫の慶勝・慶利が継承し、常友が藩主になる、常友は「城主格」となって遠藤氏の事績等をまとめ、社寺の再建をしている。また、公家の烏丸光廣《からすまるみつひろ》の子・光雄《みつお》と親交し、「常縁集」を編んだ。

その後、常春が二一歳で逝去、元禄年間にその子・常久が跡継ぎがなく早世し、郡上藩は改易された。しかし、慶隆の功績が認められ、徳川綱吉の側室瑞春院《ずいしゅんいん》（お伝《でん》の方《かた》）の甥・白須胤親《しらすたねちか》を常久の後継として近江国甲賀郡三上に一万石を与えられた。そして三上藩を立藩し、明治に和泉国吉見に移るまで定府《じょうふ》大名《だいみょう》として明治を迎えた。最後の藩主・遠藤胤城《えんどうたねき》は勅許を得て遠藤を「東」に改め、子爵となった。

第四章　戦国の終焉と千葉氏の滅亡

千葉氏を継承した馬加康胤

室町時代の関東は鎌倉府《かまくらふ》に治められていた。そのトップは鎌倉公方《かまくらくぼう》で、初代の公方として足利尊氏《あしかがたかうじ》の次男の基氏《もとうじ》が就任し、その子孫を「関東足利氏」といった。これを補佐したのが関東管領で、やがて上杉氏が代々就任した。上杉氏は尊氏の母清子の出た家である。ところが、自立傾向を強める公方足利氏と京都の幕府を後ろ盾にした管領上杉氏は次第に対立を深め、とうとう全面的な戦乱に突入し、関東は戦国時代を迎える。これが「享徳《きょうとく》の乱」だが、鎌倉府対室町幕府という、東西対立ともいうべき面を持っていた。

千葉氏では馬加康胤《まくわりやすたね》・原胤房《はらたねふさ》らが公方足利成氏《あしかがしげうじ》に属したのに対し、千葉胤直《ちばたねなお》ら千葉本宗家は管領上杉氏に属した。そして康胤・胤房らが胤直ら千葉本宗家を滅ぼし、本宗家の実胤《さねたね》・自胤《これたね》は武蔵国に逃れて上杉氏の庇護を受け、「武蔵千葉氏」となった。成氏は下総国古河《こが》（茨城県古河市）に移り、「古河公方」と呼ばれた。下総の足利方の中心であった胤房は康胤を千葉家当主として擁立、これが「馬加千葉氏」である。康胤は千葉満胤《ちばみつたね》の子で馬加（千葉氏花見川区幕張周辺）を領し、千葉一族では長老的な立場にあった。胤房も千葉氏の一族ではあったが、家臣の家柄だったため千葉氏を継ぐことはできなかったのだろう。成氏は房総の上杉方を切り崩すため、安房に里見氏、上総に武田氏を送り込んだが、下総では外部勢力ではなく庶家の康胤が宗家を簒奪することで、上杉方から足利方への勢力交代を実現したのであった。当時の

馬加康胤・胤持父子の墓　千葉県市原市

社会で千葉氏という名跡が大きな意味を持っていたことがわかる。

　ところが、上杉方も激しく反撃した。幕府から上杉方を支援するため派遣された東常縁《とうのつねより》は、馬加や千葉を攻めた。康胤の子の胤持《たねもち》は康正《こうしょう》二年（一四五六）六月に上総八幡（市原市）の合戦で敗死。千葉妙見宮（現在の千葉神社、千葉市中央区院内）に伝わった「千学集抜粋《せんがくしゅうばっすい》」（「千学集抄」）には、「成氏に味方して上総八幡の合戦に討死、御頭は都へ上りけり」とある。首が京都へ送られたことは、胤持が公方成氏方の有力な人物であったことを示している。同年十一月には康胤も死去している（「本土寺過去帳」）。近世に書かれた「千葉伝考記」には「八幡で討ち死にした」とみえる。こうして「馬加千葉氏」は康胤・胤持の二代で終わった。八幡の無量寺《むりょうじ》（浄土宗）には、康胤・胤持の墓と伝える中世の五輪塔がある。

東常縁と斎藤妙椿

　繰り返しになるが、行論の都合上、改めて東氏《とうし》について解説する。東氏は「千葉六党《ちばりくとう》」の一つで東庄《とうのしょう》（東庄町）を名字の地とするが、美濃国郡上郡《ぐじょうぐん》（岐阜県郡上八幡市）に移り奉公衆《ほうこうしゅう》として室町将軍に仕えていた。奉公衆とは将軍の直臣《じきしん》で、直属の軍事力でもあった。将軍足利義政と管領細川勝元を中心とする幕府中枢は、上杉方の千葉本宗家を支援するため千葉一族で奉公衆の東常縁を上総酒井氏の祖とされる浜《はま》春利《はるとし》とともに房総に派遣した。常縁は相馬氏・大須賀氏・国分氏などの一族や国人たちを率いて馬加や千葉を攻めた。上杉方は馬加康胤・胤持を討ち取ったが、市川合戦では敗れるなど戦況は混沌とし、民衆の被害も甚大であった。室町時代の関東の戦乱を記した「鎌倉大草紙《かまくらおおぞうし》」には「関東八州所々にて合戦止時《やむとき》なく、自《おのずから》修羅道の岐《ちまた》と成《なり》、人民耕作をいとなむことあたハず、飢饉して餓死する者数をしらず」とある。

やがて、現在の江戸川にあたる旧利根川を境として、概ね東岸は足利方の勢力範囲となり、西岸は上杉方の勢力範囲となって膠着状態に陥った。こうして常縁の関東在陣は長引いたが、この間に斎藤妙椿《さいとうみょうちん》が美濃の常縁の所領を奪うという事件が起きた。妙椿は美濃の守護代を務めた斎藤宗円の子で、応仁元年（一四六七）、細川勝元《ほそかわかつもと》をトップとする東軍と山名宗全《やまなそうぜん》をトップとする西軍が激突して応仁の乱が始まると、妙椿は主君の土岐成頼《ときなりより》とともに宗全の率いる西軍に属した。足利義政は勝元方つまり東軍側で、西軍の成頼・妙椿に対し、義政に近い常縁は東軍方とみなされたのだろう。妙椿は東軍側の諸氏や近江から来援した京極氏《きょうごくし》と戦い、応仁二年十月頃までに美濃国内を平定した。妙椿が常縁の篠脇城《しのわきじょう》（郡上市）を落としたのは同年九月で、これから妙椿が常縁の所領を奪ったのは単なる押領や侵略ではなく、応仁の乱の一環だったことがわかる。

なお、享徳の乱と応仁の乱は別個の戦乱ではなく、享徳の乱が京都に飛び火したのが応仁の乱であるという近年の研究もある。上杉方を支援する義政や、その下で長く管領職を占める勝元が関東に介入し続けたものの成果をあげられず、享徳の乱は長引いた。これに対する宗全たちの反発が応仁の乱の導火線となったとも考えられている。妙椿は当時一流の教養人であった一条兼良《いちじょうかねよし》、連歌師の宗祇《そうぎ》、漢詩で知られる万《ばん》里集九《りしゅうく》たちとも親交があった。兼良は妙椿に招かれて美濃を訪れ、連歌を詠んでいる。もちろん、歌人であった常縁とも旧知の仲で、常縁が所領を奪われた悲しみを詠んだ歌を送ったため妙椿が所領を返したというエピソードも有名である（第三章参照）。司馬遼太郎は「歌十首で城と領地をとりもどしたというのは、それを原稿料だとすれば東常縁は古今でもっとも高い稿料をとったことになる」と述べている（『郡上・白川街道と越中諸道』『街道をゆく4』）。

千葉氏を継承した「岩橋殿」輔胤

「馬加千葉氏」を継いだのが、千葉氏胤《ちばうじたね》の曾孫で馬場一族の輔胤《すけたね》である。氏胤には長子の満胤、二男千田宗胤、三男馬場重胤、四男原胤高がいた。胤高は、戦国時代に千葉氏に匹敵する存在となった原氏の祖で、享徳の乱で活躍した胤房の祖父に当たる。重胤に始まる馬場氏は、印旛沼の東岸に広がる印東庄《いんとうのしょう》に勢力を持っていた。成田市馬場が名字の地だろう。「千学集抜粋」によると重胤の子が胤依《たねより》、その長子が金山《かねやま》二男が公津《こうづ》を称し、三男が「岩橋殿《いわはしどの》」と称された輔胤である。金山は馬場に近い成田市東金山、公津は印旛沼に面した成田市公津、印東庄岩橋郷は酒々井町上岩橋・下岩橋である。

印旛沼は中世に「印旛浦《いんばのうら》」と呼ばれ、霞ケ浦・北浦・手賀沼などの湖沼や鬼怒川・小貝川などの河川とが一体となった「香取海《かとりのうみ》」という広大な内海の一部であった。香取海は関東の「水の大動脈」として水運が盛んで、沿岸には「有徳人《うとくにん》」という富裕な人々もいた。馬場氏の城郭は下岩橋城（酒々井町）・公津鷲山城（成田市）や吉高の渡（甚兵衛渡）を抑える楫波山砦《かじばやまとりで》（成田市）など、印旛沼に面していた。公津は印旛浦の重要な湊であり、水運を掌握することで馬場氏は勢力を持ったと考えられる。「鎌倉大草紙」には「下総国には東野州常縁と馬加陸奥守（康胤）并《ならびに》岩松輔胤と所々におゐて合戦止時《やむとき》なし」とあるが、この「岩松輔胤」とは岩橋輔胤の誤りだろう。輔胤が康胤とともに下総国の足利方の中心的な人物であったことがうかがえる。享徳の乱で頭角を現していった輔胤は、胤依の三男という馬場氏の庶流でありながら、康胤・胤持の死去を受けて千葉氏を継承することになった。江戸時代の「千葉大系図」には輔胤について「実は康胤の子にして胤持の庶兄也」とあるが、これは輔胤の千葉氏継承を正当化するため「馬加千葉氏」と結びつけた結果であろう。しかし、輔胤は千葉氏の名字の地である千葉を本拠としなかった。千葉周辺は不安定だったためであろう。東常縁を始めとする上杉方の反撃が続き、文明三年（一四七一）には足利方の中心であった原胤房が本拠の小弓館《おゆみやかた》（千葉市中央区）で討ち死にしている。

平山城跡　曲輪を巡る巨大な土塁　千葉市緑区

　そこで輔胤は、平山（千葉市緑区平山町）に入った。「平山へ御上り也」（「千学集抜粋」）とある。平山は都川の支流を下れば約六キロで千葉に至り、原氏の本拠地の小弓（千葉氏中央区生実《おゆみ》町）にもほど近い。また、千葉氏の妙見信仰の根本像とされる七仏薬師如来《しちぶつやくしにょらい》を本尊とする東光院（真言宗）もあり、いまだ権力や権威が確立しない輔胤にとって好都合な場所だった。

境根原合戦の跡地に遺る首塚と胴塚。団地造成以前はまだ多くの塚があったが、現在はこの二基が残るだけである　千葉県柏市

臼井城を攻めた太田道灌

文明三年（一四七一）、古河を追われた公方足利成氏は、輔胤の子の千葉《ちば》孝胤《のりたね》のもとに逃れた。この時は本佐倉《もとさくら》の築城前であり、成氏が来たのは本佐倉ではないだろう。「雲玉和歌集《うんぎょくわかしゅう》」には「公方様千葉御動座」とあり、連歌師たちが成氏のもとに集まったことがみえる。千葉に滞在したのだろう。

孝胤は、危機に陥った成氏を庇護し忠節を励んだため、成氏から千葉氏継承を認められた。「鎌倉大草紙」には「成氏へ奉公の人にて、成氏より千葉一跡を給ハりける」とある。馬場氏庶流の輔胤の子であった孝胤は、古河公方を支えることで千葉家当主としてのステイタスを獲得することに成功した。やがて成氏は古河に復帰し、ようやく上杉氏・幕府との講和を図ろうとする動きが出てきた。しかし、孝胤はこれに強く反対した。旧本宗家の流れを汲む「武蔵千葉氏」の政治的立場が有利となることを嫌ったためである。そこで、扇谷上杉氏《おうぎがやつうえすぎし》の重臣太田道灌と、道灌に支えられた武蔵千葉氏の自胤らは孝胤を討つことになった。太田軍は下総に侵攻し、文明十年（一四七八）には境根原《さかいねはら》（柏市境根）で合戦が行われ、敗れた孝胤は臼井城（佐倉市）に籠城したが、翌年には道灌の弟資忠《すけただ》が討ち死にするなど激戦の末に落城した。こうして自胤は念願の下総復帰を果たしたものの、やがて臼井城や下総は再び孝胤の手に戻った。

これに先立ち、山内上杉氏《やまのうちうえすぎし》を支えてきた長尾景春が反旗を翻し、文明九年（一四七八）に上杉方の本陣である五十子陣《いかっこのじん》（埼玉県本庄市）を崩壊させた。こうして戦線が混沌の度を深めると和平の気運が高まり、文明十四年（一四八二）に京都の幕府と古河公方との講和が成立する。これが「都鄙和睦《とひわぼく》」で、ここに二八年の長きに及んだ享徳の乱はようやく終わりを告げた。なお、文明十八年（一四八六）には太田道灌が主君の扇谷上杉定正に謀殺される。山内・扇谷の両上杉氏の勢力は次第に衰え、伊勢宗瑞（北条早雲）に始まる新興の小田原北条氏の力が関東に伸びていく。そして北条氏は千葉氏にも大きな影響を与えることになるのである。

太田道灌木像　東京都北区・静勝寺蔵

本佐倉城を築いた孝胤

本佐倉城（酒々井町・佐倉市）は戦国時代の千葉氏の本城で、広大な城域に遺構が大変良く残り、国指定史跡となっている。築いたのは孝胤だが、彼もはじめは平山にいたようだ。「平山に居り、佐倉へ御上り也」、「文明十六年甲辰《きのえたつ》六月三日佐倉の地を取らせらる。庚戌《かのえいぬ》六月八日市の立て初め、同八月十二日御町の立て初め也。二十四世孝胤の御代とぞ」（「千学集抜粋」）とある。文明十六年（一四八四）に本佐倉城の築城が行われたのである。干支の庚戌は延徳二年（一四九〇）

本佐倉城（北から空撮）　写真提供：佐倉市教育委員会

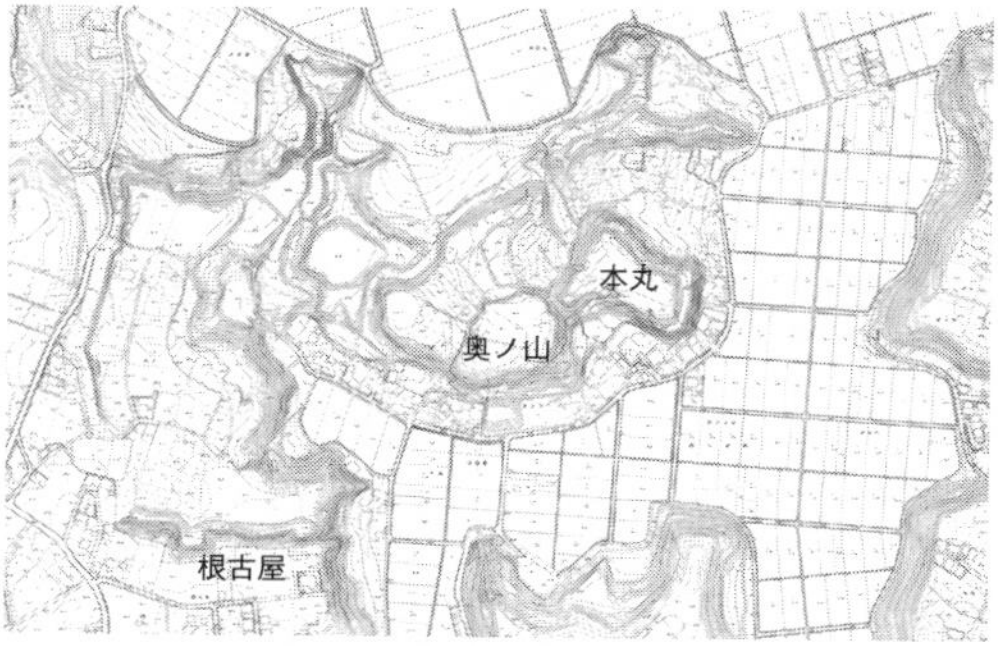

本佐倉城　図面提供：酒々井町教育委員会

にあたるが、この年に市場と城下町が設けられ、本佐倉は千葉に代わる本拠としての姿を整えていった。本佐倉城に拠った千葉氏歴代のうち親胤までを「佐倉千葉氏」という。

なお、江戸時代になって土井《どい》利勝《としかつ》が新たに佐倉城（佐倉市、国立歴史民俗博物館の地）を築くまで、本佐倉城とその城下が「佐倉」と呼ばれていた。中世の佐倉城と近世の佐倉城という二つの佐倉城があったのだ。千葉氏が本佐倉に本拠を移した理由は、「香取《かとり》海《うみ》」に面し、その権益を確保するうえで格好の地だったことが挙げられる。公方のいる古河と本佐倉城は水運で結びついていた。馬加千葉氏や佐倉千葉氏は古河公方を支えており、馬場氏の流れを汲む孝胤にとって本佐倉はホームグラウンドでもあった。また、「香取海」は現在の東京湾にあたる「袖ケ浦」とともに、関東の流通や経済を支える「水の大動脈」であった。千葉氏が千葉から本佐倉に本拠を移したことは、「袖ケ浦」から「香取海」に軸足を移したことを意味する。かつて、このことは千葉氏の衰退と考えられていたが、現在では新たな発展を招いたと評価されている。

勝胤と本佐倉城下の繁栄

衲叟馴窓《のうそうじゅんそう》が永正《えいしょう》十一年（一五一四）に本佐倉城下で編纂した「雲玉和歌集」の序文は、次のように始まる。

平のなにがしと申したてまつりて弓馬《きゅうば》の家にすぐれ、威を八州にふるひ、諸道に達して政《まつりごと》を両総にをさめ、中にも大和歌《やまとうた》にこころをよせて佐倉と申す地にさきくさのたねをまき給ふ、誠に桓武の御すゑ、平安のみやこをあらためたまひて、此所《このところ》天ながく地ひさしと見えたり

千葉勝胤の石塔　千葉県佐倉市・勝胤寺

桓武平氏の「平のなにがし」とは本佐倉城主で孝胤の嫡子千葉勝胤《ちばかつたね》のことである。勝胤は「弓馬の家」つまり武家として優れ、その武威を関東中に振るい、さまざまな道に熟達して上総・下総両国を治めていた。特に和歌を好み、佐倉に「幸草《さきくさ》の種」（幸せのもと）をお蒔きになった。このように馴窓は勝胤を讃えている。勝胤の代になると、旧本宗家の武蔵千葉氏が下総へ反攻を企てることもなくなり、武蔵東部の地域権力となって下総・上総の一部の支配も安定した。庶流であった佐倉千葉氏が千葉氏の正当な当主として、当時の社会から認められるようになったことがわかる。

勝胤は印旛浦の湊である浜宿《はまじゅく》（佐倉市大佐倉）に、自身の法号「常奯《じょうかつ》」

を冠した常歳山勝胤寺《しょういんじ》（曹洞宗）を開いた。ここには勝胤の墓所が営まれた。また、祈願寺として常《じょう》勝山妙胤寺《しょうさんみょういんじ》（酒々井町本佐倉、日蓮宗）を中興した。山号と寺号に勝胤の名前が分けて入れられている。さらに、馬加の海隣寺《かいりんじ》（時宗、現在は佐倉市）を城下に移し、佐倉千葉氏代々の菩提寺とした。「雲玉和歌集」には海隣寺が建立された際に歌合が行われたことがみえる。海隣寺を本佐倉に移転させたことは、馬加千葉氏の後継者であることを示すうえで大きな意味があった。寺社の造営を中心にしたものとはいえ、勝胤は城下の整備を進めたのだ。和歌を愛好した勝胤のもとには「佐倉歌壇」がつくられた。そのメンバーは千葉氏の家臣たちや衲叟馴窓、臼井・印西の僧侶などである。こうして、本佐倉は名実ともに下総の政治的・文化的な中心となった。勝胤は本佐倉の繁栄を築いた当主として評価されている。

妙見の神意を受けた昌胤の元服

永正二年（一五〇五）十一月十五日、勝胤の嫡子昌胤《まさたね》の元服が千葉氏の妙見信仰の中心、千葉妙見宮（千葉神社）で行われた。妙見は本佐倉城内にも勧請されていたが、千葉の妙見宮で嫡子を元服させることに重要な意味があった。昌胤は、元服のため本佐倉城から五〇〇騎の警固の行列を組み、高品城（千葉市若葉区）を経て千葉へ向かった。「千学集抜粋」には「御警固御人数、国中いづれも御供也」とある。必ずしも佐倉千葉氏の支配に服属していない下総国内の千葉氏系武士たちを、妙見信仰を梃子にして動員したのだ。もちろん、警固を名目にしたのは軍事行動に利用するためだろう。五〇〇騎の行列は軍事パレードであり、沿道や千葉の人々へ佐倉千葉氏の力を見せつけるデモンストレーションでもあった。

小弓城跡に遺る大土塁　千葉市中央区

常胤以来、千葉氏は諱《いみな》（実名《じつみょう》）に「胤」を用いた。昌胤は妙見宮の神前で候補の漢字三つから籤《くじ》を引き、選ばれた漢字に「胤」を加えて諱とした。妙見の神意を受けて加護を得るためである。昌胤の元服は十一月十五日に行われたが、戦国時代、千葉氏の嫡子はこの日に千葉妙見宮で元服することが習わしとなっていた。大永《たいえい》三年（一五二三）の利胤《としたね》、弘治《こうじ》元年（一五五五）の親胤《ちかたね》、元亀《げんき》二年（一五七一）の邦胤《くにたね》の元服も千葉妙見宮で十一月十五日に行われることになっていた。しかし、利胤の時は敵対する小弓公方《おゆみくぼう》足利義明のため本佐倉の妙見宮で行わざるをえなかった。親胤の時は里見方の正木時茂が千葉へ乱入して放火し、十二月二十三日に延期となる。邦胤の時は、里見義弘が小弓に進攻したため、本佐倉の妙見宮で行われた。

なお、伊達《だて》政宗《まさむね》や里見《さとみ》忠義《ただよし》も十一月十五日に元服している。今ではこの日は七五三だが、当時の東国社会では特別な嘉日であり、旧暦（太陰暦）十一月（霜月）は冬至の月で、冬至の翌日から短い昼間は長くなる。しかも旧暦十五日は満月で、子どもから大人になり新たな人生を踏みだす青年にとって、復活した太陽と満月のパワーに祝福される十一月十五日がふさわしいと考えられた。元服は人生上の重要な通過儀礼だが、政治的にも大きな意味があった。血統のうえでは庶流の佐倉千葉氏にとって、名字の地である千葉の妙見宮で元服することが大切だったのだ。氏神・軍神である妙見の神威を借りることで千葉家当主としての正当性を獲得することがで

小弓義明戦死の図　『成田名所図会』

きたのである。

小弓公方足利義明の登場

明応《めいおう》六年（一四九七）に足利成氏が没し、古河公方は政氏《まさうじ》、高基《たかもと》と続く。公方家で政氏と高基による父子の抗争が勃発すると、勝胤は高基を支持した。一方、高基の弟義明は真里谷武田氏《まりやつたけだし》（上総武田氏の一族）に擁立され、同十五年（一五一八）に原氏の本拠であった小弓城に入った。これが「小弓公方」である。勝胤と嫡子昌胤は高基を支持したが、これに対して本佐倉城にほど近い臼井城を本拠とする臼井氏は義明に属した。こうして、古河公方高基・千葉氏と小弓公方義明・真里谷武田氏・里見氏・臼井氏が対立するという構図が成立した。軍事的には義明方が優勢で、原胤清は浅草（東京都台東区）に逃れて小田原北条氏の庇護を受け、わずかに岩富城（佐倉市）の弥富原氏《やとみはらし》が義明方と戦う状況だった。武田信玄に仕え、武田二十四将の一人として知られる原虎胤の父友胤も、義明に下総を追われて甲斐武田氏の家臣となったという。

義明は天文《てんぶん》七年（一五三八）に市川へ進出する。しかし、高基の命を受けた北条氏綱《ほうじょううじつな》と相模台《さがみだい》（松戸市）や国府台《こうのだい》（市川市）附近で戦って大敗、嫡子義淳《よしあつ》や弟の基頼《もとより》とともに討ち死にした。これが第一次国府台合戦である。高基は義明の勢力拡大を恐れたが、小田原北条氏の軍事力によって古河公方家の正当性をめぐる争いの決着が付けられた。なお、義明の遺児たちは里見氏を頼って安房に逃れ、その子孫は近世には喜連川《きつれがわ》（栃木県さくら市）を領して明治維新まで続いた。小弓公方の滅亡で原氏は小弓城に復帰することができた。この後、原氏は房総における北条方の中心勢力となり、里見氏などと対立していく。

千葉氏と原氏

昌胤には長子利胤の他、胤寿《たねより》・胤富・親胤がいたが、胤寿は臼井氏を継ぎ、胤富は海上氏《うなかみし》を継いだ。昌胤が天文十五年（一五四六）に死去すると、利胤が家督を継承したが翌年に没してしまった。利胤には子がなく、弟の胤寿・胤富は他家の養子となっていたため、末弟の親胤が千葉氏の当主となった。

「千学集抜粋」には天文十九年（一五五〇、ただし干支は「辛亥《かのとい》」とあり、これに従えば翌一五五一年のこと）に千葉妙見の遷宮が行われたと記されている。社殿の建立は天文十六年に始まったが、数年の歳月を費やして完成し、御神体を新しい社殿に遷す儀式が盛大に行われた。最初に「国守」で「大檀那」の千葉親胤が馬と太刀、次は原胤清が馬と太刀、三番目に胤清の嫡子牛尾胤貞《うしのおたねさだ》が馬と太刀を奉納した。まず、下総の権力者トップスリーが、武士のシンボルである馬と太刀を神前に捧げたのである。それから千葉氏一族である「御一家」、親胤の近臣である「御近習　侍　衆《ごきんじゅうさむらいしゅう》」、領国内の武士たちである「国中諸侍衆」の順に馬と太刀の奉納が行われている。千葉氏の当主で「千葉介《ちばのすけ》」を称する親胤が最初に妙見へ奉納するのは当然だが、千葉一族である「御一家」より先に、原胤清とその嫡子牛尾胤貞が奉納していることが注目される。

なお、胤貞はこの時に「牛尾」を称しているが、牛尾（多古町）は原氏にゆかりの深い土地で、原氏は出身地ともいうべき千田庄《ちだのしょう》（多古町）に大きな勢力を持ち、一族の牛尾氏もいた。このため、胤清は自分の嫡男に牛尾を名乗らせたのだろう。

親胤にとって遷宮は千葉氏の権力をアピールする絶好の機会であったが、実際は戦国期の下総国が千葉氏と原氏の連立によって支配されていたことを示す場となった。しかも、千葉家は親胤一人だったが、原家からは当主の胤清と胤貞の二人がそれぞれ馬・太刀を奉納し、主君の親胤より存在感を示している。天文十九年、胤貞は小弓公方義明に属した臼井氏を追って臼井城に入り、小弓城に代わる本拠地とした（「海上年代記」）。以後、原氏は千葉氏の重臣であるとともに北条氏の「他国衆」となり、千葉氏に匹敵する地域権力へと成長を遂げた。

千葉胤富の登場

千葉親胤は弘治三年（一五五八）に死去した。家臣に暗殺されたとも伝えられている。親胤の妻は北条氏康の娘であったが、子がなく庶兄の胤富が千葉氏を継承した。

胤富は海上氏に婿入りして海上九郎を称し、森山城（香取市岡飯田）に在城していた。その妻（法号は芳《ほう》泰《たい》）は海上山城守《うなかみやましろのかみ》の娘であった。こうして千葉家の家督は海上氏系に移ったので、胤富とその子邦胤を「海上千葉氏」という。胤富は「丸鶴黒印《まるつるこくいん》」を使用したが、これは海上氏の家紋に由来するといわれる。近世に成立した「千葉伝考記」には、親胤の人物について「剛愎驕慢にして、国政をなすに往々私あり。故に氏族諸臣之を疎んじ、信服せず」と描いているが、これは胤富を正当化するための曲筆だろう。家臣たちは胤富の家督継承を望んで親胤を殺害したという。胤富の家督継承の陰には、馬場氏の出身である本佐倉城の親胤と、海上氏をはじめとする「香取海」沿岸の勢力に支えられた胤富との激しい権力闘争があったと考えられる。胤富は領国経営を進め、千葉氏において掉尾《とうび》の勇《ゆう》をふるった人物と評されている。

永禄三年（一五六〇）には正木時忠（勝浦正木氏）を中心とする里見軍が香取地域に侵攻し、国分氏の矢作城（香取市大崎）を攻めるなどした。正木氏は「香取海」の権益の掌握を狙い、相根塚《おおねづか》（香取市小見川の大根塚）を根城に七年間にわたって駐留した。こうして里見方の攻勢が続き、永禄七年（一五六四）、国府台（市川市）に進出した里見義弘は北条氏康と激突した。第二次国府台合戦である。敗れた里見氏は本拠としていた久留里城（君津市）を北条軍に包囲されるなど窮地に陥る。上杉謙信は里見氏からの救援要請を受け同九年、房総における北条方の中心であった原胤貞の臼井城を攻めたが、敗退した。

千葉胤富木像　海上氏から千葉宗家を継承した猛将　千葉県香取市・西音寺蔵

北条氏政の子・直重が千葉氏を継承

胤富は天正七年（一五七九）に没したが、それ以前に子の邦胤が家督を継いでいたようだ。邦胤の妻は北条氏政の娘の芳桂《ほうけい》院《いん》であった。この頃、土気・東金の酒井氏は北条氏に従い、里見氏は北条氏と「相房和睦《そうぼうわぼく》」を行った。これにより邦胤の領国

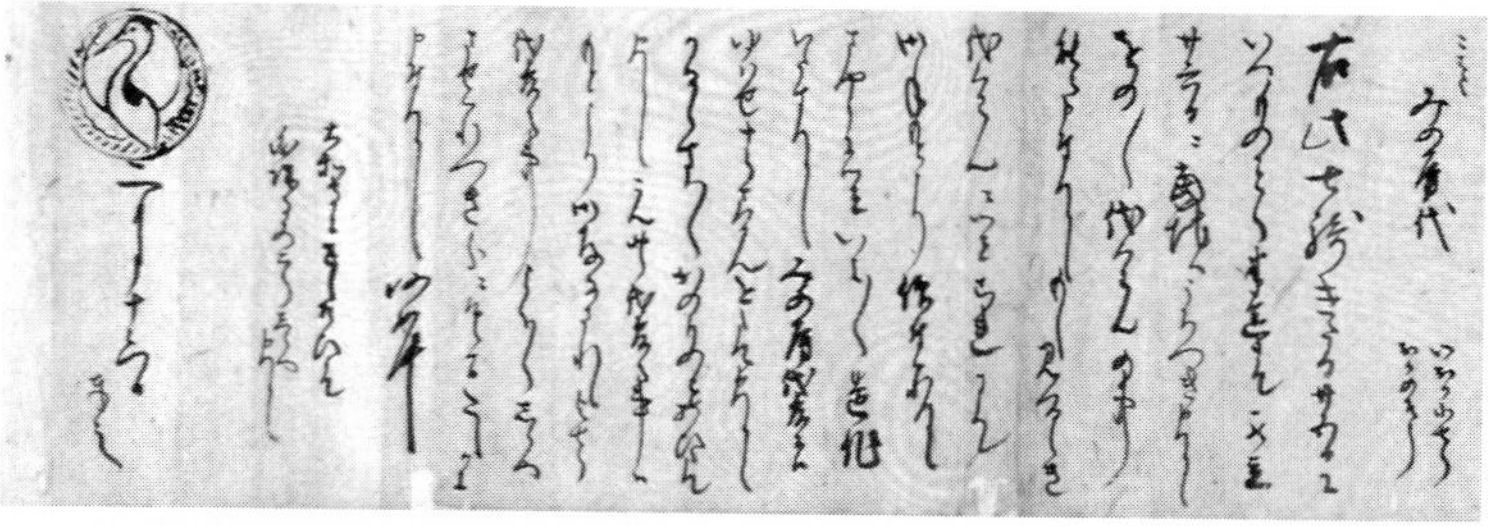

上：千葉胤富黒印状　戦国時代から用いられるようになった黒印が押されている　下：千葉邦胤判物　判物とは花押を据えた文書のこと　共に千葉市立郷土博物館蔵

支配は安定を見せた。印文「龍」の朱印を用いているのはその表れであろう。ところが、同一三年、邦胤は家臣の一鍬田《ひとくわだ》孫五郎《まごごろう》によって本佐倉城中で殺害された。その背景には、やはり千葉家中の路線対立や権力闘争があったと考えられる。

邦胤には新田岩松氏《にったいわまつし》の娘が生んだ亀王丸《かめおうまる》（重胤《しげたね》）がいたが、幼少であった。そこで北条氏政の子で七郎直重《しちろうなおしげ》が芳桂院の生んだ娘の婿として迎えられ、千葉氏の名跡を継承することになる。直重は氏直の弟にあたる。千葉家中では北条氏出身の直重の家督継承に反発する勢力も根強くあったが、すでに家督を氏直に譲って「御隠居様」と呼ばれていた氏政が自ら佐倉に進駐し、千葉氏の領国に対する直轄支配「佐《さ》倉《くら》御《お》仕《し》置《おき》」を開始した。また、本佐倉城に代わる拠点として新たに鹿島城（佐倉市、近世の佐倉城の場所）を築いたため、反北条側も屈服した。有力な氏族に一族を養子として送り込み、取り込んでいくのは北条氏の常套手段である。こうして、本佐倉城は北条氏の拠点的な支城となり、千葉氏家臣団も北条氏に直接、軍事動員されるようになった。大須賀氏・国分氏・高城氏・井田氏などは北条氏の命を受けて、牛久城（茨城県牛久市）など重要な城郭に在番するようになる。直重のもとには「佐倉御旗本」も組織されていた。

小田原合戦と千葉氏の滅亡

天正十五年（一五八七）、薩摩（鹿児島県）の島津義久が豊臣秀吉に降伏し、九州平定が終わった。しかし、北条氏は全国統一を進める秀吉に従わず緊張が高まっていたが、沼田領（栃木県沼田市）をめぐって真田氏と対立し、同十八年には小田原攻めが始まった。

北条氏は領国内から総動員を行い、千葉氏系の諸氏は北条方として小田原（神奈川県小田原市）に参陣した。豊臣方の調べによると、その兵力は本佐倉城の千葉氏三千騎、臼井城の原氏二千騎、小金城（松戸市）の高城氏七百騎、矢作城（香取市）の国分氏五百騎、鏑木城（旭市）の鏑木氏三百騎、大台城（芝山町）の井田氏百五十騎、府川城（茨城県利根町）の豊島氏百五十騎、守谷城（同守谷市）の相馬氏百騎で、合計六千九百騎に上った。これは北条方の全兵力三万四千二百五十騎の約五分の一を占め、北条方における千葉氏系武士団のウエイトの大きさがうかがえる。

豊臣軍に箱根山の防衛ラインを突破されると、千葉氏系諸氏の兵力も小田原に籠城した。毛利家に伝わった「小《お》田《だ》原《わら》陣《じん》仕寄《しよせ》陣取《じんとり》図《ず》」（「毛利家文書」）には、小田原城の惣構《そうがまえ》西端の水《みず》之《の》尾《お》口《ぐち》に「氏政持口、同下総千葉介、氏直弟也」と記されている。直重と千葉氏系の諸氏は氏政の下に配置され、小田原城の防備を担っていたことがわかる。「佐倉仕置」の成果といえるだろう。一方、それぞれの本拠地にはわずかな留守部

千葉県佐倉市・海隣寺の千葉家石塔群　戦国時代の千葉氏の菩提寺で昌胤以下、重胤までの塔がある

隊が残っていた。豊臣・徳川氏の軍勢は房総に侵攻し、手薄な北条方の諸城を攻略していく。同年五月には本佐倉城をはじめとする城々が開城し、七月五日には北条氏が降伏して小田原城は開城した。忍城《おしじょう》（埼玉県行田市）は抵抗を続けていたが、氏政は切腹を命じられ、氏直は高野山（和歌山県）に追放された。これとともに千葉氏以下の諸氏も滅亡し、その城と所領は新たに関東の支配者となった徳川家康に与えられた。こうして房総の近世が幕を開ける。

名字を北条に戻した直重は、阿波（徳島県）の蜂須賀家に五百石で召し抱えられ、寛永四年（一六二七）に没した。その子孫は北条氏の本来の名字である「伊勢」に改め、徳島藩士として続いた。千葉重胤・原氏・高城氏などは徳川家に召し抱えられたが、旗本などとして続いたのは原氏の流れを汲む岡田・堀氏や手賀原氏・高城氏・押田氏などであった。ここに房総の千葉一族は歴史上の役割を終えたのである。

第五章　生き続けた千葉一族と家臣団

天正十八年（一五九〇）、関東地方に徳川家康が入ると、房総半島には徳川配下の大名《だいみょう》と旗本《はたもと》が配置された。千葉氏および家臣団は浪人となり、その大半が帰農したが、旗本領の代官《だいかん》・名主《なぬし》などに就くものもあった。さらに幕府や房総および近在の大名に仕えた千葉一族も少なくなかった。旗本として取り立てられた場合もあるが、石高《こくだか》が少なく譜代《ふだい》大名の家臣として採用された例が多い。それは豊臣、それに続く徳川政権にとって単に人手不足だけではなく、在地の豪族を活用することで統治能力を高め、築城・街割り・収税などを円滑に行えたからだろう。

蜂須賀氏に迎えられた直重

北条氏政の五男として生を受けた北条七郎直重《なおしげ》は、邦胤の娘と婚姻して千葉氏を継承した。小田原合戦では小田原城に入城し、豊臣軍と対峙した。落城後の天正十九年（一五九一）には、阿波の蜂須賀家政《はちすかいえまさ》に仕官することとなった。「徳島藩士譜」「徳島藩職制取調書抜」（徳島県立博物館蔵）によると、千葉直重は小田原開城後、即、五百石で蜂須賀家政に迎えられている。だが、実子・新三郎が若死にしたため、蜂須賀の家臣・益田豊正《ますだとよまさ》の三男・重昌《しげまさ》を養子に迎え、大石《おおいし》六大夫重昌と名付けた。この時点で千葉氏の称号・血統はともに絶えたことになる。のちに、この家は重昌から三代目まで大石姓を使い、四代・直武《なおたけ》の時に

仕官先	家・氏名	藩内での役職	千葉家時代状況	仕官時期
下総古河藩 土井家	成毛家	家老	大須賀家庶流	古河城主・土井利益
	矢作家	重臣	大崎城・国分家	家康から土井利勝付を命じる
	日暮家	重臣	千葉支流・家臣	佐倉城主・土井利勝
	川島家	藩士	千葉支流・家臣	佐倉城主・土井利勝
	大生家	家老	常陸大掾一族	佐倉城主・土井利勝
	井出家	藩士　100石	千葉旧臣？	小見川城主・土井利勝
	関戸家	藩士　150石	国分家庶流	佐倉城主・土井利勝
常陸水戸藩	白井家	家老 1500石	一族重臣	水戸藩主・徳川頼房の時代
	国分家	藩士　200石	大崎城主	水戸藩主・徳川頼房の時代
	武石家	藩士　100石		？
	千葉家	勘定奉行 200石	東常縁末裔	水戸藩主・徳川光圀の時代
	千葉周作	藩剣術指南役		水戸藩主・徳川斉昭の時代
尾張犬山藩	千葉家	家老	？	栗原藩主・成瀬正成の時代か？
越前松平藩	原家		原大炊介末裔？	姉崎藩主・松平忠昌
	木内家			
	飯島家	藩士　200石	大須賀家末流	松平忠直
小田原藩	相馬家	重臣	守谷城主末裔	小田原藩主・大久保忠隣の時代
	円城寺家	藩槍指南役	千葉家重臣	佐倉藩主・大久保忠朝の時代
下総佐倉藩	千葉家		東北千葉家？	山形城主・堀田正亮の時代
	鏑木仙安	藩医	鏑木城主末裔	佐倉藩主・堀田正睦の時代
下総多古藩	千葉家			？
上総佐貫藩	粟飯原家	家老		？
	印東家	藩士		？
越前鯖江藩	臼井家	御取次格 100石	臼井城主末裔	初代間部詮房
	木内家	御取次格 100石	？	初代間部詮房
	里見家	中老職 270石	里見忠義直系	間部詮房

下総千葉一族・家臣団の再仕官先一覧表　出展「古河市史、古河藩系譜略」「水府系纂、藩史料」「鯖江市史／印旛郡史」「小田原藩士系譜」「福井県史・藩史料」「下総町史・飯島系図から」「犬山市史」ほか

旧来の伊勢姓を名乗り、永代百五十石の家柄で明治に至っている。北条直重の墓は不明だが、徳島大学に「北条直重」関係の資料が残っており、今後の研究が待たれる。

江戸幕府は千葉一族を優遇しなかったようで、原・押田・高城・笹本《ささもと》・海上・河内・岡田氏などの一部が仕官している。押田氏は源氏の流れをくむ一族で千葉氏の将として従軍し、戦国期に千葉氏の娘を娶り一族に列した。家康に仕えて千五百石を賜る。江戸時代後期の将軍・家斉《いえなり》の側室にお楽《らく》の方（香琳院）がいるが、旗本押田氏の支流の押田敏勝《としかつ》の娘である。このお楽の生んだ子が、十二代将軍・徳川家慶《いえよし》である。また、高城氏は小金城主の末裔とされるが、藤原姓を名乗り七百石（幕末は千百石）の直参《じきさん》旗本になった。

千葉一族を数多く登用した人物として、土井利勝《どいとしかつ》がまずあげられる。幕府草創期の官僚として活躍した利勝は、天正十八年（一五九〇）に初めて下総小見川藩で一万石の大名となり、のちに佐倉藩六万石で、約二十年近く下総を領地として幕政に参与した。小見川・佐倉ともに千葉氏ゆかりの地であり、そこを領するにあたって千葉一族の力を必要としたようだ。その家臣の代表は矢作《やはぎ》氏。矢作喜兵衛胤基《たねもと》の父・隼人正は、下総北東部の大崎城主・国分氏の流れをくむ。千葉氏滅亡後に下総を離れて三河国に逃れるが、再仕官の道を選び徳川氏に仕えた。家康

土井利勝画像　徳川家康の庶子とも伝えられる。小見川城・佐倉城主となり千葉氏の旧臣を多く登用した　茨城県古河市・正定寺蔵

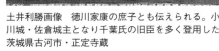

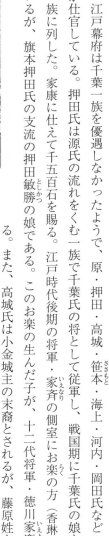

から利勝に三人の武将が配されたが、その一人が胤基であったという。そして利勝のために働き、名を拝領して勝基《かつもと》と改めた。利勝が佐倉藩主になるとこれに従い、城の縄張りや普請奉行として活躍した。下総の城と地理を熟知していたからであろう。さらに大坂の陣にも参戦し武功を挙げた。佐倉時代はおもに民政面を担当したようだ。このほか、土井氏には千葉氏一族である成毛《なるげ》氏（大須賀氏の分流）・川島《かわしま》氏（海上家の分流）・大生《おおの》氏（国分・海上と姻戚関係の強い常陸大掾氏）・日暮《ひぐらし》氏（千葉氏庶流）などが高禄で召し抱えられた。

房総武士団を大量に雇った水戸徳川氏

徳川頼房《よりふさ》・光圀《みつくに》の親子二代にわたって、戦国大名の子孫や武士団が仕官している。たとえば、羽前最上《うぜんもがみ》義光《よしあき》の子・山野辺義忠《やまのべよしただ》、小田原合戦で勇猛に戦った八王子《はちおうじ》城将・中山家範《いえのり》の子である信吉《のぶよし》、織田信長と鉄砲でわたりあった紀州雑賀《さいか》衆の鈴木《すずき》氏などである。こうした環境で育ったためか、二代目・徳川光圀は活発で学問好きな人間に育ったようだ。彼の人柄・功績はテレビ・映画の諸国漫遊記で有名だが、全国行脚はなかったようだ。しかし、「甲寅紀行」によれば房総半島には何度も足を運んだようで、水戸《みと》徳川氏も多くの房総武士団をスカウトした。

【井田胤徳】江戸初期、佐倉には家康の五男・武田信吉《のぶよし》がいた。母は武田信玄の重臣・秋山虎康《あきやまとらやす》の娘であり、家康は武田の名跡を絶やさぬよう五男・信吉に武田姓を称させている。彼は下総佐倉十一万石に任じられ、下総大台《おおだい》城主であった井田胤徳《たねのり》を雇っている。胤徳は在地に残って収税を任されていた。その後、信吉は常陸水戸に移封され、井田氏もこれに従う。しかし、信吉一代で後継者が絶えたことで、井田氏はそのまま水戸藩主・徳川頼房に仕えている。幕末期の井田好徳《よしのり》は、旧領の横芝の神保・小関《こせき》家を訪問して大歓迎を受けたという。この好徳は、天狗党の重鎮として活躍した。

【白井宗幹】千葉胤富の娘婿である。家紋は井桁に九曜星。千五百石という破格な禄高で頼房に仕えた。宗幹《むねもと》の子・幹時《もととき》は光圀の姪を妻に迎え、主に下館《しもだて》城代などを歴任するなど常陸地方の民政面で活躍した。代々、白井氏は水戸藩の家老職に就任しており、幕末に徳川斉昭《なりあき》の参謀として活躍した白井伊豆守久胤《ひさたね》は末裔である。

【宇都宮隆綱】鎌倉以来の下野国守護大名で、戦国の世を生き残るも豊臣政権内で浅野長政《あさののながまさ》・石田三成の対立の余波から改易させられた。宇都宮義綱《よしつな》は流浪の末に頼房に仕え、郡上八幡城主の遠藤慶隆《えんどうよしたか》の娘を妻に迎える（慶隆は千葉常胤六男・東胤頼の末裔）。彼女と義綱の間に生まれた子が宇都宮隆綱《たかつな》で、外祖父・慶隆の一字を取って付けた名であろう。隆綱は光圀の妹を妻に迎え、その信任を受けて対幕府・朝廷との交渉に渡りあい、正式に「従五位下・下野守」に叙任されている。さらに白井氏とも婚姻関係を結んでいる。彼のもとに千葉旧臣が与力《よりき》として配されており、下総大崎城主・国分氏の末裔がこれにあたる。宇都宮氏は、水戸藩一千石の永代家老職として明治維新を迎えた。

【国分氏】大崎城主（香取市大崎）・国分氏の戦国末期の当主は胤政《たねまさ》といわれる。小田原落城後、娘が鹿島神宮惣大行事家に嫁いでいた関係で鹿島神宮の庇護を受けた。胤政には胤次《たねつぐ》・胤久《たねひさ》・胤光《たねみつ》兄弟がおり、胤光は幕府によって鹿島神宮惣大行事職を継承し、胤次・胤久兄弟は水戸藩主・頼房から二百石で召し抱えられた。前掲の宇都宮隆綱の与力としても活躍している。江戸時代に旧領佐原《さわら》ほか旧国分氏の支配地をまわって旧家臣団との交流を続けた。特に旧領の本矢作《もとやはぎ》に住む白井氏とは交流を重ね、白井家には国分氏からの遺品が残されていた。この家は水戸藩家老・白井氏と同族で、幕末の白井伊豆守久胤とも交流があった。

千葉重胤の末裔伝承

最後の当主重胤は、激しい時代の流れの中で分別のつかない幼児であった。徳川家康は彼のために二百石を与えようとしたが、名門千葉氏を維持するためには二百石では家臣を養えないと考えたのか、この申し出を断っている。いずれにしても、家名は再興されずに終わる〝悲劇の人物〟であった。重胤は江戸でむなしく死去するが、その末裔と称する家が全国に残っている。

【重胤は喜連川藩・相馬氏へ】古河公方と下総千葉氏は主従関係が強かった。小田原合戦ののち、豊臣秀吉は古河公方の復興を命じ、安房にいた足利国朝《くにとも》を後継者として天正十八年（一五九〇）に下野喜連川《きつれがわ》藩主（栃木県喜連川町）とした。石高は五千石と小さいが、格式は十万石である。この国朝に従ってきた人物のなかに千葉重胤がいた。現在の当主は相馬剛胤氏で、子息の相馬俊保氏は栃木県庁に奉職されている。その相馬氏の話や同家伝来の系図によると、次のようである。

千葉重胤の妻は、足利氏重臣・石河隠岐守《いしかわおきのかみ》の娘である。小田原合戦後に下総守谷《もりや》に帰るが、喜連川から賓礼をもって迎えられたという。重胤の息子・義胤《よしたね》（近江守・靭負尉《ゆきえのじょう》）は、千葉氏をはばかって「相馬」と改め、明治維新まで同藩の家老を世襲した。屋敷内に妙見祠を祀るが、秘仏のため見たことがない。江戸時代には日蓮宗の僧侶が来て祭礼を行い、縁日のように賑わったという。守谷の地名があることから、下総守谷城主・相馬氏の系譜という説もある。

【大和十津川の郷士・千葉氏】奈良県十津川といえば、NHKテレビ「十津川物語」で有名だ。村の面積は日本国内でも最大級、かつて後醍醐天皇が隠遁した村であり勤王志士たちのふるさとでもある。千葉重胤の子に徳胤《のりたね》という人物がいて、寛永年間に熊野庄から入部して住み着いた——と伝承されている。子孫は地元の有力な素封家として明治に至る。勤王志士として千葉氏からも多くを輩出し、千葉貞幹《さだもと》などは維新後、兵庫県知事や鳥取県知事などを歴任している。

【千葉氏正統を称した良胤】千葉胤富の長男は良胤《よしたね》、次男が邦胤という系図がある。大野政治氏・山田勝治郎氏によると、「千葉勝胤氏所蔵系図」「群書類従本千葉系図」で記載が確認できるという。その末裔が山武町に住む千葉勝胤氏である。良胤の孫・知胤《ともたね》は千葉氏が健在である証拠を示し、主従関係を強化するため、北・東総に散った千葉旧臣団と連絡を密にしていた。旧家臣団は、円城寺・椎名・幡谷《はたや》・海保《かいほ》・小川《おがわ》・神崎・高橋《たかはし》・宝珠院《ほうじゅいん》などの各家が残る。江戸時代を通じて「千葉氏正統」を称していた。

【重胤の弟・胤衡の末裔】重胤・俊胤の末弟に加曽利権之介胤衡《かそりごんのすけたねひら》という人物がいたとする系図もある。彼は若年時に森山城に置かれたが、小田原合戦後に家臣の石毛《いしげ》氏を召し連れ海上郡倉橋村《くらはし》（旭市倉橋）に隠棲した。倉橋村では「妙見・稲荷・平高望命」を勧請したが、このとき森山城内の榎を持参し御神木にしたと伝承されている。倉橋千葉家は数家の旗本代官を務め、江戸時代を通して倉橋の地に住み、倉橋村の宝寿院住職を輩出した。この家からは、千葉県商工会議所連合会会長を務めた千葉滋胤氏が出ている。

【下総を放浪した正胤・尚胤】千葉俊胤の次男に千葉権助正胤がいて、その子は尚胤という。尚胤については詳らかでないが、滅亡後の千葉氏の遺跡を訪ね、その遺跡の保存に努めたことで知られる。また、本佐倉城の麓にある勝胤寺の寺宝「千葉石」を保管するため、銅製の箱を奉納している。そのほか、香取市の樹林寺や江戸幕府の野馬奉行・綿貫氏に、自筆の千葉系図を贈っている。

【鳥越神社宮司の鏑木氏】「鏑木本千葉大系図」によれば、千葉俊胤は一族の粟飯原氏を継いで小見川城主となるが、小田原合戦で滅亡。のち、佐倉城主・武田信吉に仕官するも慶長八年（一六〇三）、信吉の逝去に伴い浪人する。名を「鏑木」に改姓し、江戸の浅草鳥越神社および大六天神社神官を世襲したという。この末裔の鏑木氏が、太平洋戦争以前には千葉氏正統の末裔とされていた。名高い日本画家・鏑木清方は、この鏑木俊胤の末裔と伝承されている。

【登渡神社を建立した定胤】重胤には一子・定胤がいて、これが江戸時代に千葉妙見寺から分霊して真光院を開山、登渡神社を創建したと伝える。

【徳川家臣団の大須賀氏】徳川二十四将《とくがわにじゅうよんしょう》の肖像画の中に描かれる大須賀康高《おおすがやすたか》は、千葉常胤の四男・大須賀胤信の末裔という伝承を残している（静岡県史料《しずおかけんしりょう》「大須賀家先祖書《おおすがけせんぞがき》」、「藩翰譜《はんかんふ》」）。「千葉大系図」には大須賀宗常《むねつね》の末裔という記載があるが、真偽は不明である。しかし、家紋は「九曜紋」「七曜紋」など千葉氏の家紋を使用し、千葉氏としての意識をもっていたようである。

康高は三河国洞村《みかわくにほらむら》の出身で、もとは酒井忠尚《さかいただなお》の家臣であったが、徳川家康に仕えて高名をあげる。戦略家としても指揮官としても優秀で、精鋭部隊「横須賀衆《よこすかしゅう》」を率いるなど人心掌握にたけた武将であった。

とくに武田勝頼《たけだかつより》との高天神城攻略戦《たかてんじんじょうこうりゃくせん》でその功績は大きく、戦後、遠州城東郡《えんしゅうじょうとうぐん》と横須賀城を与えられた。横須賀衆は久世広宣《くぜひろのぶ》や渥美勝吉《あつみかつよし》など屈強の武士が所属した。横須賀の街並みを整備し、大須賀氏菩提寺の撰要寺《せんようじ》（浄土宗）や窓泉寺《そうせんじ》（曹洞宗）を建立、撰要寺には大須賀康高と孫である忠政《ただまさ》の墓石が残る。

康高には信高（修栄）という子がいたが、僧籍に入ってしまったという。息女は二人いて、一人は阿部《あべ》忠吉《ただよし》に嫁いだ。康高は阿部忠吉に大須賀氏の家名を継がせようとしたこともあったが、事情があって大須賀氏は継承できなかったらしい。康高から伝来した名刀「横須賀江」をこの阿部氏が伝えている。忠吉と康高の息女の間に生まれたのは執政家として名高い阿部忠秋《あべただあき》である。もう一人は徳川四天王・榊原康政《さかきばらやすまさ》に嫁ぎ、長男・忠政、次男・康長《やすなが》、池田利隆《いけだとしたか》室（鶴姫）、酒井忠世《さかいただよ》室を生んだ（大須賀先祖書）とある。

榊原康政の長男が大須賀氏を継承し大須賀忠政を名乗る。忠政は横須賀衆に支えられ、戦功により上総国久留里城主三万石（千葉県君津市久留里）を拝領し、久留里市街の街並みを整備したと伝える。さらに戦功を重ねて祖父の遠州横須賀城主（六万石）に栄転するが、三十一歳の若さで亡くなる。忠政の子は大須賀忠次《ただつぐ》である。榊原氏は次男・康勝《やすかつ》が継承したが、これも夭逝《ようせい》したため、家康の命により大須賀忠次は榊原氏を継承し、大須賀氏は絶家《ぜっけ》になった。横須賀衆は榊原氏や紀州《きしゅう》徳川氏に仕えたという。

榊原忠次は姫路《ひめじ》城主に栄転し、開拓に尽くした。増井山隋願寺《ますいざんずいがんじ》に墓石が残る。隋願寺御住職の話によると、開拓された土地の人々はいまなお忠次の墓参をしているという。大須賀氏の血をひく榊原忠次の血流は孫の政倫《まさとも》の代で絶え、旗本榊原氏から養子をとった。しかし、榊原氏は「大須賀氏」を重要視したようで、のちの越後高田城主・榊原政岑《さかきばらまさみね》は幼名で「大須賀高胤《たかたね》」を名乗っていたようだ。大須賀康高の血筋は、榊原氏は政倫のときに、阿部氏は阿部忠秋の代でなくなるが、鶴姫と酒井忠世に嫁いだ娘により繋がる。

鶴姫は、徳川秀忠の養女として岡山藩主・池田利隆に嫁いで名君・池田光政《いけだみつまさ》を生むことになる。さらに酒井忠世に嫁いだ息女は酒井忠行《さかいただゆき》を産み、下馬将軍の異名をとった酒井雅楽頭忠清《さかいうたのかみただきよ》は孫にあたる。大須賀家の家名は断絶したが、阿部忠秋・榊原忠次・酒井忠清・池田光政と優れた大名・政治家として血をつなぐことになる。

全国に移った臼井一族

上総氏が両総平氏の嫡流であれば、その支流といえるほど千葉氏と同等の格にあったのが臼井氏である。しかし、時代の変遷とともに千葉氏家臣へと変貌する。福田豊彦著『千葉常胤』では「千葉臼井家譜」を引き合いに、「臼井氏は千葉氏と同様の働きをしたが、千葉氏の功績の陰に隠れてしまった」と記す。

臼井氏は下総国臼井庄（佐倉市・八千代市・四街道市周辺）を押さえ、一族は志津・星名・神保を名乗って広大な領域を持っていたようだ。印旛浦水運を掌握して経済的にも恵まれたが、千葉氏の勢力拡大とともに宗家との縁組みを通じ所領の維持を図った。臼井氏は千葉氏と同様、全国に所領を与えられたようで、信州麻績郷《おみ》（長野県聖高原一帯）と美濃谷合郷《たにあい》（岐阜県旧美山町周辺）、そして上総地方にも伝わっている。しかし、和田合戦で和田義盛に味方したり宝治合戦で三浦氏についたために一時没落してしまう。その後、臼井氏の出であろう臼井尊胤《たかたね》は、娘を千葉時胤に嫁がせている（千葉頼胤の生母）。元冠の際にも臼井氏は出陣したようで、九州にも臼井氏が存在する。その後の臼井氏を知る手がかりは「千葉臼井家譜」のみで、正確な史実を伝えているかどうかはわからない。

　臼井氏の南北朝期の当主は臼井興胤《おきたね》（伝説上の人物で白井行胤と混同される）で、千葉胤貞と共に足利尊氏の九州遠征に従って所領の拡大に努めた。室町中期には、本佐倉城主・千葉孝胤と対立した太田道灌が千葉自胤とともに臼井城を攻略している。「印旛郡誌」には、臼井持胤《もちたね》・俊胤《としたね》が力を合わせ撃退したことが記される。戦国末期の臼井城は、本佐倉城（千葉氏本宗家の本拠）にとって最重要地点となるが、城主

臼井城の本丸土塁と土橋　千葉県佐倉市

の臼井久胤《ひさたね》が千葉氏の意向を受けた原氏に追放された。久胤は下総結城城（茨城県結城市）の結城晴朝を頼り、その重臣になったという。その後、忠胤《ただたね》・村胤《むらたね》兄弟は結城氏重臣の水谷勝隆《みずのやかつたか》に仕えた。
　久胤の長男・忠胤は病弱のため常陸にとどまり、柿岡《かきおか》村（茨城県石岡市）に隠棲したようだ。代々名字帯刀を許され、「常」の字を諱《いみな》としている。江戸時代は常陸柿岡に居住し、淀藩主・稲葉氏や牛久藩主・山口氏に仕えたことが系譜でわかる。のちに江戸に出、近代になると千葉に戻った一族がいる。国・県の政財界で活躍した臼井荘一氏（元総務庁長官・故人）や、衆議院議員として活躍した臼井日出男氏がこの系譜を受け継いでいる。長男の忠胤に代わって、次男・村胤が水谷氏に従って移動した。関ヶ原の戦いののち、水谷氏は常陸下館から備中《びっちゅう》成羽《なりわ》・高梁藩主（岡山県高梁市）となり、臼井村胤・益胤《ますたね》父子は家臣として名を連ねたと伝

える。元禄《げんろく》六年（一六九三）、益胤のとき藩主・水谷勝美《かつよし》の急死によって改易《かいえき》になると、家臣団も離散する。このため、水谷氏断絶後に作成された「高梁藩分限帳」には臼井姓が見当たらない。

その後、臼井氏は越前鯖江藩主・間部《まなべ》氏に仕えたようである（「印旛郡誌」）。益胤の子・秀胤《ひでたね》（信齋）は下総臼井に帰り、臼井氏菩提寺の円応寺に墓参を行った。宗的住職（二十四世）と共に印旛沼周辺のすばらしい風景を選び、「臼井八景」を定めた。『鯖江市史・藩政資料』に「臼井儀太夫、臼井銀治」の名が掲載されており、明治維新まで仕官していたようである。美濃に行った臼井氏は、梶原景時が半国守護として美濃に入封した際、臼井常安《つねやす》（康）の子・安胤《やすたね》も妙見菩薩を持って入った。のちに美濃に土着し、美濃守護・土岐氏の家臣として「谷合殿」と尊称されたという。土岐氏家臣となった臼井兼牧《かねまき》は菩提寺として善導寺を建立し、また、妙見社を勧請している。土岐氏が滅亡すると同時に、谷合の里に土着した。

縁組みで遺臣団ネットワークを形成

天正十八年（一五九〇）の千葉氏滅亡に際し、千葉氏家臣団も徳川幕府の下で草分けとして荒地の開拓にあたるとともに、名主などの村役人としてその支配体制に組み込まれていった。遺臣団は旗本・大名領の地方代官や代々名主となり、婚姻や養子縁組を通じてネットワークを形成、連帯を強め、お互い援助しながら近世を乗り越えてきた。そして幕末以降、彼らの中から伊能忠敬《いのうただたか》をはじめ学者や篤志家が出て、近代国家建設に一役買ったのである。

江戸時代に入り、徳川氏は名族を高家・旗本として存続させたが、千葉一族には優遇措置を取らなかった。なかには大名に仕官した例もあるが、徳川氏は一貫して千葉氏を冷遇した。その代表的な事件が「佐《さ》倉宗吾《くらそうご》事件」。歌舞伎でも有名だが、だいぶ脚色されている。児玉幸多博士によって、公津村に惣五郎《そうごろう》という名主が実在し、佐倉領は当時、年貢率が非常に高かったことが証明された。宗吾は千葉氏四天王・木内氏末裔の木内惣五郎であるとされ、郷土史家・青柳嘉忠氏の説によれば、千葉氏再興を目的とした直訴《じきそ》事件との説も出ている。結局、同氏は再興されず、明治期を迎えた。

香取郡西部の国分氏や大須賀氏の遺臣たちは、小田原合戦により草分けとなり開拓に従事した。国分氏遺臣・伊能氏や永澤《ながさわ》氏、千葉氏重臣・円城寺氏などが佐原に住み、砂州の開拓を進めて〝小江戸・佐原〟を築いてきた。香取海《かとりのうみ》が広がる佐原から潮来《いたこ》沿岸で、徳川氏は大規模な干拓工事を始めた。この工事に直接、携わったのは幕府代官・吉田佐太郎《よしださたろう》で、彼に協力したのが小田原合戦で滅亡した江戸崎《えどさき》城主・土岐治《はる》綱《つな》の遺臣・石田駿河守《いしだするがのかみ》、小見川城主・粟飯原左衛門の旧臣たちであった。

海上氏の末裔といわれる旗本・太田氏の代々名主で、地方代官も務めてきた川島惣右衛門《そうえもん》家（山武市）の子孫である川島貞二・貞夫さん親子にお話をうかがった。それによると、同家の古文書や房総各地に残る古文書・金石文などをもとに作成したネットワークから、遺臣団が両総にわたって広く婚姻関係にあることが認められた。特に、江戸文化文政期にはその関係が密となっている。九十九里町粟生の千葉氏末裔で、大網元・与力給地の上総代官・飯高《いいだか》物兵衛尚寛《なおひろ》が終生援助したのは有名な伊能忠敬だ。伊能氏は中世国分氏の家老を務め、滅亡後、佐原に定住した。

忠敬の父は、横芝町小堤の神保家の次男で、神保家の系譜では千葉胤正の末裔を称する。忠敬は九十九

月星の旗指物　芝崎城主の末裔・関家に伝来する

里町小関の小関家に生まれ、伊能家に婿養子に入った。忠敬のまわりには千葉氏遺臣たちの姿が見え隠れしている。前述の飯高尚寛をはじめ多古の平山藤右衛門（千葉氏遺臣）で、旭市太田の加瀬家（千葉氏遺臣）には忠敬の息女が嫁ぎ、忠敬も何度か逗留している。この事実によって、近在だけでなく広く上総・下総にわたって豪農層が婚姻関係を続けていたこと、また、千葉氏旧家臣団と思われる平山家・鏑木家・信太《しだ》家・海保家・飯高家・宍倉《ししくら》家・関（椎名）家・川嶋家・伊能家・円城寺家などが、お互いに婚姻を通じて助け合っていたことがわかる。

幕末・明治期に俊英を輩出

東北には、今なお約十万人の千葉一族がいる。この一族の先祖は、滅亡のときに必ず「さいかちの木」を植えた。東北千葉氏の多くは戦国大名・葛西氏の家臣で、彼らは帰農後も「葛西は必ず勝利する」と縁起を担ぎ「かさいかち（葛西勝ち）」の掛け合いから、さいかちの木を植えたという。

幕末期には、遺臣たちから「解体新書」を最終的にまとめた大槻玄沢《おおつきげんたく》、国語辞典の基である『大言海』をつくった大槻文彦《ふみひこ》、日本の和算を高めた千葉胤秀《たねひで》など俊英たちが出ている。房総半島でも滅亡・帰農という苦難を乗り超え、幕末・明治期に大輪として開花した人材を多く輩出したのである。

【宮内家（銚子市高田・宮内清右衛門家）】海上氏の末裔で、明治期に銚子の県議会議員として地元の利根川護岸工事を進めるなど、県政に貢献した家である。

【永澤家（香取市）】永澤躬国《みくに》を輩出、国学《こくがく》を大成させた。近代佐原の発展に、永澤仲之亮氏が町長として貢献している。

【加瀬家（旭市太田・加瀬佐兵衛家）】伊能忠敬の孫娘・きぬが嫁いだ加瀬喜逸。衆議院議員として三期当選。国政に参与した。その間に生まれたのが加瀬俊一氏で、終戦直後のミズーリ号上の降伏文書調印式で、重光葵全権を補佐した外交官である。ユーゴ大使を務め、チトー大統領と親交を深めるなどしており、初代の国連大使にも就任した。

【蕨家（山武市埴谷・蕨庄右衛門家）】千葉氏遺臣・蕨大膳の末裔とされ、江戸時代は旗本・曲淵《まがりぶち》氏の地方代官を務めた。分家の蕨礎左衛門も代官職を務め、山武杉の育成に貢献している。明治期には蕨真が出て伊藤左千夫と親交を深め、アララギ派の創立に参加したパトロン兼詩人である。左千夫の茶室・唯真閣の「真」は「蕨真」からとったものだそうだ。

【海保家（横芝光町屋形・海保長左衛門家）】海保家は千葉氏重臣の家柄で、成田市宝田と旧横芝町に繁栄している。江戸時代は生実藩の地方代官・割元を務めた。海保長左衛門の分家からは、幕末に海保漁村が出る。儒学者で佐倉藩儒に招かれるが、彼の教えを受けた者には衆議院議長の鳩山和夫や戦前実業界の立役者・渋沢栄一がいる。

【鏑木家（旭市鏑木・鏑木太郎右衛門家）】千葉氏家老を務めた鏑木胤家。その末裔は干潟鏑木の里に隠居し、代々名主を継承する。椿海の干拓にも従事したと伝える。分家からは幕末期の名医・鏑木仙安が出た。彼は佐倉城主・堀田正睦《ほったまさよし》に見出されて長崎《ながさき》に留学、佐倉で蘭学《らんがく》を講義した。佐倉藩の蘭学の祖といわれている。

【麻生家（山武市戸田・麻生源五兵衛家）】麻生《あそう》家は千葉氏末流とされ、千葉胤次という人物が祖先で、代々、諱に「次」を使ったそうだ。明治から昭和期に活躍した麻生磯次は、自らの回顧録でそのように語っている。磯次は学習院院長として活躍し、昭和天皇・平成天皇の二代にわたり、皇室の教育に携わっている。

【木内家（芝山町白枡・木内重郎兵衛家）】千葉氏四天王・木内氏の末裔と伝える。江戸時代の木内家は、旗本領の代官・領所取締役として活躍した。木内家は粉屋を家業としていた家もあり、その家の伝承から「県無形文化財　白ますのおいとこ節」が完成されたという。おいとこ節は日本寺の学僧たちによって、全国に広がった。この木内家からは明治期に東京帝国大学を出て内務省に入った木内重四郎正胤が出る。正胤は三菱の岩崎弥太郎の息女を娶り、その後、貴族院議員を務め京都府知事に就任した。彼の次男には、経済界のご意見番で世界経済調査会理事長を務めた木内信胤氏がいる。信胤の甥には、沖縄返還交渉で活躍しフランス大使を務めた木内昭胤氏もいる。

【成毛家（成田市大和田）】「下総久井崎《くいざき》城主を務めた成毛家が下総大和田《おおわだ》に土着した」と「香取郡誌」に伝えている。成毛家からは明治期に成毛基雄氏が出る。東京帝国大学を卒業後に内務省へ入省、内務省拓務局長を務め、奈良県知事に就任した。奈良県知事時代には同和問題が再燃し、成毛知事はその融和と説諭につとめたことが功績として残されている。

【大高家（山武市富田・大高善兵衛家）】豪農で酒造家の大高家で、明治期に活躍したのが大高善兵衛である。

彼は当時、農村に蔓延していた間引き（生まれたての子を殺す）の悪習を防ぎ、子どもの養育に力を注いだ人物であった。その頃の千葉県令は柴原和で、県令のもと間引き禁止をいち早く実施したという。

【円城寺家（成田市下方）】円城寺家は千葉氏の軍奉行《いくさぶぎょう》として栄えたが、成田や佐倉を中心に土着する。成田市下方に住む成田市文化財保護協会会長を務める円城寺敏夫氏（取材当時）を訪ねた。同家には千葉氏末裔・英胤の主従関係を示す官途状が残っている。下方の円城寺家からは、日本経済新聞社長を歴任された円城寺次郎が出ている。敏夫氏の話では、円城寺家は印旛沼開発に尽くし、歌人であり政治家でもあった吉植庄亮とも深いつながりがある。同家門前の歌碑は吉植の直筆という。

【幡谷家（成田市押畑）】大須賀氏の分流・幡谷胤盛《たねもり》の末裔が成田市押畑にいる。その一人が幡谷紫浪氏（取材当時）。かつて千葉県職員として奉職、成田市議として活躍され、今なお幡谷の妙見を守られている。同氏の案内で押畑《おしはた》城址に登ると、根木名川一帯が幡谷一門の領地であったことがうなずけ、感慨深い。また、幡谷一族から出られた大阪府の元堺市長・幡谷豪男氏がいる。

【神崎家（成田市大和田）】神崎神社で名高い神崎町。中世には神崎一族がいた。鎌倉期、伊豆山神社の油輸送船と通行税の取り合いで争った小松為胤《こまつためたね》は、神崎一族である。この一族の末裔は成田市から下総町におられるが、その一人である神崎泰夫氏（取材当時）にお会いした。かつて江戸時代の先祖が神崎神社にお参りした際、旧主ということで賓礼をもって神崎の人が迎えたという伝承がある。神崎氏も熱心な妙見信者で、屋敷内には祖先以来の妙見様や掛け軸を保存する。神崎氏は祖先ゆかりの古い板碑を大事にされ、今なお屋敷内で供養を続けておられる。

千葉一族を誇りに生きた新渡戸稲造

平成十九年まで発行されていた旧五千円札の肖像が新渡戸稲造である。稲造ほど多くの分野に精通した人はいない。日本が台湾を統治した時代に農政家・糖務局長としてサトウキビ栽培を奨励。教育者としては出身校の札幌農学校を皮切りに、第一高等学校校長・東京女子大学初代学長を務めた。また、国際政治家としては国際連盟事務局次長として活躍、世界知的委員会の設立、現在のユネスコの基礎を築いている。その活動の原動力には、千葉一族特有のフロンティア精神が流れているようだ。

新渡戸氏は千葉常胤の長男・胤正、その次男・境常秀が先祖である。戦乱によって下野国新渡戸に落ち着き、新渡戸姓を名乗った。同氏は、幾多の戦乱を経て南部氏家臣として近代を迎えた。「南部藩参考諸家系図・新渡戸家」を見ると、鎌倉中期に新渡戸常邑《つねむら》の妹が歌人・東氏村（美濃郡上領主）に嫁ぐ。新渡戸氏も多くの歌人や、絵画に巧みな文化人を輩出している。

新渡戸稲造は、岩手はもちろん先祖の地・千葉も愛していた。一族である新渡戸明氏によれば、「稲造は懐中時計やカフスボタン、著書『武士道』にも千葉氏の月星紋を入れ、生涯に何回か千葉神社・大日寺を参詣し、先祖を偲んでいた」という。稲造は、千葉氏であることを強く意識していたようだ。

第Ⅱ部　千葉一族の妙見信仰と武術・文化

千葉神社妙見額　千葉市中央区

第一章　戦勝と団結の支えだった妙見信仰

妙見信仰の由来

千葉氏は現在の県名にその名を残すように、約四百年にわたる支配により郷土千葉の形成に多大な影響を残した豪族である。鎌倉幕府の重鎮として活躍したのみならず、房総に香り高い文化をもたらし、九州から東北地方にまで領地が与えられると、そこに千葉一族や家臣団が住んで町をつくった。各地の千葉氏は、自らの宗教・美術や文芸などの文化を保持し、その地で独自の文化を育んでいく。そのなかで特徴的なのは妙見信仰である。千葉氏の本拠地である千葉県内では、妙見さまが祀ってあれば千葉氏の勢力が及んでいたとされるほど、千葉氏と妙見《みょうけん》さまは結びついて考えられた。

千葉市の「親子三代夏祭り」は現在、全市をあげた祭りとなっているが、この祭りは千葉神社の一週間にわたって行われる「だらだら祭り」の期間中の日曜日に開催される。「だらだら祭り」は通称で、正式名称は「妙見大祭《みょうけんたいさい》」という妙見さまのお祭りであり、祭りの期間中に一言願いをかければ、その願いは叶うといわれ、「一言妙見」と言われている。千葉神社の前身は、千葉氏の守護神である妙見菩薩の別当寺・北斗《ほくと》山金剛授《さんこんごうじゅ》寺尊光院《そんこういん》であった。千葉市中心街にある赤い重層建築で一際目を引く社殿であるが、その中心に掲げられた「妙見」の額が長い歴史を物語っている。北斗山金剛授寺は長保二年、平忠常の代に覚算和尚が建立し、本尊は北辰妙見尊星大菩薩、本地は東方浄瑠璃世界の主薬師破軍星である。この寺は調伏破滅のことはせず、神の祈念までと祈願寺であることを強調している（「抜粋」）。

現在、千葉神社の祭神は天御中主命《あめのみなかぬしのみこと》で、相殿に経津主命《ふつぬしのみこと》・日本武尊《やまとたけるのみこと》が祀られている。経津主命は、千葉神社の地主神である香取神社に祀られる神で、天御中主命が妙見さまであり天の中心にあって天空を司る神である。千葉氏は元服の儀式を妙見宮で執り行うなど妙見を厚く信仰し、天正十八年（一五九〇）に滅亡してからも「千葉の妙見さま」と呼ばれ、人々に信仰された。明治元年（一八六八）の神仏分離令で寺院を廃し千葉神社と改称され、妙見さまは天御中主命となった。明治三十七年（一九〇四）の火災、さらに昭和二十年の空襲でも大きな被害を受けたが、人々の熱い信仰心に支えられて復興し、厄除開運・八方除けの神さま「千葉大妙見」として尊崇されている。

群馬県高崎市内を南北に流れる染谷川

千葉氏と妙見さま

千葉氏が妙見さまを信仰する機縁となったのは、千葉氏の始祖である平良文《たいらのよしぶみ》が平将門とともに上野国群馬郡の染谷川で兄の国香と戦った際、近隣の花園村息災寺《そくさいじ》（群馬県前橋市内）の妙見が童子の姿で現れ、良文の危機を救ったことに因むといわれる。以来、良文流平氏の弓《きゅう》箭神《せんしん》として信仰されるようになった。息災寺の妙見は良文以来、千葉氏によって各地に勧請された。千葉妙見は、良文が承平三年に下総国海上庄へ勧請し、さらに大治元年（一一二六）、千葉築城とともに城内に安置したと伝える。良文の子孫である千葉常胤《ちばつねたね》の時代には一族結合の中心として重視され、北斗山金剛授寺尊光院が妙見さまの別当寺となった。妙見像は代々千葉氏の本家に伝えられたが、城が康正元年（一四五五）の千葉氏の内紛で落城すると尊光院に移された。

妙見は千葉に勧請《かんじょう》された後もたびたび現れて千葉氏の危機を救ったが、その有様は「紙本著色千葉妙見大縁起絵巻《しほんちゃくしょくちばみょうけんだいえんぎえまき》」（千葉市若葉区・栄福寺蔵／以下、「絵巻」）に、詞書（文章）と絵で詳しく描かれている。奥書によると、享禄元年（一五二八）及び天文十九年（一五五〇）に本庄伊豆守胤村《ほんじょういずのかみたねむら》によって製作されたが、詞書をのちに何回か補足し、絵は江戸初期に全部書き直されている。詞書は「千学集抜粋」などの千葉妙見について書かれている史料の内容とほぼ同じであるが、絵は染谷川に現われた妙見や、妙見を祀った尊光院の様子などを実に生き生きと描き出している。妙見は北辰菩薩ともいうが、これは中国において道教の北辰と仏教の菩薩が習合してできた言葉であろう。妙見は八幡や天神・稲荷など日本全国に祀られている神様と違って限定された地域に祀られていることが多く、戦前までは天御中主命や天日鷲命《あめのひわしのみこと》など、日本の神名を名乗っていた。

千葉妙見の説話で、妙見が千葉氏を加護するシチュエーションには、染谷川の合戦のほか、わずか七騎の成胤が活躍する結城浜の合戦がある。染谷川の合戦が千葉妙見の起源を示しているのに対して、結城浜の合戦は成胤が惣領である正当性を言わんとしている。「源平闘諍録《げんぺいとうじょうろく》」巻五に結城浜合戦が書かれている。治承四年、千葉成胤は祖母の葬儀のため、祖父・父に遅れて上総にいる源頼朝のもとへ出発した。が、千田親政が留守の千葉館を襲撃したことを知る。成胤は引き返して結城浜で戦うも次第に苦戦になったそのとき、千葉妙見が示現して勝利をおさめたと伝える。この合戦の名乗りの場面で、常胤の孫である成胤は「平親王将門ニハ十代ノ末様千葉ノ小太郎成胤」と、将門の子孫であることを強調している。

千葉氏の妙見信仰の起源を千葉氏の歴史や縁起類と考え合わせると、「源平闘諍録」や「絵巻」にみえる妙見説話は、早くても鎌倉前期の常胤の頃に成立したようだ。常胤以前は、頼朝が妙見宮の参詣に際して八幡宮に参拝したという「絵巻」などの記述から、八幡を信仰していたと推測する。千葉氏が八幡ではなく妙見を守護神としたのは、早くから源氏と結びついていた上総氏が八幡を信仰しており、その所領を継承した千葉氏は上総氏と違う信仰をしたかったのではなかろうか。千葉氏は元来、豊穣神の妙見に平将門や天神などを取り入れていった。清和源氏は東国武士を編成しようとしていた一〇六〇年頃、源頼義・義家が八幡と天神を信仰に吸収していた。貞観元年（八五九）、石清水に八幡を勧請して王城守護の武神としたことが源氏の八幡信仰のルーツといえるが、この頃は疫病の多発などで御霊信仰が凄まじい勢いで盛んになっていた。中世以後、八幡は御霊《ごりょう》の統御神《とうぎょしん》として信仰されるようになっていった。

妙見に選ばれし者・亀若丸

「絵巻」には、建治元年（一二七五）、六歳の亀若丸《かめわかまる》を殺そうとした国分三郎入道が妙見に征伐されたとある。六歳の子供が嫡子として妙見に認められた人物であるのは、その幼名・亀若丸が示している。玄武《げんぶ》は中国古代思想で四神の一つで北を守るとされ、北の守護神である妙見の乗り物であるという。亀若丸の

「亀」は、この玄武を象徴しているのである。千葉氏と同じく妙見を崇拝した大内氏が、政弘・義興・義隆の幼名を亀童丸としていることも、その幼名の者を大内氏の嫡子として知らしめすためであった。亀若丸が殺されそうになった「建治元年乙亥《きのとい》」は貼紙に書かれており、絵巻本来の部分には甲辰《きのえたつ》と見えるので、建治元年は後世の加筆で信憑性に疑問がある。「千集記」は頼胤を常胤の六男と記述しているから全面的に信じることはできないが、頼胤の項に「此嫡子亀若丸」とあって頼胤の跡を継ぐべき者とし、「千葉大系図」では頼胤を「童名亀若丸」と記している。

「抜粋」では、亀若丸が頼胤の子供で七歳の時となっているが、七歳は北斗七星の七からとっており、妙見を意識しているのであろう。いずれにしても千葉氏の惣領となるべき者を嫡子とし、妙見の加護を受けるべき人物ということで幼名を亀若丸にしたのである。

千葉妙見の本地は勢至菩薩

千葉妙見の本地について、「絵巻」などには七仏薬師と書かれているが、平家物語の異本「源平闘諍録」には「吾は是十一面観音之垂迹　五星ノ中ニハ北辰三光天子ノ後身也」と記す。千葉妙見が十一面観音の垂迹《すいじゃく》、言い換えれば本地が十一面観音であるといっている。「五星ノ中には北辰」とは中国星座の紫微宮の中央にある北極五星では、妙見は北辰にあたるということである。妙見の根本的な経典である「妙見菩薩神呪経《じんしゅきょう》」には「衆星中最勝」とあることから考えて、星を神格化したなかで妙見さまを最高の神と考えており、北極星に対する信仰と言える。「源平闘諍録」は千葉妙見に関する史料では最も古いので、千葉妙見の本地が十一面観音から七仏薬師に変わっていったことになる。

「源平闘諍録」以外で千葉妙見の本地を観音としている史料に天女伝説と一緒になった「妙見実録千集記」があるが、これは「源平闘諍録」よりかなり後の江戸時代の成立である。「千学集抜粋」に常将の元服時に妙見の代わりに観音の化身である毘沙門天を礼拝したとある。また、「絵巻」には千葉妙見の起源である群馬県の息災寺の妙見さまの脇侍が不動明王と毘沙門天であること、息災寺の鎮守と想定される小祝の神の本地が十一面観音であること、さらに妙見の本地が勢至菩薩であると書かれている。勢至菩薩《せいしぼさつ》は阿弥陀三尊《あみださんぞん》として祀られるとき、観音菩薩とともに阿弥陀如来の脇侍《わきじ》となり、勢至菩薩は観音菩薩と無縁ではない。千葉氏と関係が深い千葉市の千葉寺や大日寺・光明寺、香取市の樹林寺《じゅりんじ》等に観音信仰が見られ、二総六妙見の一つと言われた君津市の人見神社の社殿の隣には観音堂がある。千葉市の宝幢院はかつて妙見寺（現、千葉神社）の隠居寺であったが、今は新義真言宗豊山派に属し本尊は如意輪観音である。

家紋を九曜紋にした意味

芝山町の観音教寺《かんのんきょうじ》に宝塔を寄進した千葉胤直とその子胤宣は、康正元年に本拠地である千葉市中央区亥鼻の館を馬加康胤・原胤房に攻められて多古に逃れたが、そこで自害した。胤直以前にも千葉氏一族はしだいに独立するようになり、千葉氏内部の実力者で互いに勢力を争い、古河公方と上杉氏との対立と相まって内紛は激しくなった結果、胤直は滅ぼされる。その胤直が寄進した観音教寺宝塔の裏面に十一面観音の種子が彫られている。それからすると、胤直は十一面観音を信仰し、千葉妙見の本地を十一面観音と

芝山観音教寺の本尊・十一面観音菩薩像
鎌倉中期の作で慶長９年（1604）補修の胎内墨書銘がある　千葉県芝山町・芝山観音教寺蔵

考えていたのではないだろうか。

胤直を滅ぼした原氏は、鎌倉時代以降に千葉氏の家臣となった豪族で、室町時代中期に千葉氏宿老として権威を振るっていた。原氏が七仏薬師を信仰したという直接の史料は見あたらない。しかし、「絵巻」には享徳三年（一四五四）、片野《かたの》美濃守《みののかみ》胤定《たねさだ》に神託があり「神風に吹きちらされて胤直の　すけもはしらもかなわざりけり」と胤直の滅亡が神によるものだと告げている。それに対して「神風の長閑なりける時にこそ　高間が原のすえぞ久しき」と原氏の繁栄を意味する歌が書かれており、「絵巻」が原氏の影響のもとつくられたことは確かである。「絵巻」は千葉妙見の本地を七仏薬師とするので、原氏は七仏薬師を信仰していたのだろう。胤直と原氏の対立という政治情勢を背景に、千葉妙見の本地が十一面観音から七仏薬師に変わったと考えられる。芝山町の観音教寺は、藤原継縄《つぐただ》が天応元年（七八一）に天応山観音教寺を建立したのに始まる。本尊は継縄が蝦夷《えぞ》調伏のため奈良から持ってきた十一面観音像と伝わる。現在、本尊は秘仏だが、鎌倉中期作の十一面観音像が前立本尊《まえだちほんぞん》となっている。

千葉氏当主の胤直は嘉吉二年（一四四二）、結城合戦に勝った御礼と戦死者を供養するため観音教寺に宝塔を建立したが、その時の棟札《むなふだ》が現在も残されている。表には寄進者の胤直、弟の胤賢と家臣・円城寺氏の名前が刻まれ、裏には合戦の関係者の法名が全面を覆うように彫られている。中央上部には十一面観音の種子であるキャを中心にして、十一面観音の真言のヲン・ロ、ケイ・ジンハ・ラ・キリク・ソワ・カという梵字が右回りに巡っている。これは、寄進者の胤直たちが千葉妙見の本地を十一面観音と考え信仰したことを示すものであろう。そう考えると、十一面観音の真言を千葉氏の家紋である九曜紋の形にした意味がよくわかる。胤直が多古に逃れ自害した際に宝塔も戦火で焼失したが、寛政年間に再建を発願し、文化十一年（一八一四）に完成したのが現在の三重塔である。

芝山観音教寺の宝塔棟札　千葉胤直の時代を語る貴重な遺物　千葉県芝山町

江戸時代に成立の「妙見実録千集記」には、天女の形見の夕顔の種から成った実の中から出てきた千葉常将と天女の像は観音が変現したもので、天女は妙見が変化したものと書かれている。また、「抜粋」には常将の元服時、妙見の代わりに観音の化身である毘沙門天《びしゃもんてん》を礼拝したとある。

武蔵千葉氏が信仰した十一面観音

胤直の死後、康胤が千葉介となったが、上杉氏は胤直の弟胤賢《たねかた》の子である実胤・自胤を助けて市川城（市川市国府台）を与え、千葉氏を再興させた。しかし翌年、市川城は成氏勢に攻略されたため二人は武蔵国石浜・赤塚に逃れ、その子孫は「武蔵千葉氏」と呼ばれるようになった。史料には「妙亀山総泉寺の中興開基は実胤の子・千葉介守胤で、守胤の守本尊の妙見尊と守胤が護持した十一面観音がある」と書かれている。「新編武蔵風土記稿」には「保木間村の天神社の別当宝積院は、元は千葉氏が祀った妙見社の別当寺で本尊十一面観音を安置する」と書かれ、胤直の子孫が十一面観音を信仰し続けたことを示唆する。

「絵巻」等に千葉妙見の本地は七仏薬師と書かれているが、「源平闘諍録」には「吾ハ是十一面観音之垂迹　五星ノ中ニハ北辰三光天子ノ後身也」という記述がある。千葉妙見が十一面観音の垂迹、言い換えれば「本地は十一面観音」といっているのである。「五星ノ中ニハ北辰」とは中国星座の紫微宮《しびきゅう》の中央にある北極五星では妙見は北辰にあたるということだが、北極五星の名称は時代等によって違い、北辰をどの星に同定するかは難しい。しかし、「衆星中最勝」（「妙見菩薩神呪経」）とあることから、星を神格化した中で妙見さまを最高の神と考えており、北極星に対する信仰といえるのではないか。

千葉妙見宮の神事「結城舟」

千葉妙見宮の神事の一つに結城舟があったが、『千葉市史』は次のように記している。

江戸時代、妙見宮の祭礼に幅二間・長さ四間、すべて骨組みだけの荒作りの二隻の船を出した。寒川から出る「女舟（結城舟）」は宮崎（現宮崎町）の池に生える真菰《まこも》で俵状に編んだもので装い、千葉から出る「男舟（千葉舟）」は葭川の真菰で装い、真中に丸太を立て白布を巻き付け頂に御幣を付け周囲に錦襴十二

平良文の前に現れる妙見菩薩　『下総国千葉郷妙見寺大縁起絵巻』より　相馬妙見歓喜寺蔵（非公開）・福島県立博物館寄託

段染めの幕を張りめぐらし底には六個の車玉を付けていた。二つの舟は神輿を送って海中まで行き、神輿より先に上がって共に神輿の還御を待ち合わせたという。現在、千葉神社の祭礼に結城舟は出ない。結城舟については、栄福寺（千葉市若葉区）蔵の「絵巻」に「結城の御舟は、天福元年七月二十日に始まるなり。時胤の御代なり。御浜下りの御舟なり」と書かれている。「抜粋」にも同様の記述があるが舟は書かれていない。いろいろな絵に満ちている絵巻にも、船は描かれていない。

「栗栖《くるす》郷《ごう》妙見《みょうけん》大《だい》菩薩《ぼさつ》縁起《えんぎ》」（岐阜県郡上市・明建神社蔵／以下「栗栖縁起」）には、妙見の祭礼について「大治二年七月十六日より始れり、大船を車の上につくり、千葉の郷中を渡りて妙見寺大門の大庭にいたって、かの船の上にて舞拍（舞・音楽）をなせり、天福元年七月廿日結城の御船始れり、その儀式、始めの舟のごとし」とある。天福元年に始まった結城舟は、大治二年から行われていた車の上につくった大きな船の上で舞った祭礼のようだという。結城舟の起源が大治の昔に遡るというのである。縁起は他の絵巻を写していて絵はないが、詞書の中に「此所絵有（この所に絵あり）」と書かれ、基にした絵巻に絵があった場所を示す。「栗栖縁起」の妙見さまの場面で「此所《このところ》に御神体絵有（御神体の絵あり）尊体童形《そんたいどうぎょう》也、台座亀白蛇」と書かれており、台座は亀と蛇が一体化した四神のうちの玄武でご神体は童子形である。「絵巻」に十二神将とともに描かれる妙見さまの台座は蓮華で、「栗栖縁起」は「絵巻」の絵を参考にしたようではない。

福島県相馬市の歓喜寺は「下総国千葉郷北斗山妙見寺大縁起」（以下「妙見寺大縁起」）という絵巻を所蔵する。ここに描かれた妙見さまの台座は首が長い亀で、後ろに白蛇がわずかに見え「栗栖縁起」の詞書に書かれた妙見さまの台座と同じである。「妙見寺大縁起」の妙見さまの祭礼場面には、祇園祭りの山車《だし》のように豪華な二隻の舟が描かれていた。先頭の舟の上には鶴の作り物が見え，神事らしい厳粛さ，祭りらしい華やかさが見える。絵巻のある歓喜寺は、平安時代に藤原氏一族の行方氏が奥州行方郡大井に精《しょう》舎《じゃ》を建立したのに始まる。千葉氏一族の相馬重胤が元亨三年（一三二三）に下総から奥州行方郡太田に移住し、嘉暦三年（一三二六）同郡小高に移った時、妙見菩薩を小高に勧請した。さらに相馬氏は慶長十六年（一六六一）、中村城に移住すると城内に妙見堂を建立し御神体を移した。

千葉県内の妙見菩薩像

山武市・個人蔵の妙見菩薩懸仏《かけぼとけ》は、鏡板《きょうばん》裏面に「正安元年（一二九九）七月□日／藤原末友」との陰《いん》刻銘《こくめい》があり、鎌倉時代の制作であることがわかる点で貴重である。径は四〇・〇センチ、像高は一五・二センチの銅造で、本尊の妙見菩薩像と鏡板を共鋳《きょうちゅう》し、さらに台座等もすべて同鋳《どうちゅう》で造り出す。鎧を身に付け長い髪を結わない披髪《ひはつ》で、第二・三指のみを伸ばす刀印、亀蛇《きだ》を現わした台座に腰掛けた倚像《いぞう》という特徴がある。これらは仏教・道教・陰陽道等の信仰が混淆し、千葉妙見特有の像容になったと考えられる。

銚子市岡野台の堀内神社の妙見菩薩像は御神躰《みしょうたい》として祀られ、長い間人々の目にふれることはなかった。地元の有志によって、妙見さまに光が当てられたのは平成六年のことである。この妙見さまの玄武の台座には建武二年（一三三五）と書かれていて、山武市の個人蔵で正安元年（一二九九）銘の懸仏《かけぼとけ》の妙見さまに次いで、年号の分かる妙見さまとしては県内で二番目に古い。

像の表面には所々に微かに色が残り、もとは美しい彩色がなされていたことを示すが、今はほとんど剥落し木目が表れている。蛇が亀に巻き付く玄武座に立つが、蛇は頭を持ち上げている。妙見さまは右手で下向きに剣をとるが、現在、剣は刀身を欠き柄が右手の第五指の上に見えるだけだが、手の形から妙見さまが剣を下げていたことは確かである。武神としての妙見さまに剣は不可欠である。県内には匝瑳《そうさ》市の飯高寺の妙見さまのように剣を下に向けた妙見像もあるが、剣を上に向けた像が多い。堀内神社の妙見さまは刀身を亡失しているとはいえ、右手ははっきりと下を向けていることを示す。しかも、眉を寄せて怒った姿は剣によって下のものを押さえ付けるかのようである。

木造妙見菩薩像　千葉県銚子市・堀内神社蔵

全国では、大阪府の能勢妙見山や

熊本県八代市の八代神社のように、多くの妙見さまが道教の鎮宅霊符神《ちんたくれいふしん》を起源と伝える。鎮宅霊符神とは、地鎮祭と同じように土地を鎮める功徳を持った神である。堀内神社の妙見さまは、剣を持って大地の霊を押さえようとしているようで、千葉氏の敵として滅びていった人々の怨霊を鎮めようとしているかのようである。堀内神社は、当地に勢力を持った千葉氏一族の海上氏が妙見さまを信仰し祀ったものと伝える。堀内神社の像は、胸に「十曜」の紋章を付ける。千葉氏の家紋は「月星紋」「九曜紋」といわれてきたが、岐阜県郡上市の明建神社の妙見さまの社の紋は十曜であり、江戸時代には十曜紋が使われたという記録も残っている。

妙見を祀る社寺

海隣寺（佐倉市）は、その名にふさわしい伝承を持つ。治承三年（一一七九）に千葉常胤と一族が海辺で月を見ていると、海上に不思議な光が見えたので網を入れると、金色の阿弥陀如来を得た。そのため馬《ま》加《くわり》（現在の千葉市花見川区）に海隣寺を建立し、この像を安置した。その後、同寺は胤直を滅ぼし千葉宗家を継いだ馬加康胤により佐倉に移されたが、現在地に移る以前は本佐倉城の近くにあったという。初めは真言宗であったが、千葉貞胤が一遍に帰依して時宗に改めた。時宗が武士をひきつけたのは、殺生の罪を犯さざるをえない武士が極楽往生を手中にできたことがある。有力武士たちは僧を戦場に連れて行き、討ち死にするような場合には、その場で念仏を授けてもらって往生を期した。楠木正成が千早城に攻められた時には、二百人もの僧を連れていたという。また、治療ができる者が多かったのも武士をひきつけたといわれる。貞胤は鎌倉末期の千葉氏の当主だが、時代は世情が不安定のみでなく分裂の危機に陥っており、貞胤も時宗に救いを求めたのだろう。海隣寺の墓地には天文十五年（一五四六）、弘治三年（一五五七）、天正十三年（一五八五）の千葉氏累代の五輪塔や宝篋印塔《ほうきょういんとう》がある。

勝胤寺（佐倉市）は、戦国時代の当主千葉介勝胤が享禄元年（一五二八）に建立した曹洞宗の寺院。寺に伝わる「千葉石」は、忠頼が誕生する時に月星の模様がある石が天から落ち、これが天皇の耳に入って「千葉石」と名付けられたという（「千葉大系図」など）。千葉石は模様が月星のようであることに由来し、隕石とは考えられないが、天から落ちてきた石という霊石降臨伝説がある。これと同様の伝承が、香取市の樹林寺に月天石として伝わる。さらに、佐倉城にいた将門と天女の間に三人の子がいたが、天に帰った天女は子供を懐かしく思い、月と星の模様のある石に文を三通結び付けて天から降らせたという（「総州久留里軍記」）。千葉妙見は種々の神仏に結び付くが、「絵巻」などには千葉妙見宮（現、千葉神社）の境内末社に石神があることが記されている。

妙見神社（松戸市紙敷）は字妙見下にあり、天御中主命が祭神である。二月十五日に「ちんころビシャ」というシンコ作りの犬を奉納するが、この行事は四〇軒を三組に分けたうちの一組が一年交替で当番になり行われる。行事は、当番のヤドが神棚に祀る「妙見神社」と書かれた掛軸を掛ける。妙見下という字名が示すように古来の妙見信仰が現代にも生き続けている。妙見神社には妙見さまが祀られているが、その台座の亀に二匹の蛇が乗っている。妙見さまの台座によく見られる玄武だが、玄武は亀と蛇が一緒になった姿で表されている。通常、亀と蛇は一匹ずつで亀だけの場合もあるが、二匹の蛇が向かい合うのは珍しい。妙見さまの頭部に月星紋を象った冠が付けられ、千葉氏との関連を思わせる。冠が兜の鍬形のようにみえるのは、妙見が武士団・千葉氏の守護神であるからだろうか。この妙見さまは戦後まもなく、一度盗まれたことがあるという。外国に持ち出される寸前に警察から連絡があり、無事に神社に戻った。千葉の妙見さまも、千葉寺の宮から千葉の堀内に移される途中に盗まれ池田の田に隠されたが、金剛授寺の住職・宥覚《ゆうかく》に居所を告げて掘り出され、千葉の主殿に移された（「絵巻」など）という。千葉妙見は初め平将門についたが、将門が正直でなくなると千葉氏の始祖である平良文を加護したという（「源平闘諍録」）。妙見さまは、加護すべき人物、祀られる場所を定め移動なさっているようである。

飯岡町（現、旭市）の海津見《わたつみ》神社について、『飯岡町史』に「平松八幡は男神、下永井妙見は女神で子年は八幡が妙見に、未年は妙見が八幡に会いに行くといわれ、妙見さまの十三年目の祭りとして五日間にわたり盛大に行われていた」と記されている。妙見と八幡の関わりを示す貴重な事例だが、残念ながら現在は行われていない。下永井妙見が現在、豊玉姫を祭神とする海津見神社となった。神社明細帳をみても境内神社は阿夫利神社と八雲神社のみで、妙見はない。しかし、北斗七星を刻んだ常夜燈や拝殿の九曜紋は千葉妙見を象徴する。下永井妙見は神仏分離で海津見神社になったが、海を見渡す高台の海津見神社に立つと、人々に海神として祀られていた社であったが、妙見を守護神とする千葉氏の支配がこの地に及ぶに至って妙見と呼ばれるようになったように思えてくる。北極星の化身の妙見は、海人に航路を示す功徳があり、土地の人々は妙見を信仰することに抵抗はなかったであろう。海津見神社の境内神社には、牛頭天王信仰の八雲神社があり、現在は飯岡の祇園祭りが七月十五日近くの日曜日に行われる。

旭市飯岡の富岡神社は数十段の石段の上に鎮座する。石段を登り切った場所に社殿があり、背後にはあたかも社殿を守るように飯岡層が壁のように立ちはだかっている。富岡神社は建御名方命《たけみなかたのみこと》を祀っている。建御名方命は、長野県の官幣大社《かんぺいたいしゃ》諏訪大社をはじめ全国の諏訪神社の祭神であって、妙見さまを示すものではない。神仏分離前、富岡神社は妙見さまといわれ、『海上郡誌』は富岡神社について「建久三年五月千葉介常胤の建立にして妙見大菩薩と称えしが、明治初年富岡神社と改称す」と記す。現在、富岡神社の祭礼は妙見さまと違う正月十日に奉納される。土地の人々は、富岡神社となった現在も親しみを込めて「妙見さま」と呼んでいる。千葉氏の妙見は、長い歴史の中で土地の人々から信仰され、大きな影響を及ぼしている。

飯岡漁港の北方台地の麓に海津見神社がある。祭神は豊玉姫で、神社明細帳に境内末社として阿夫利《あふり》神社と八雲神社が記載されている。しかし、常夜灯には北斗七星が刻まれ、拝殿には九曜紋が付いていた。さらに、当社の神仏習合の頃の別当寺は妙見山長徳寺であった。海津見神社は、千葉一族の海上氏が祀った下永井の妙見さまだったのである。今は神仏分離で海津見神社になったが、北極星の化身である妙見さまは海人に航路を示す功徳があり、土地の人々から妙見さまとして信仰されている。

君津市浦田の久留里神社は、平忠常が勧請した細田妙見を建久三年（一一九二）、源頼朝の命で千葉常胤の息子の胤頼が移したことに始まる。久留里の祭りは七月二十一日・二十二日に執り行われる。二十一日は各町内の四台の山車の引き回しが行われるが、これは君津市久留里市場にある神明社の境内末社、八坂神社の祭りである。大正時代に電線が普及したため山車に人形は付けられなくなったが、かつては八犬伝や神武天皇などが付いて華やかだったという。二十二日は久留里神社の祭りで、神事が終了したあと、午前中は第一渡御で自動車に神輿を積み氏子総代などが同乗して回る。午後は第二渡御で、神輿を市場四町に限って担いで回るが、八坂神社も神輿を出してさまざまな団体が担ぎ手として加わる。この二日間の祭りは、二十一日の八坂神社の祭りでも、国道が開通する前は山車が久留里神社に集まったというように、八坂さまと妙見さまの祭りなのである。君津市周辺では八坂さまの信仰が強く、千葉氏の妙見信仰が力を持ってきても山車を特徴とする祇園祭（八坂さまの祭り）が妙見さまの祭りとともに行われていたのであろう。

君津市の海抜六十数メートルの人見山山上に人見神社がある。天御中主命・高皇産霊命・神皇産霊命が祀られている。天御中主命が妙見さまで、人見神社は二総六妙見の一つとして知られていた。人見山上からは、東京湾や君津の工業地帯、富士山も鮮明に見える。ここでは富士山が自然に信仰されているが、江戸時代の下町ではこの人見山を仰いで信仰していた。『君津町誌』に「平忠頼は上総介になると青蓮寺の裏山（人見山）に妙見を移し祀ったが、妙見さまの隣のお堂には忠頼の父、良文が観音として祀られていた。その後勧請された各地の妙見の周辺には、観音を併祀している（要約）」とある。今も神社の右手に観音堂があり、香取市樹林寺の夕顔観音となったという良文の伝承を偲ばせる。人見神社の境内末社は七つあるが、琴平神社・厳島神社は水の神、風神社は風の神である。

かつてこの地方は漁師が多く、人見の山が海上交通には欠くことのできないアテ（目標）の役割を担っていた。江戸時代に、琴平神社の祭神である金毘羅さまは航海の安全を守る神として信仰されていた。水や風の神も航海にとって重要であることは言うまでもない。千葉氏が関東で覇権を握る以前、海人や牧人たちが方角を知る上で必要な北極星や北斗七星に対する信仰が渡来人を中心に関東に広まっていた。これを仮に原妙見信仰と名付け、この信仰に八幡や天神・牛頭天王・平将門に対する信仰が複雑に付加され、千葉氏の妙見信仰になったと考えられる。

千葉県内の妙見・牛頭天王・八幡の分布を調べると、市原市・茂原市・君津市周辺の上総地方に牛頭天王と八幡が多く祀られている。天神の分布については、菅原孝標が上総介だったので菅原道真を神と崇める天神信仰が上総で盛んであったと思われる。元来、上総氏は牛頭天王や八幡・天神を信仰していた。そして千葉氏は、上総氏が滅びるとその所領のほとんどを継承しているが、上総氏が信仰していた神仏を守るような形で妙見信仰に変えていった。千葉氏の時代になっても、上総氏の信仰の影響が強かった地域では妙見さま以前の信仰を切り離すことはできなかった。

妙見さま・大黒さま

「紙本著色千葉妙見大縁起絵巻」（千葉市若葉区・栄福寺蔵）には大黒さまが描かれているが、妙見さまと大黒さまの関係はよくわからない。大黒さまは大きな袋を肩にかけニコニコした姿が一般的だが、明寿院の大黒天像（滋賀県愛知郡愛荘町・平安後期作）は鎧をつけ左手に宝棒を持っており、福神としての大黒さまとはだいぶ違っている。大黒さまはインドではシヴァ神の化身、マハカーラという戦いの神であった。日本では僧侶の妻を「大黒さん」と呼ぶが、これは僧侶の妻が食事を取り仕切っているからだろう。大黒さまを厨房の神として祀るのはインドや中国にもみられるが、日本では最澄が比叡山の厨房に初めて祀ったと伝える。平安時代後半に大黒さまは食糧や財福の神という性格を強めるが、その傾向を一層推し進めたのは神仏習合の考え方だった。大国主命《おおくにぬしのみこと》は天孫に国を譲ったとされる出雲神話の神で、須佐之男命《すさのおのみこと》の子や五世・六世の孫とされている。大国主命と大黒さまは大国主命の大国が「だいこく」と読めることから同一視されるようになり、近世の七福神の隆盛で日本の庶民に深く信仰されていくのである。太極—太極柱—大黒柱と発展して、大黒さまに太極の要素が加わったと考えられる。

「太極」の字を使った言葉には太極殿がある。太極殿は天皇が賀正や即位など国家の大礼を行う場である。太極は「史記」によれば、中国古代哲学で宇宙の中心を示し、天文学的には北極星になぞらえている。天では北極星が中心であるように、天皇は地上の中心にあり政事を太極殿で執ったとされる。このように考えると、北というキーワードで妙見さまと大黒さまがつながっていくのである。ネズミは米を食べても怒られないのは、大黒さまがネズミに助けられたという故事による。ネズミは十二支では子で、十二支を方角に当てはめると、北方を占めるのは亥・子・丑で、子はその中央であり正北を示す。大黒さまの祭りは子祭りといわれ、十月十日や年間六回巡ってくる甲子などがあるが、大黒さまの祭日は子に集中している。これは子が北をあらわしているからであろう。

八幡さま

千葉氏と源氏は、千葉常胤が頼朝から「第二の父と思う」と言われたほど親密であったが、頼朝・常胤以前より千葉氏は源氏と深い関係があった。千葉氏の先祖である平忠常が起こした乱で、反逆者である忠常の子は本来なら許されないはずが、乱の調停者であった源頼信のおかげで存続することができた。この時から深く結びついていたのである。源氏の氏神の八幡は、源氏と関係深かった千葉氏に影響を与えたのであろう。千葉氏の妙見と源氏の八幡は、ともに一族で信仰したが、両者の信仰に関わる説話には多くの共通点がある。八幡太郎義家の出生由来は、父頼義が八幡さまのお告げで剣と義家を授かり、石清水八幡宮で元服させた時に八幡太郎義家と号したとある。千葉氏では、良文の母が日月星に祈って良文が授かったという（「妙見実録千集記」）。

宇佐八幡宮は宮をつけられた数少ない神社だが、その中央に祀られる比売大神には脇殿として北辰神社がある。八幡は北辰の日本的表現であり、比売大神とともに祀られていた。仏教と習合した段階で大菩薩となり、一方では応神天皇の神霊とも言われた。北辰信仰は平安時代にしばしば禁じられたこともあり、北辰と応神天皇を一体化するのは極めて都合が悪く、八幡＝応神天皇と北辰を切り離すが、北辰を捨て去ることはできなかった。

元来、仏教はヒンズー教の神々を取り込んで多くの菩薩や明王等を生み出した。日本でも仏教が伝来した時から神と仏の調和について考えられたが、妙見信仰も八幡信仰も菩薩という尊称が付きながら純然たる仏ではなかった。土地の固有信仰に外来宗教の影響で、神道・仏教・道教などが融合して成立した信仰といえる。八幡信仰と妙見信仰には共通点が多い。八幡信仰は宇佐の八幡宮に始まった信仰で、古来、宇佐平野では社殿のない聖地で祭祀が行われていた。朝鮮系渡来人が弥生時代末期に彼らの信仰を伝えた。

祭りは多くの幡に囲まれた祭場でシャーマニズムの託宣《たくせん》を行ない、この神をヤハタ神と呼んでいたらしい。「妙見寺大縁起」には、八幡宮が常胤によって養和元年に建てられ、頼朝寄進の太刀と幡が納められていたとある。先述のように、常胤や頼朝以前から千葉氏と源氏は深い関係にあった。源氏の氏神・八幡は、千葉氏にも尊崇されていたことは想像に難くない。

「絵巻」には、結城浜合戦での成胤の働きを誉めた頼朝より千田を下されたとある。その後、頼朝は千葉の妙見菩薩へ参詣し、神馬《しんめ》・御幡《みはた》・御太刀を寄進、次いで「当所八幡宮において御幡を祝い給う」のであった。頼朝が参詣した時期は、結城浜合戦が終ってさほど時間が経過していない治承四年（一一八〇）九月二十日で、養和元年（一一八一）正月十五日に常胤が建てた八幡宮ではなく、「当所の八幡宮」という表現から当所、つまり千葉に元々あった八幡宮と推測できる。この八幡宮は、東禅寺《とうぜんじ》（千葉市中央区亥鼻）の元徳三年（一三三一）の鐘の銘文（金剛山東禅寺の梵鐘銘并序）によると、「亥鼻の東禅寺は千葉寺の北で八幡宮の南」。ということは、千葉寺・東禅寺の位置から推測すると八幡宮は東禅寺より北になる。「当所」とは千葉庄という広い地域ではなく妙見宮周辺、もしくは妙見宮の境内と考えられる。八幡は、常胤・頼朝以前から千葉で広く信仰されていたのであろう。

なお、奥州市水沢区黒石の千葉家は千葉氏の子孫で、現在の当主は千葉から移り住んでいる。慶長五年（一六〇〇）建立の同家の住宅門は県指定文化財になっている名家である。千葉家は、氏神として屋敷内に八幡を祀っている。

妙見と牛頭天王の関係

武士団である千葉氏の守護神は武神であることが求められるが、「妙見菩薩神呪経」に説かれる妙見の功徳は穀米豊熟・守護国土・除死定生などである。除死定生にしても、戦死はしなくても戦勝神とは言いがたく、妙見が武神となるには強いパワーを持った神仏と習合する必要があった。

妙見は、越後の城氏が呪詛《じゅそ》の本尊とした（『吾妻鏡』）とあるように御霊神として信仰された例もあるが、千葉県内の妙見の周辺には天神や将門など御霊神が多い。御霊信仰は恨みをのんで死んでいった冤罪者たちが怨霊となって祟るとの考え方で成立したが、日本では陰陽道などの星の神と結びついていった。千葉氏の周辺の御霊神に牛頭天王《ごずてんのう》がある。千葉氏は五つの守護神の一つとして「堀内」という一族にとって重要な場所に牛頭天王を祀った。牛頭天王はその祟りは強いが、逆にこれを祀ると災厄を免れるという厄除けを願って須佐之男命と習合したが、これによって牛頭天王は国家的地位を得た。

千葉神社に関する文書に、厄除け・家門繁栄の護符と考えられる「用途物」の図が書かれた「書き付け」がある。これを見ると「素戔嗚尊《すさのおのみこと》」「天御中主大神《あめのみなかぬしだいじん》」と書かれている。「天御中主大神」とは妙見、「素戔嗚尊」は牛頭天王である。これは、千葉妙見の妙見と牛頭天王の関係の深さを示す。

将門信仰は、将門の武勇崇拝と怨霊のエネルギーによる守護を願う信仰になったが、将門の鎮魂のために信仰されたのは妙見と牛頭天王であろう。将門信仰、牛頭天王信仰が習合しているが、妙見に将門の武勇と牛頭天王の御霊の神格が付加したのは武士団千葉氏にとって重要である。牛頭天王は激しいパワーはあっても怨霊や祟りは一族の守護神には相応しくない。千葉妙見にとって武神としての神格を付加するために将門信仰は是非とも必要であった。牛頭天王は御霊神であっても武神ではないが、妙見以上に将門と共通性が高い牛頭天王を介在させることで妙見・牛頭天王・将門の三者は習合した。妙見は、将門の武神としての功徳と牛頭天王のパワーを身に付けることで、千葉氏の守護神として完全になったのである。

千葉氏の信仰と堀内牛頭天王

安永二年（一七七三）の造営銘がある「牛頭天王」碑には、「大治元丙午六月朔日平常重代」と書かれている。大治元年（一一二六）は、千葉常重が千葉市内の大椎から同市中央区亥鼻の地に城を移した千葉開府の年で、平常重とは源頼朝に信頼された千葉常胤の父である。常重の時代は、造営銘の安永二年を遡ること六五〇年余りだが、その時代にも千葉の人々は千葉氏を忘れずこのような碑を建てたのであろう。

堀内牛頭天王は「絵巻」などで、千葉の守護神として曽場《そば》鷹大明神《たかだいみょうじん》・結城の神明・御達報《ごたっぽ》稲荷大明神・千葉寺の瀧蔵権現《りゅうぞうごんげん》とともに挙げられている。これらの神仏は千葉の街を囲むように守護しており、千葉氏は陰陽道などの影響のもと、領域全域の安穏息災のために意義ある方位に守護の神仏を勧請した。

千葉氏は守護神のほか、弓箭神《きゅうせんしん》として妙見大菩薩・八幡《はちまん》・摩利支天《まりしてん》を信仰したが、千葉氏の嫡男の元服に際して八幡・摩利支天・天神、千葉寺の瀧蔵権現へ各百疋、御達報稲荷へは五十疋の鳥目が与えられている（「抜粋」）。しかし、千葉の守護神とされた神仏のうち曽場鷹大明神、結城神明とともに堀内牛頭天王には鳥目が与えられていない。元来、同格であった五柱の守護神と三柱の弓箭神は、千葉氏の信仰が妙見中心となると、それ以外の諸神が次第に妙見宮の摂社末社として系列化される。

「千集記」は著者も著作年代も不明だが、内容の類似性などによって「抜粋」を基に製作されたと考えられる文献である。「千集記」では「堀内牛頭天王」の所在地は「井の花の内に有」と書かれている。「井の花」とは現在の千葉市中央区亥鼻を指すので、「千集記」の堀内牛頭天王は現在の「七天王塚」周辺にあったのだろう。正徳五年（一七一五）の著作「総葉概録」に摂社は見えないが、安永九年（一七八〇）以後の成立とされる「千集記」の勧請末社に牛頭天王が見出せるのは、牛頭天王が安永二年に現在の七天王塚の形で祀られたためであろう。「堀内牛頭天王」は七天王塚の中の一つであり、その塚を中心に六つの塚を追加して七天王塚とした。または、七天王塚は北斗七星を象徴してつくられ、北極星を象徴する塚がほかにあって、その塚こそが堀内牛頭天王だったのではなかろうか。

七天王塚

千葉大学医学部周辺に「七天王塚」と呼ばれる古い塚が点在する。これらは地元の人たちから災厄を除く神として今も信仰されているが、七天王塚には千葉氏の七家臣の墓、または七兄弟の墓、あるいは平将門とその六人の影武者の墓という伝承もある。塚は、千葉氏が信仰した妙見菩薩を象徴した北斗七星の形とも言われるが、航空写真を見ても北斗七星の形にはみえない。しかし、大阪府の観心寺にある空海が勧請した北斗七星と伝える星塚にしても、北斗七星の形には並んでいない。北斗七星を象徴する場合、七という聖数に意味があり形は関係ないとすれば、七天王塚が千葉氏の妙見信仰との関係でつくられたとしても不思議ではない。七天王塚は現在、千葉大学医学部周辺にあり、いずれも小円墳を思わせる場所に石碑と樹木が献納されている。石碑の題銘は風化してわからないが、「奉納」と刻まれているもの以外は「七天王・

七天王塚　千葉市中央区

牛頭天王」と書かれている。「抜粋」には「千葉の守護神は曽場鷹大明神・堀内牛頭天皇・結城の神明・御達報の稲荷大明神・千葉寺の瀧蔵権現」とあり、千葉氏は堀内という一族にとって重要な場所に牛頭天王を祀っていたことがわかる。

千葉妙見の本地は薬師（七仏薬師）と十一面観音だが、この二つの本地は牛頭天王の本地の薬師如来、その妻である頗梨妻女の本地の十一面観音と同じで、これも牛頭天王と千葉妙見の深い関係を示す。「妙見実録千集記」に、妙見は最初は将門を守護し後に千葉氏に移ったとされており、将門と千葉妙見の深い関係が窺える。七天王塚を将門とその影武者の墓とする伝承からも、将門信仰と妙見信仰・牛頭天王信仰は三者が習合した形で成立したのだろう。七天王塚は人々から災厄を除く神として信仰される反面、祟り伝説が存在する。その「祟り」とは、塚の木を切ると悪いことが起きるというもので、そのため、現代でも木が大きくなって工事などの邪魔になっても、誰一人、木の枝を切ろうとはしないのである。

将門に対する信仰

将門は「平家物語」で「平親王」と書かれてからその表記が一般的になったが、「将門記」では、八幡大菩薩の神託が下って「親皇」と称している。「三宝絵詞《さんぼうえことば》」には、先世の親の功徳で「天王」となった将門は悪人の統率者として日本国に派遣されたとある。将門は四天王の北方天であり、生来の謀反の輩を降伏させるために仮現したとする説もある。千葉氏の先祖と千葉妙見に貢献した人物七人を祀った千葉妙見宮の境内末社、惣代七社大明神に将門も入っていることからも、千葉妙見に将門が重要視されていたことがわかる。「源平闘諍録」の良文が将門の養子となることは、最初に将門を加護した妙見が良文に渡ったという説話を正当化させ、妙見に将門の武神としての神格を付加するために必要であったのである。そのため、千葉氏が常識的には矛盾した良文が甥の将門の養子になるという説話をつくらざるをえなかった。

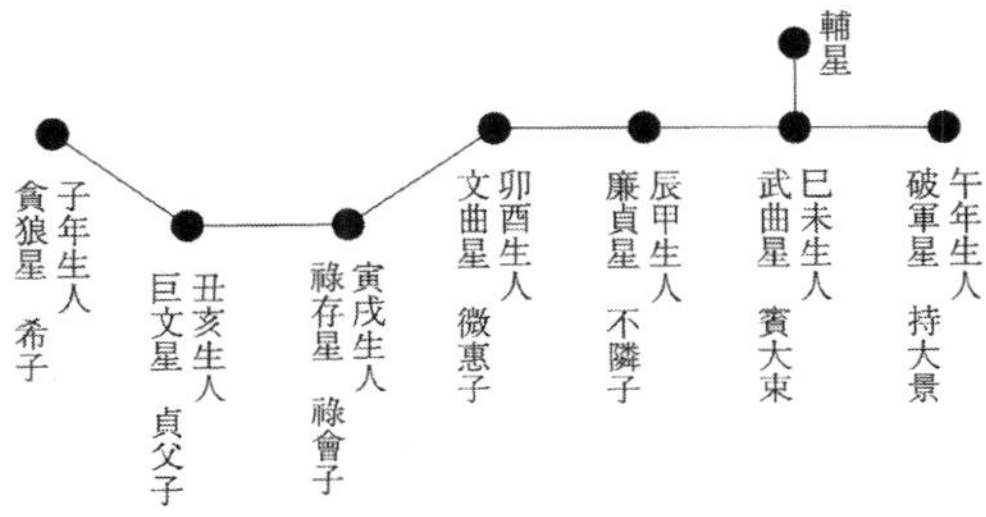

北斗七星図　北斗七星信仰は密教と陰陽道が両輪となって朝野に広めた。陰陽道の属星祭に対し、密教では北斗供などが行われたが、いずれも道教と習合した中国密教の影響を色濃く受け継いでいる（『別尊雜記』大正蔵・図像部６）

妙見が蚕飼河《こかいがわ》で将門を守護したことを千葉氏の妙見信仰の起源として、将門の子孫が妙見の加護を受けるという論理のなかで、将門の伯父であったため妙見の加護をうける資格がなかった千葉氏の始祖・良文は、将門の養子になることで、この資格を得たと信じさせようとしたのだろう。「源平闘諍録」の将門と常兼が、蚕飼河で合戦した時に将門を妙見が守護し、後に妙見が将門から千葉氏の始祖である良文へ移ったという伝承であったが、「絵巻」などで将門・良文が国香と合戦した時に将門・良文の二人を妙見が守護したと変化するのは、千葉妙見における将門の重要性が低くなってきたことを示すともいえる。

御霊信仰

御霊信仰《ごりょうしんこう》は元来、死者、特に非業の死を遂げた者の霊を恐れたことに始まるが、最初は怨霊の祟りを恐れていたものが、霊を宥《なだ》め、霊を味方に付け、厄除け・幸運を祈るようになっていく。

将門の乱は地方が中央に対抗した画期的な出来事で、その後も将門の乱の宗教的バックボーンである八幡・菅原道真の霊とともに忘れられることはなかった。元来、王権に反逆する神だった天神・牛頭天王は、その荒霊を和らげて王権を支える神となり、八幡は王権サイドであったが、後に反王権勢力を背後から支える面を持った。将門と天神はスサノオ的機能を持つ代表的キャラクターだが、将門には天神・菅原道真の生まれ変わりとする説がある。道真の霊による祟りは彼の冤罪に始まっているので、天神を恐れたのは始めは宮廷貴族で、社会全体にインパクトを与えるのは社会的に不安定だった天慶年間だ。将門の乱の平定後、律令国家体制が崩壊していくなかで社会的不安が生まれ、人々は宗教に不安の解消を求めた。さらに将門の死後、まもなく彼の怨霊に対する恐れが御霊信仰になり、鎮魂の必要が叫ばれた天慶四年（九四一）、道賢上人が道真の霊に会ったという「道賢上人冥途記《どうけんしょうにんめいどき》」が著された。

将門の御霊は、その後も恐れられて鎮魂がなされるが、パワフルな御霊神の天神はたび重なる朝廷との接触によって、アンチ王権の程度を弱めていく。人々は、同じ人神であり御霊の程度を弱めた天神に、なかなか怒りを鎮めない将門の鎮魂の功徳を求めようとはしなかった。そして将門の鎮魂には天神でなく、特定の冤罪者《えんざいしゃ》に結び付かない外来の神である牛頭天王が考えられた。千葉氏の妙見信仰が普及した時、もともと八幡・天神を信仰していた人たちに素直に受け入れられたのではなかろうか。

【宝幢院】「抜粋」には、明治初年まで妙見寺住職の隠居寺、法東院（宝幢院《ほうどういん》）について書かれている。金剛授寺の覚算和尚三世宥覚が、保延三年に宝幢院を建てて聖霊に水を手向けたのに始まり、本尊は阿弥陀如来。十世快覚の時に一時退転したのを、金剛授寺の十四世覚胤（千葉勝胤の九男）が中興開山したとする。このことは、ほかの千葉妙見関係史料には書かれていない。その後、本尊を如意輪観音とし、新義真言宗豊山派本山長谷寺の末寺となるが、如意輪観音は千葉妙見の本地を考える上で興味深い。

【大日寺】　新義真言宗豊山派の寺院、大日寺は大日如来を本尊とする。現在は千葉市稲毛区轟町にあるが、戦前は千葉神社の南に位置していた。大治元年（一一二六）、千葉常重が亥鼻の千葉城に移った時、大日寺を菩提寺と定めてから常兼以下、常重など一六代の墓碑が建立され今に続いた。境内には千葉常兼から胤直・胤将までの墓碑、および供養塔といわれる五輪塔がある。千葉氏は氏寺として千葉寺、祈願寺として北斗山金剛授寺尊光院（現、千葉神社）、そして菩提寺は大日寺と、各々の寺に異なった役割を持たせていた。

七仏薬師と羊妙見

「絵巻」上巻に北辰妙見尊星王は七仏薬師の一体分身とあり、また、七星山息災寺の本尊はある説では木像が七体あるが、そのなかの羊妙見大菩薩が染谷川の戦いで雲に乗って下り、良文の危機を救ったとある。さらに、羊妙見を勧請しようとした文次郎が息災寺の妙見七体のうち、どの神が染谷川で助けてくれたのか知るのに、矢を拾った時に足についた土でわかったという。「千集記」には「息災寺、七仏薬師の内、羊の妙見尊、今の千葉妙見尊也」とある。

さて、浅草の酉《とり》の市は鷲《おおとり》神社が有名であるが、江戸時代は本尊が鷲妙見大菩薩である長国寺と鷲神社が習合していた。大きな羽を広げた鷲の背に立つ姿は、まさに「鷲妙見」である。鷲神社の祭神は天日鷲命と日本武尊である。長国寺は寛永七年（一六三〇）の開山だが、登戸の妙見様といわれた千葉市中央区登戸の登渡神社の祭神に天日鷲命、千葉神社の祭神に日本武尊が入っており、登渡《とわたり》神社の建立が寛永二十一年（一六四四）と長国寺の開山の年に近いことがわかる。なお、長国寺の紋は月星紋である。

【乳母社】「千集記」に、乳母の社は仮屋の前にあって、乳母は井ノ花（亥鼻）の近所で甘酒を売っていた老女で、「妙見尊の乳母」といっていた。この老女は天人の羽衣を隠したと伝えられるが、上野国息災寺の境内にもこの乳母の先祖の古跡があると記される。「絵巻」にも神宮寺の側に乳母御廟の絵が描かれている。「千集記」の天人伝説は、妙見が天人に変化したとなっている。乳母と妙見の関係はいうまでもない。乳母の社は「絵巻」などに「千葉妙見の院内にあった」と書かれており、「絵巻」上巻の絵でも八幡宮の向かい側に描かれている。「絵巻」下巻に、応仁元年（一四六七）の火事で失われた御輿・御正体は昔のようにつくったが、御堂は「仮屋」を立てたと記されている。「妙見寺大縁起」では「仮の神殿」を造立し、御輿等の神具を少々営んだとある。応仁元年の火事から天文十六年（一五四八）に妙見宮が造営されるまでの約八十年、この仮屋には妙見が祀られていた。「千集記」に「乳母の社は仮屋の前にある」

と書かれている。「絵巻」と「千集記」には、上野国染谷川の西の尿沢では、乳母が日照りに際して尿を垂れ、大洪水を起こして近辺を潤したという乳母に水神としての功徳を説く記述もある。いづれにしても、これらの乳母に関する記述は「絵巻」と「千集記」に見えるもので、乳母が天人の羽衣を隠して常将へ捧げ、天人は乳母に尋ねて常将と対面したと伝える。天人は妙見が変化したものなので、人々は乳母を「妙見尊の乳母」と呼んだという。この説話は、「千集記」にしかない。

【弁才天】「絵巻」の弁才天は、水辺に突き出した岩の上で、右手に剣、左手に宝珠を持った二臂像で鳥居が背後に描かれる。弁才天は弁財天とも表記されるが、財をもたらす福神の功徳を願う時は弁財天、音楽などの芸能の技量の向上を願う時は弁才天と書く。弁才天にはいろいろな姿があるが、浄瑠璃寺の板絵の弁才天像は八臂《はっぴ》で弓矢・羂索《けんさく》などの武器を持つ。弁財天の起源が、阿修羅を屈服させたインドの女神サラスバティーであることを表している。「絵巻」の弁才天も剣をもつが、武器が剣なのは妙見の持物との関連であろう。

八臂の弁財天とは別に、琵琶を持つ姿の妙音天がある。琵琶を持つ音楽の女神としての弁財天を示しており、仁和寺の妙音天が有名である。二臂の弁才天は音楽の神として信仰され、さらに美の神としての性格も加わっていくが、「絵巻」の弁才天も二臂の美形である。弁才天の異名であるこの妙音天は、妙音菩薩信仰として広まっていくが、妙見菩薩と妙音菩薩は音が非常に似ている。

「妙見寺大縁起」下巻は、千葉胤綱の逝去に際して妙見が示現したことを載せる。胤綱が三十一歳で病気で臨終の時、一族郎等が嘆き悲しんでいると妙見の神殿より金色の光が飛んで来て、胤綱の枕辺を飛んでいるうちに往生を遂げた。葬送の時には紫雲がたなびき、快い香りがして、虚空に音楽が聞こえるにおよんで人々は瑞奇の思いをした。また、千葉時胤の代の正月十五日に妙見の神殿の内陣に音楽が聞こえ、社僧・神官は不思議な思いをした。時胤も参詣し、国中の人を集めて賛嘆した。音楽は人の心を和げるので、昔から寺社朝廷は音楽を奏でた。人々は神殿に音楽が聞こえるのを妙見の示現として皆、喜びの涙を流したという。

千葉妙見は現在、千葉神社に天御中主命として祀られているが、伊勢神道では天御中主命を天水中主命と書いた記録がある。長谷寺の十一面観音の脇士である難陀龍王と雨宝童子は、名前からも水をもたらす功徳をもち、水との関わりが感じられる。千葉妙見は玄武に乗る姿で表されるが、玄武は四神の一つで蛇と亀がからみあった姿をした北方の守り神である。蛇と亀が水に関係深いことはいうまでもない。

金剛授寺は初め、四天王の中の毘沙門天を秘仏としていた。「絵巻」に描かれる四天とは、四天王のことであろう。四天王とは言うまでもなく東方を守る持国天、南方を守る増長天、西方を守る広目天、北方を守る多聞天の総称である。観音教寺（千葉県芝山町）にある嘉吉二年銘の宝塔造立の棟札には「護法四大天王」と書かれ、護法神としての四天王信仰を示している。また、九曜紋の下に四大天王と書かれた幟も残っている。四天王のうち多聞天は、独立して毘沙門天信仰として発展していく。毘沙門天を祀る鞍馬山では丑《うし》の刻《こく》詣りが行われ、平清盛が源氏調伏のため五丈の毘沙門天像をつくらせた（『吾妻鏡』）という。このように、毘沙門天は呪詛《じゅそ》に使われた。また、城四郎永用が妙見に源家を呪詛した話もあり、妙見も毘沙門天も同じように考えられたと思われる。「抜粋」には、忠常の元服に際し寺家秘訣の毘沙門天が妙見菩薩の代りに拝されたとある。

「絵巻」上巻に、息災寺には妙見の前立、不動・毘沙門があったが、毘沙門がなくなって今は不動のみがあると記されている。これは妙見の脇侍が不動・毘沙門であったことを示している。普通、妙見の眷属《けんぞく》は司命・司禄であるが、なぜ、不動・毘沙門になっているのだろうか。金剛授寺は当初、毘沙門天を秘仏として祀っていた。「吾妻鏡」に北条時政が伊豆に願成就院《がんじょうじゅいん》を建て、本尊である阿弥陀三尊の脇侍に不動二童子像と毘沙門天像を安置したことが出ているが、この三尊形式は東国出身の天台三代座主・円仁の影響と言われる。芝山町の観音教寺の十一面観音の脇侍も不動と毘沙門天で、房総にもこの三尊形式が普及していたことがわかる。阿弥陀の脇侍は一般的には観音と勢至だが、東国武士団には勇ましい不動と毘沙門天が好まれたのであろう。

十一面観音菩薩像

千葉妙見は、群馬県の息災寺から秩父を通って千葉に勧請されたと伝えるが、秩父の夜祭りで有名な秩父神社は妙見信仰で知られる。秩父神社は「神道集」に「秩父大菩薩」として記され、本地を毘沙門天王としている。いづれにしても、毘沙門天が武士社会に好んで信仰されたことは確かである。

香取信仰

千葉妙見が祀られた尊光院の境内地は昔、香取山と呼ばれたが，それはこの地に仁和元年（八八五）九月二十五日、村人により香取神社が勧請されたからだという。現在、院内公園近くの小さなお宮が経津主命を祀った香取神社である。江戸時代の妙見社の祭礼では、七月十六日に神輿への御魂移しの儀式の後、仁王門脇から香取神社に渡御して大庭の御仮屋へ安置する。二十日に御浜下りの行事、二十二日には裏町から市場町・表町を渡御して香取神社に寄り本社に還御《かんぎょ》するというように、地主神である香取社に対して敬意を払っていた。

香取信仰は、俗に香取・鹿島と呼び慣わされたように、鹿島信仰と一対で考えられた。聖冏《しょうげい》の「鹿島問答」によると、鹿島大明神の本地仏は十一面観音であるという。十一面観音に対する信仰が東国武士団に広がっていたのであろう。聖冏が最も大切に教育し、江戸で増上寺を開いた弟子に聖聡《しょうそう》がいる。聖冏は永徳三年（弘和三年・一三八三）十一月、千葉氏胤の招きで千葉に来て念仏の教えを説いた。この滞在中、氏胤の子で家督相続の争いに破れ出家していた徳寿丸が弟子になった。この徳寿丸が聖聡である。聖聡は聖冏に命じられて諸国へ勉学の旅に出たが、武蔵国豊島郡貝塚（東京都港区）の真言宗光明寺に足をとどめ、寺を浄土宗に改め三縁山広度院増上寺とした。その後も、聖聡は増上寺の寺物の落慶供養に聖冏を招くなど、師弟の間にさまざまな交流があった。鹿島大明神の本地仏を十一面観音とする考えは、聖冏と聖聡の師弟関係から千葉氏にもたらされた。

さて、古事記や日本書紀には建御雷命《たけみかずちのみこと》・経津主命《ふつぬしのみこと》が悪い神である天津甕星《あまつみかぼし》を誅伐し、葦原中国《あしはらなかつくに》を平定しようとした時、斎主命《いわいぬしのみこと》は「東国の香取の地にいる」と書かれている。これによって香取神宮が星と結びつくことがわかるが、香取神宮の祭神は斎主命なので、悪神としての星の神・天津甕星を祀っているのではなく星の神を誅伐した側の神である。香取神宮では今でも一月十六日に「星鎮祭」という神事が行われる。本殿での祭の後、弓道場で二人づつ二回、合計四人で天津甕星を象徴した大的を射るのである。日本書紀の注釈書「釈日本紀」には、「経津主神は天の鎮神なり（中略）女は経津主を生む。是れを鎮星の精といふ」とあり、経津主神は土星とされている。

治承四年（一一八〇）、下総国の実質的な支配は千葉氏の掌中に納められ、後に香取神宮と深い関係を持つ事になる千田庄地頭職は千葉氏に与えられた。時代が進むと、香取社・香取社領に対して下総国守護の千葉氏一族の支配が拡大し、特に国分《こくぶ》氏は香取社地頭の地位を獲得して香取社の神官組織に対しても権限を強化していった。

石神大明神

石神とは奇石、石棒、石剣の類を神体として祀る。千葉氏と石との関係で有名なのは「千葉大系図」などにみられる勝胤寺（千葉県佐倉市）の千葉石の伝承だ。忠頼が誕生する時に月星の模様が入った石が天から落ちたが、このことが天皇の耳に入って「千葉石」と名付けられたという。「総州久留里軍記」には、佐倉城にいた将門と天女の間には三人の子がいたが、天に帰った天女は子供を懐かしく思って、月と星の模様のある石に文を三通結び付けて天から降らせたとある。妙見と石の関係は空海伝説にも窺える。弘仁十一年（八二〇）、空海が日光の八葉蓮華池近くで仏眼金輪の法を十七日間行うと、池の中から大小二つの白玉が出て「我は天補星である」といった。小さい玉を虚空蔵菩薩の本尊として祀ったのが小玉堂の起源で、大きいほうは妙見だったので中禅寺の妙見堂に祀られた。

千葉の守護神

千葉妙見の中心をなす尊光院は、千葉一族が代々座主になったが宗教的には素人だったので、千葉寺がその指導的立場にあった。しかし、千葉寺は妙見の祭祀に携わることはなかった。常兼以下十六代の墓碑が建立されていることからわかるように、千葉氏の菩提寺は大日寺であり、尊光院・千葉寺・大日寺の寺院の宗教上の分担が決まっていた。

千葉氏は、妙見を一族の守護神として信仰するのに多くの信仰的教義を取り入れ、千葉氏に都合のよい面を残し〝千葉妙見〟ともいうべき独自の信仰にしていった。千葉氏に都合のよい妙見信仰とは、武士団として戦勝・滅罪、刀に傷付けられないといった功徳だろうが、それ以外の功徳も移住した地域や武士団を取り込む過程で妙見と合うものは当然、残されたであろう。合戦の場合は、一つの命令のもとに行動することが必要だが、千葉氏は妙見信仰を独立した武士団を統制するのに利用した。「源平闘諍録」では妙見が嫡孫家《ちゃくそんけ》に伝わることを強調するが、千葉氏は鎌倉末期に早世者が続き惣領制が崩れがちであった。このような時に「源平闘諍録」がつくられたのは、妙見をもって一族を纏めようとしたからであろう。

「吾妻鏡」には妙見を呪詛の本尊としたという記述もあり、妙見の眷属の司命・司禄は人の生死を司る神であることから、妙見の延命の功徳が信仰の中心になる。さらに千葉妙見をめぐる神仏には、天神・八幡のように御霊信仰の対象になる神仏もある。将門信仰はそこにも共通点が認められる。御霊信仰の道真と将門は、道真の没年に将門が生まれたともいわれるように同一視されることがあった。将門の御霊の怒りを和らげるのに将門譚が生じるが、それを語る事ができたのは将門出自の千葉氏・相馬氏で、将門譚の一流は同氏に関連する念仏僧に管理されていたのではないか。

千葉妙見と水

千葉妙見をめぐる神仏は、水に縁が深い。弁才天などは水神として信仰されていることはいうまでもない。現在の千葉神社の祭神は天御中主命であるが、伊勢神道では天水中主命と書かれているように水に関係が深かった。妙見が乗る玄武も、五行思想では水にあたる北の守り神である。先述のように「千集記」に、上野国染谷川の西の尿沢で、大旱に乳母が尿を垂れて大洪水をおこし近辺を潤したとある。その時に「開毛八筋流し、息災寺に五筋、北斗山に三筋あって長さ七尋であった」と霊宝記にみえるが、これも落城に際して焼失したという。この説話は、乳母が「妙見尊の乳母」と呼ばれていることから、妙見の水神としての功徳を示している。「絵巻」が伝来した栄福寺に伝わる文政三年の古文書に「安貞二年五月八日旱魃に際して妙見に祈ると翌九日に雨が降ったので農民は喜んだ。この年は五穀が実らず、翌年、ほかの地域では餓死者も出たが、ここは妙見の霊験によって難を免れた」とある。妙見は水を恵む神・豊穣神として人々に信仰されているのである。千葉妙見の「だらだら祭り」は、千葉氏が滅びても江戸時代も盛んに行われ、現在でも千葉の鎮守として妙見を人々が崇めている。千葉妙見の中に、水神としての性格など人々に受け入れられやすい功徳があったからであろう。

女性神としての妙見

弁財天のうち、琵琶を持つ弁才天像は音楽の女神、美の神としての神格を持つことは先述した。

柏市大青田の妙見神社の拝殿には、「北辰妙見」と書かれた額が懸けられた石製の鳥居や、幣束を持った白い装束の女性がみえる社殿が描かれた扁額がある。画面左の社殿には、祈願している男性が横向きに描かれ、男性の先には妙見が祀られているようだ。社殿中央の白い装束の女性は幣束を持って座り、女性の後ろで二人の少年が楽器を奏でている。女性は妙見を祀る巫女と思われるが、現在の巫女の垂髪と違い遊女のような笄を挿しているのがおもしろい。社殿の白い幕には千葉氏家紋の九曜紋が付いている。この額が奉納されたのは天保十三年（一八四二）で、千葉氏との直接の関わりは考えられない。しかし、妙見―千葉氏―九曜紋という連想がこの時代の人々にあったたか、九曜紋が妙見の紋と考えられていたのだろう。この額は神楽をバックに女性が祈祷をし、境内に数人の参詣者がいることから祭礼風景を表しているようだ。参詣者は四人で男性が一人、女性が三人だが、女性のうち二人が赤ん坊をおぶっている。拝殿には明治に奉納された秩父参詣の絵馬も掲げられているが、六人の女性が拝んでいる姿が描かれ奉納者の名前も女性であり、大青田での女性の信仰の厚さが窺える。

大青田の妙見神社の妙見像は玉眼を嵌め込み彩色が施された立像で、その容貌は決して女性には見えない。しかし、大青田の人々はこの妙見を「亀に乗った姫宮様」といって信仰している。氏子の方々は、この妙見を女神と思っているようである。我孫子市根戸の北星神社、松戸市紙敷の妙見神社、柏市花野井の香取神社境内の妙見堂の妙見等は優しい女人形である。

像容が似る日本寺と妙典寺の妙見さま

多古町の日本寺の妙見社に、背面に「妙見大士」「宝永二年（一七〇五）八月吉祥日」という銘のある妙見が祀られている。穏やかな顔で彩色を施され、江戸時代になって一〇〇年余りの太平の時代にふさわしい女神の趣がある。通常、妙見の台座である玄武は亀と蛇が一緒だが、この妙見が乗っている亀に蛇はおらず、剣に絡みついている。そして、匝瑳市の妙典寺の本堂左側には、剣を下げ美しい彩色を施された妙見が祀られており、日本寺の妙見と顔・姿・着衣ともに非常に良く似ている。妙見が乗る玄武座には蛇は見あたらず、剣は妙見とは不釣合な棒状のもので後補と考えられるので、妙典寺の妙見の剣に当初は日本寺と同じように蛇が絡み付いていていたのだろう。

この二つの妙見の像容には共通点が多いが、髪形もまた近似する。妙典寺の妙見は平彫の髪だが、少女のように前髪を揃え、後ろの髪は撫で付けにして耳の後ろで少し広がって肩にかかり、先端が細くなりながら下に垂らしている。日本寺の妙見も、また髪を長く伸ばしている。この長い髪のために日本寺と妙典寺の妙見は優しい女神のように見える。

また、玄武に乗り剣を持った妙見が、千葉では一般的である。しかし、日蓮宗寺院に多く見られる能勢型の妙見や奈良県斑鳩町の法輪寺の妙見は、千葉妙見の像容とは大きく異なっていた。千葉妙見の独特な像容は中国の道教神である「真武神」の剣を持物とし、亀蛇を踏まえた図像に照応する。真武神の特徴に披髪・黒衣があるが、披髪とは伸ばした髪を束ねず下に垂らした髪形をいう。他地方の妙見と大きく異なる千葉妙見の特徴の一つである披髪は、長く伸ばした髪が通常の仏像や神像と異なる。そして長い髪が強く意識された時、人々は妙見を女性と感じたのではないか。長い髪には黒衣よりも華やかな装束と柔和な容貌がふさわしく思う人々が女神のような妙見像をつくり、像を拝した人々は女神としての功徳を期待し祈ったことだろう。このようにして千葉県内に柔和で女性的な妙見像が誕生し、女神として女性を中心に信仰されるようになったのではないか。

妙見と稲荷信仰・荼枳尼天

千葉妙見宮（現、千葉神社）の境内末社には稲荷が祀られていた、と文献にある。千葉氏の子孫とされる会津若松の「千葉家系図」に、氏神は十一面観音と稲荷大明神とある。そして旗紋は白地に紺の月星紋、指物紋は紺地に白の七つ星紋とあって妙見信仰を窺わせる。

稲荷は、インドでは人間の内臓を食べて空を飛び、望みを叶えさせる魔力を持ったダーキニーという神であったが、毘盧舎那仏《びるしゃなぶつ》によって良い神となり、仏教では荼吉尼天《だきにてん》と言われたという。荼吉尼天は人の心臓を取ると、その代わりに石や木の葉を入れておく術を知っていたとされるが、それはキツネが木の葉をお金の代わりにしたという昔話を彷彿とさせる。密教では、荼吉尼天は三人の鬼女が座っている姿に描かれ、そのうち一人は手足を食べている。人々は不思議な力を持つ荼吉尼天に救いを求めたであろうが、異様さのゆえか、その像はあまり知られていない。荼吉尼天は人の肝を食べると言われ、また、六ヶ月以前に人の死を予知する能力を与えられているが、殺害しないで死ぬのを待つともいう。

「絵巻」に描かれた稲荷は右手に剣を持った女性の姿で、目の前に二束の稲束が置かれている。稲荷は稲を荷なうと書くところから、稲に関連する農業神として信仰されていった。キツネは稲荷の神のお使いとされるが、平安時代に呪術者たちがキツネを媒介として、いろいろな術を行って活躍したことが「今昔物語」にみえる。近世には白いキツネに乗る荼吉尼天像を本尊とした信仰が盛んであった。この信仰は明治の神仏分離で「稲荷信仰」と呼ばれるようになる。稲荷社に奉納されているキツネの像は宝珠《ほうじゅ》を持つ姿が多いが、宝珠は火焔《かえん》の玉であり稲荷鳥居が赤く塗られているのも火焔の表現である。有名な豊川稲荷は、妙厳寺と称した初期に今川義元の庇護を得ていたように、武将と関係が深い曹洞宗の寺院である。奥の院の裏にある霊狐塚《れいこづか》には多くのキツネの像が納められ、稲荷とキツネの関係の深さを物語る。

稲荷のお使いであるキツネの長い尻尾の形は、瓠《ひさご》に似ている。瓠は酒や水を入れるの

ダキニ天像　名古屋市博物館蔵

に使われ、神仏に供える器となる。瓠を縦二つ割りにすれば斗つまり柄杓になるが、斗は北斗七星に相似する。斗は中国の星宿名だが、南斗・北斗・小斗があり、普通は北斗七星を指す。中国の古代哲学で唯一絶対の存在は混沌であり、易では「太極」といわれ、これが天文学と結びついた時は北極星となる。北斗七星は北極星のまわりを一年で正しく廻り、その剣先は一年で十二方位を指す。「千葉の妙見寺の孔雀の鳥が稲穂くわえて羽根ばたき」と唄われていたように、千葉氏滅亡後は豊穣神として人々に信仰された。

安産を祈る子安信仰と妙見さま

旭市江ヶ崎では、妙見を子安神とした。子安神は『海上郡誌』に「結婚した女性が集まって子安講を設け、毎月一回祈ったあと共食する。また、講員が妊娠すると皆で近村七ヶ所の観音を巡拝して安産を祈った」とある。観音はその慈悲の功徳や女性的なイメージからも子安講員が参拝するのにふさわしいが、十一面観音は千葉妙見の本地であり、七ヶ所というのも妙見が北斗七星の化身ということとの関連が想定できる。

千葉市花見川区畑町の櫛稲田姫《くしいなだひめ》を祭神とする子安神社は、明治二年の「御由緒書」によると常陸国の稲田神社から安産の神を村の鎮守として勧請したとある。境内には天御中主命を祭神とする妙見社があり、また、当初は千葉氏家臣の末裔で畑村の草分け的存在であった名主雑賀十郎左衛門宅の敷地に祠があったと伝える。さらに子安神社には、千葉常胤の息女が懐妊したが、臨月になってもその気配がなかったため、家臣が子安神社に安産祈願を行なうと馬加村（幕張）の磯辺で安産したという伝承がある。これは三山の七年祭（式年大祭）として、現在も丑年と未年に行われている。

花見川区花島町の天津神社の祭神は天御中主命で、『千葉郡誌』に「北辰尊星妙見《ほくしんそんじょうみょうけん》」とみえ、まさに妙見である。天津神社の隣には真言宗寺院の花嶋山天福寺があって本尊は十一面観音だが、胎内銘によると建長八年（一二五六）に橘氏出身の女性が両親の菩提のため仏師賢光につくらせた像で、その女性は千葉氏に嫁したと伝えられる。天福寺境内には、江戸から昭和にかけ十九夜女人講が建てた九つの如意輪観音の石像がある。現在、天津神社の宮司は畑町の子安神社と同じで、花島町を含めた周辺地区の女性たちの講（子安講）の構成員は子安神社に参拝するが、それは江戸時代に遡る同一の文化圏だったからだろう。

千葉氏は全国各地に移住しても、妙見さまを信仰していた。各地の人々に受け入れてもらうため、妙見さまのさまざまな神格・功徳が大いに役立ったであろう。千葉氏の神仏を考えると、妙見さまとの共通点が非常に多い。武神だけではなく水神としても、また、女性が信仰する神として受け入れられた。妙見さまが北極星の化身とされることは、各地に離ればなれになってもすぐに見つけやすい星なので、一族としてのアイデンティティを保ちやすい。千葉氏は、星に祈りを捧げる星の一族であったのである。

第二章　千葉氏の仏教信仰と芸術文化

1　千葉氏が信仰した仏教と寺院

鎌倉時代は、武士団の抗争と一族が相争う悲劇の連続である。今日、よく「癒し」ということばを耳にするが、かつての武士も同じようにこの「癒し」を求めた。たとえば、当時の新興宗教などもそうだ。千葉一族も新興仏教の浄土宗《じょうどしゅう》・真宗《しんしゅう》・日蓮宗《にちれんしゅう》・臨済宗《りんざいしゅう》を信仰し、それによって民衆の力を掌握していった。

【浄土宗】「南無阿弥陀仏《なむあみだぶつ》」を唱える信仰で、念仏宗ともいわれる。法然上人《ほうねんしょうにん》が開いた他力本願の宗教で、関白・九条兼実や関東武士、民衆の崇敬を集めた。平家物語で有名な熊谷直実《くまがいなおざね》もその一人である。千葉一族も念仏にはたいへん関心があったようで、常胤自身も念仏を信仰していたと思われる。光明寺蓮乗院（神奈川県鎌倉市）には常胤の守護仏・阿弥陀如来立像が伝来し、佐倉海隣寺の本尊は常胤が馬加《まくわり》の浜で阿弥陀如来を得たという伝承を残す。

常胤の次男・相馬師常は、念仏行者として端座合掌《たんざがっしょう》のうえ亡くなった（「吾妻鏡」）。六男・東胤頼も熱心な念仏行者だったようで、「法然上人絵伝」に宇都宮頼綱と共に法然のご遺体を知恩院に運ぶシーンが描かれている。その孫・胤行も「素暹《そせん》法師」と称し、熱心な念仏行者であった。三男の武石胤盛は、北条政子から常胤に下賜された阿弥陀如来の黒本尊が伝承され、鎌倉初期作として現在も宮城県亘理町に安置

「法然上人絵伝」　東胤頼が宇都宮頼綱と共に法然のご遺体を知恩院に運ぶ場面　京都市東山区・知恩院蔵

されている。また、胤行に宝治合戦で助命された相馬常清の子と伝える常重も念仏信者として剃髪し、四国阿波に渡っている。千葉一族は単に念仏信仰だけでなく、念仏宗教団の基礎づくりにも貢献した。

浄土宗の三祖・然阿《ねんあ》良忠《りょうちゅう》は、下総を遍歴し浄土宗の基礎を固めた。上人は鏑木《かぶらき》胤定《たねさだ》（在阿《ざいあ》）・椎名胤成《たねしげ》（八郎入道）・荒見胤村《たねむら》（弥四郎）の支持を受け、特に胤村は宗家・千葉頼胤の命で良忠のために香取市小見川に西音寺を建て、胤定も光明寺を建立した。良忠は胤定の庇護のもと、浄土宗の基本経典「決疑抄」を下総で編み上げている。しばらく下総に在住したが、荒見・椎名氏と田畑の寄進の見解の相違が発生したことで下総滞在が危ぶまれ、鎌倉へ戻った。

【臨済宗】　明庵栄西《みんなんようさい》によって中国からもたらされた禅宗は、鎌倉幕府・室町幕府・徳川幕府の帰依を受けた。千葉氏本宗家では、宗胤のとき蘭渓道隆《らんけいどうりゅう》禅師に帰依、肥前に「西の円通寺」といわれた大寺院を開山した。

国分氏や東氏の帰依はすこぶる強かったが、千葉氏は一族を挙げてというより一族から人を選んで修業させたようである。そのせいか、禅宗界で最高位についた僧侶が何人も出ている。臨済宗の基本経典を

龍山徳見画像　京都市東山区・建仁寺両足院蔵

見直し、中国で四十年も修業した龍山徳見、蘭渓道隆の直弟子・林叟徳瓊《りんそうとくけい》、美濃で建長寺派を広めた平心処斎《へいしんしょさい》が出た。また、長勝寺に残る梵鐘（茨城県潮来市・国指定重要文化財）には、南宋の名僧・清拙正澄《せいせつしょうちょう》（大鑑禅師）が刻印しているが、この鐘を実際につくったのは東氏一族の木内胤長で、大鑑禅師と木内氏との交流を物語るものだ。

そして美濃に移った東氏を中心に、龍山徳見によって中国より正統な禅宗を持ち込んだ臨済宗黄龍派を継承した。龍山徳見以来、江西龍派・正宗龍統・常庵龍崇《じょうあんりゅうすう》などは漢詩文に優れ、かつ南禅寺・天竜寺・建仁寺など、現在の東京大学総長と文部大臣を兼職する権限を持った禅宗界きっての最高位に就任する。また、室町幕府にあって、北山文化《きたやまぶんか》・東山文化《ひがしやまぶんか》といわれる高度な禅宗文化を築いている。

【日蓮宗】　房総最大の偉人ともいわれる日蓮上人は、他宗を攻撃し「法華経《ほけきょう》こそが救世への道」と説き「南無法蓮華経《なむほうれんげきょう》」の題目を唱えた。安房の貫名《ぬきな》氏に生まれた日蓮は、天台宗・清澄寺で法華経を学んで法華宗の開宗宣言をしたが、他宗攻撃と「蒙古の日本襲来」を予言したため執権北条氏によって流罪になる。しかし、次第に民衆や東国武士の間に信者を獲得していく。

千葉氏は日蓮を強くバックアップしていて、特に千葉氏家臣で下総葛飾郷の領主・冨木常忍《ときじょうにん》や曽谷教《そやきょう》信《しん》は熱烈な信者だった。冨木常忍の母は千葉胤正の娘で常胤の曾孫にあたる（『東葛飾郡誌』）。常忍は日《にち》常《じょう》上人と号して中山法華経寺の開祖となった。日蓮は千葉氏本宗家のために「曼荼羅本尊」を描いた。「千葉氏とその時代展」（平成十三年・千葉市美術館）で三光瓔珞曼荼羅（京都市・本満寺蔵）が初公開されたが、この曼荼羅は日蓮が千葉氏の亀若・亀弥・亀姫のために描いたもののうち、亀若のものである。浜名徳順師は、この曼荼羅は富木常忍が時の千葉氏当主・胤宗が幼いことを心配し、師の日蓮に頼んで描いたものと解説した。曽谷氏もまた日蓮の弟子・日像を迎え、紫陽花寺で名高い平賀山本土寺を開いた。

千葉氏が日蓮宗最大の信徒となるのは、南北朝期に千葉胤貞の猶子・日祐が中山法華経寺の三世になってからである。そして胤貞が九州千葉氏の基礎を固めると同時に、日祐は九州千葉氏の援助のもと九州布教に成功する。日蓮宗は宗派の守護神として妙見菩薩を祀るが、これについてさまざまな説がある。千葉神社の由来には、日蓮が宗門の守護神として妙見菩薩を信仰し細字法華経を奉納したとある。別の説では、千葉氏の協力を得た日祐によって日蓮宗の妙見菩薩信仰が始まったともいわれている。そして室町中期には、上総山武の埴谷氏出身と伝える鍋《なべ》冠《かぶり》日親《にっしん》上人が出て、京都の庶民ほか九州にも着実に信者を獲得していったのである。

【真言宗】　千葉氏は新興仏教だけを信仰していたのではなく、旧仏教系も崇敬している。千葉寺は〝ちばでら〟の名で親しまれているが、正式には「せんようじ」で千葉氏累代の祈願寺である。千葉神社の前身で妙見尊星王を祀る北斗山金剛授寺尊光院もまた、千葉氏の祈願寺である。千葉常胤の六男・東胤頼の一族も信仰心が厚く、孫の海上胤方《たねまさ》によって今に残される常灯寺（千葉県銚子市）の薬師如来座像（国重要文化財）や金銅経筒《こんどうきょうづつ》（県重要文化財）などは「胤方」の銘が入っている貴重なもの。
【天台宗】　千葉神社の前身・北斗山金剛授寺尊光院は真言宗で妙見菩薩を祀るが、最近の研究で「千学集抜粋」が注目され、境内に日枝山王社が祀られていたこと、真言宗以前は天台宗寺院であったことが判明した。ここから、妙見菩薩も円城寺（三井寺）より金剛授寺にもたらされたという妙見伝来の説が派生してきた。千葉市・栄福寺《えいふくじ》や、芝山町・観音教寺、栄町・龍角寺《りゅうかくじ》、印西市・龍腹寺《りゅうふくじ》は、古くから千葉一族の祈願寺として栄えてきた。特に観音教寺は、境平次常秀をはじめ千葉胤直寄進の五重塔が建立された。龍角寺も白鳳期以来の大寺院で、幾多の戦乱で焼失を繰り返すが、千葉氏本宗家の援助で白鳳《はくほう》期以来の鉄仏頭が保存されている。印西市・龍腹寺には毛堂などが今も残されているが、かつては千葉胤直による五重塔があったという。館山市那古寺《なこじ》には千葉胤時（白井胤時・千葉胤正の八男）が寄進した銅造十一面観音立像（国重要文化財）が安置されている。睦沢町には、平安末期作の大日如来像（国重要文化財）を本尊とする妙薬寺があるが、立地条件から考えて上総介一族が造営したと考えるべきであろう。
【律宗】　千田庄土橋にある東禅寺（多古町・真言宗室生寺派）は金沢称名寺（神奈川県横浜市）長老の湛睿が住み、ここを拠点として活動をしていた。この東禅寺を中心に千葉寺（千葉市）や永興寺（茂原市）ともつながっていた。大須賀氏も律宗の崇敬が厚く、大慈恩寺（成田市）は律道場で勅願所としての格式を誇った。特に鎌倉中期の当主・大須賀胤氏は支流の磐城大須賀氏の縁をたより、磐城薬王寺の真源《しんげん》和尚を招き中興開山とした。後に真源は、奈良の西大寺に移る。また、奈良西大寺の長老・叡尊《えいそん》の弟子の弟子・忍性《にんしょう》は千葉頼胤の帰依をうけて松戸に大日堂を立てたという。

【旧仏教系の信仰】　旧仏教系の中から、明恵上人《みょうえ》（華厳宗）も新仏教を批判しつつ、新たな展開を見せる。自然を深く重視した明恵は栂尾《とがのお》高山寺を開山した僧だが、千葉とはとても深い関係がある。父は関東八平氏の渋谷重国《しぶやしげくに》で、上総国目代であったが千葉胤頼に殺害される。母は湯浅宗重《ゆあさむねしげ》の娘で、この宗重の養子が千葉匝瑳一族の出身であった。「鏑木本千葉大系図」には、匝瑳常広の四子に湯浅宗光《むねみつ》の名が見え、この人物が紀州へ渡ったようだ。しかし、宗光は紀州湯浅氏系図には現れず実在を疑問視している。下総と紀州は熊野信仰が厚く交流は深かったろうから、千葉一族との養子縁組もあっただろう。

2　千葉氏の古今伝授と和歌解釈

美濃東氏と下総の宗家・千葉氏

常胤の六男・東胤頼以来、東氏は文武両道に秀でた家柄である。特に彼の孫・胤行は、藤原定家の子・為家《ためいえ》の娘を妻にしていたという説もあり、以後この家は和歌の研究と作歌に打ち込んでいる。南北朝期の千葉氏胤は和歌を好んで東氏村・常顕父子と交流し、歌の指導を受けたようだ。次の一首が、藤原為定選「新千載和歌集《しんせんざいわかしゅう》」に選ばれている。

人しれず　いつしかおつる　涙川　わたるとなしに　袖ぬらすらん

氏村も次の歌が選ばれた。

遥なる　なみ路隔てて　こくふねは　ゆくともみえず　遠ざかりつつ

氏胤は足利尊氏に従って奮戦するが、美濃の預所で死去した。こののち東常顕から四代の孫に常縁が出て、下総千葉氏復興のため十三年に亘って下総へ遠征した。彼は東氏初代・胤頼から数えて八代目で、藤原定家の二条流の歌道の系譜を受け継いだ。冷厳正徹や発光の歌学の指導を受けた当代きっての歌人で、下総でも数々の歌を残している。

東路や　都のそらの　恋しさに　ふけてなかむる　よなよなの月
あるがうちに　かかる世をしも　みたりけむ　人の昔の　猶も恋しき

古今伝授の東常縁と太田道灌

ところで、平安期の文化遺産「古今和歌集」は、室町中期になると、その解釈が雑多になった。常縁はこれを立て直すべく立ち上がる。それは「古今和歌集」の秘事口伝を師匠から弟子に授けることで、わかりやすくいえば「古今和歌集」の大事な部分の解釈を正しく教え伝えることだ。これを「古今伝授」という。細川幽斎《ほそかわゆうさい》は「歌の基本は源氏物語の恋愛を勉強するべきだ」と説いたが、古今伝授の真髄を〝恋愛〟に求めた。また、ことば遊びのテクニックも教えている。たとえば、「かきつばた」という文字を使って、

か（か）ら衣　き（き）つつ馴にし　つ（つ）ましあれば　は（は）るばるきぬる　旅（た）をしそおもふ

という具合に、歌のつくり方も伝授した。これらを体系化したのは常縁である。最初の伝授者は宗祇法師といわれているが、実際には上総出身の武士・大坪基清《おおつぼもときよ》であった。伝授地は三島大社という説もあれば、

美濃郡上ともいう。基清が常縁を訪ねたおり「古今集」の話を聞き、傍らで宗祇が聴講したのである。

では、大坪基清とはどのような人物だったのか。官位は刑部少輔、上総大坪（市原市大坪、または富津市大坪）に住んだ鎌倉公方の直臣であったようだ。市原市を流れる養老川流域には、鎌倉公方近臣の石河《いしかわ》氏・高滝《たかたき》氏・椎津《しいづ》氏そして大坪氏が住んでいた。佐藤博信氏によれば、大坪氏は公方家の指示で大坪鞍（馬の鞍）を製作していた職能集団であると指摘している。基清は、古河公方家に近い大坪氏の一族の出身と推定されるが、不思議なのは、古河公方成氏と常縁は対立関係にあったのに、成氏の家臣と思われる大坪基清が常縁を訪ねていることだ。これは、常縁が関東の千葉氏と古河公方との関係修復について、基清を通じて情報収集をしていたと思われる。このような事実から、政治的には敵でも文化的には交流を保っていたのではないだろうか。

江戸城富士見櫓　東京都千代田区

さらに、常縁は十三年に及ぶ関東在陣でさまざまな関東武士と出会い、影響を与えた。その一人が太田道灌である。源三位頼政の末裔とされ、関東管領上杉氏の家宰（家老）の家に生まれた。江戸城を築き、文武に秀でた武将であった。彼は、常縁とともに千葉自胤の強力な支援者であったため、応仁元年（一四六七）に道灌が主催した「法華二十八品和歌」には常縁も参加している。彼は常縁の弟・正宗龍統（京都・建仁寺住職）とも親交を深め、江戸城静勝軒に掲げる額の漢詩文の作成を依頼している。そし

三浦道寸画像　神奈川県三浦市・個人蔵

て道灌は、下総復権に苦戦する自胤を慰めるため江戸城で連歌会を催し、歌人の万里集九を引き合わせた。そこで、集九は和歌の扇を自胤に送っている。

もう一人は、三浦道寸義同《みうらどうすんよしあつ》。三浦氏は、千葉氏と同じく関東平氏の名流で、相模三浦半島を本拠にした一族である。三浦一族は宝治合戦で滅亡するが、支流の佐原《さはら》氏が三浦氏を継承したが、その末裔が義同である。文武両道に秀でた武将で、鎌倉円覚寺にも参禅し、同寺寿徳庵には墓所もある。義同は関東管領上杉氏からの養子であるため、常縁とは接触があった。そして義同自ら、常縁より「古今和歌集」の講義を受けていた。のちに北条早雲に攻撃され小網《こあ》代岬《じろみさき》で自害する。辞世の歌は、

討つ者も　討たるるものも　かわらけよ　くだけて後は　もとのつちくれ

その後の古今伝授と房総

常縁から始まった古今伝授は、宗祇を経て内大臣・三条西実隆《さんじょうにしさねたか》、駿河国今川氏の家臣・宗長《そうちょう》に委ねられた。宗祇は栄誉ある北野歌会所頭取に任じられ、日本国の和歌・連歌の宗匠となった。宗祇は関東地方にやって来たおりに病を患い、箱根湯本温泉に常氏（素純《そじゅん》）が見舞っている。その臨終に際し、宗祇は

病をおして彼に「古今和歌集」の奥義を伝授する。これは〝お返し伝授〟といわれるものだ。その後、古今伝授の流れは、宗祇から関白近衛家に伝授した御所伝授、牡丹花肖伯に伝授した堺伝授、饅頭屋宗二に伝授した奈良伝授という流れが出てくる。さらに、内大臣・三条西実隆は家伝として伝え、戦国時代には織田信長の武将・細川幽斎に伝授した。

さて、郡上市の木島泉さんからの教示によれば宗祇法師は、常縁在陣中の東庄にも足をのばしたようだ。当時の記録に下総滞在を見ることはできないが、次のような歌を残している。

東下野守の山下にて、

春の発句に　祝いの心を

花のへん　千代は八尾の　つばきかな

この「八尾」は、金子金治郎氏は「幾重にも連なる山をさす」と解しているが、常縁が祈念した東大社の一帯が「八尾」という地名であることから、宗祇が下総に来たとの臆測も成り立つ。宗祇はまた、武州川越で道灌の父・太田道真《どうしん》と共に「河越千句」を催す。この中には「千葉被官栗原入道幾弘」も参加しており、千葉氏との交渉を持っている。房総半島では、宗祇の弟子・宗長が活躍した。宗長はその紀行文「東路《あづまじ》の津登《つと》」において、下総小弓城主・原刑部少輔胤隆と連歌会を催している。胤隆の発句「さえし夜の嵐やふくむけさの霜」に対して、宗長の評価は「至極風情なり」と絶賛している。胤隆のすすめで千葉妙見社の祭礼を見物し、武蔵国に向かって旅を続けている。

以後、常縁が始めた古今伝授は、百年経つと権威も高いものになった。その主人公は細川幽斎（藤孝）

である。足利将軍・義晴《よしはる》の庶子で、幕府管領家・細川氏に養子に行き細川藤孝《ふじたか》と称した。彼は人生遊泳術の達人といわれ、足利義昭・織田・豊臣・徳川と主人を替えて領地と家臣を守り、肥後熊本五十四万石を獲得している。そして、関ヶ原の合戦のときに古今伝授が大いに活躍する。幽斎の息子・忠興《ただおき》は、家康に従って会津の上杉景勝《かげかつ》追討に出陣。この間、石田三成《いしだみつなり》が挙兵し、京の伏見城を落とす。西軍は家康に味方した大名を攻略、細川氏の居城・丹後宮津《たんごみやづ》城には藤孝がいて、西軍の小野木軍二万が攻撃した。彼は、死を覚悟して籠城する。藤孝の歌の弟子であった八条宮智仁親王《はちじょうのみやともひと》（桂離宮の創建者）はこれを憂い、父・後陽成天皇に打ち明けた。天皇は「藤孝がいなければ古今伝授が絶える。ただちに兵を引くように」との勅命を下したため、西軍は天皇の勅命で囲みを解いた。常縁が創始した「古今伝授」が、天皇の心を変えたことがわかる事例であった。ここまで古今伝授が評価されたのだ。

「雲玉和歌集」に見る戦国千葉氏の動向

中世に詠まれた「雲玉《うんぎょく》和歌集」（以下、「雲玉集」）には、千葉一族の歌とともに関東地方で活躍した東常縁・太田資清《すけきよ》・資長など武将たちの行動や和歌が掲載されている。外山信司氏は、同和歌集から千葉勝胤と周辺の武将たちや家臣団（円城寺氏・幡谷氏・海保氏・粟飯原氏ほか）の和歌、その成立の背景を明らかにした。

この「雲玉集」は衲叟馴窓《のうそうじゅんそう》が作成した私家集で、その成立は奥書《おくがき》に「永正十一年（一五一四）」とあるので室町中期だろう。衲叟の素姓は世捨人のほか、詳しい経歴はわからない。当時の関東管領上杉氏と家宰太田資清・資長父子、同じく足利将軍の弟・足利政知に仕えた木戸（キベ・キノへ）孝範《たかのり》、同じく千葉氏の東常縁の動向についての記載があることから、衲叟は室町幕府方との結びつきがあったようで、古河公方と対立する上杉氏に属した人物と推定されている。「雲玉集」の冒頭部分の源貞範の序文に、「平のなにがしと申したてまつりて弓馬の家にすぐれ、威を八州にふるひ、諸道の達して政を商船にをさめ、中にも大和歌にこころをよせて佐倉と申す地にさきくさのたねをまき給ふ。（以下略）」とある。原文から、桓武天皇の末裔である「平のなにがし」は武道に優れ、関東周辺に武力を誇り下総・上総に領土を広げた。武道のみでなく和歌を好み、佐倉に繁栄の基礎をつくった人物と評している。

著者の衲叟は、若い頃は武蔵江戸城の太田氏に仕えていた。年老いて隠棲し、下総佐倉の「平のなにがし（千葉勝胤と推定される）」の招きにより三、四年、佐倉に身を寄せていた。そこで歌会を開き、自作の和歌を中心に編んだのが「雲玉集」である。この和歌集は永正十一年に成立しているので、衲叟が佐倉に滞在したのは永正七〜八年頃であろう。その頃の本佐倉城主は、永正二年に千葉孝胤が死去してその子・勝胤が継承し、下総領国経営にあたっていた時期であった。そのため「平のなにがし」こそ、千葉勝胤にほかならない。しかし、おもしろい事実がわかる。衲叟は、上杉氏（＝親幕府方）に近い人物、一方の千葉勝胤、その父・孝胤は古河公方（＝反幕府方）の人物である。政治的に対立している人物を厚遇するといった、文化的で高度な交流があったことがわかってきた。

「雲玉集」の著者・衲叟の寄寓に代表されるように、本佐倉には都市的色彩さえあり、佐倉歌壇と呼ばれる文化的なネットワークができ上がっていた。「雲玉集」に勝胤自身の記載はみられないが、「大和歌にこころをよせて」と序文にあるように、本佐倉を中心に歌会が頻繁に行われていたようだ。「雲玉和歌集」

の中には、千葉一族とその家臣団がつくった次のような歌が収録されている。

此落葉といふ事を　　　平胤相　幡谷加賀守
木のもとに　さそふ紅葉を　ひろひきて　嵐をつつむ　袖の色かな
澗寒月といふ事を　　　信尊　粟飯原民部少輔
ふけのぼる　みたにの水に　すむ月や　あゐより出つる　氷なるらん
思恋のこころを　　　幸清　海役（保）丹波守
のる駒の　けあげん露を　水にだに　やどればやどる　月を見せぼや
円城寺道頓と申す人、三十余年後、下総に白地をかへりきてよまれしとなり
故郷に　かへる我が身は　おきなさび　人もとがめぬ　世にこそやすけれ
円城寺道頓と申せし、月前述懐をよめる
かかる身の　なぐさめ草の　かげとてや　月の桂の　世におほふらん

これは、太田道灌、江島参籠の時、一座一の歌と諸人申せし

このうち、幡谷氏は常胤の四男・大須賀胤信の末裔で、成田市幡谷にあった幡谷城や同市押畑の子《ね》の神《かみ》城に拠った大須賀氏の支流である。「千学集抜粋」によれば、勝胤の嫡男・昌胤が千葉妙見宮で元服の折に幡谷加賀守が後陣を務めるなど、千葉氏直臣として重要なポストを占めていた。粟飯原氏は系譜的に平良兼の末裔ともいわれるが、詳しいことはわからない。千葉氏胤の子・氏光が粟飯原を継承したともいう。室町中期から戦国時代には北総の小見川城、八街の根古屋城、酒々井にも浄泉寺の大檀那として確認でき

る。信尊《しんそん》は、本佐倉城に近い場所に居館を有した一族であろう。海保氏の一族は、源氏の流れをくむという。成田市の寺台《てらだい》城の城主に海保丹波守・丹後守という記録がある。成田山不動尊を信仰し、豪勇で知られた海保三吉はその末裔ともいわれる。円城寺氏の祖は、平安末期に以仁王の挙兵に参加した千葉常胤の子・日胤である。その後、千葉常胤の孫・白井胤時の系統が円城寺を継承したと伝える。「雲玉集」でいう円城寺氏は、千葉自胤に従って武蔵へ逃れ、太田道灌と親交を重ねたようだ。その円城寺道頓は、千葉勝胤の頃に下総・武蔵両千葉氏の融和により、下総へ戻ったことがわかる。

「雲玉集」は、戦国期の下総佐倉における千葉氏の文化がわかるだけでなく、千葉氏の周辺の動きまでが克明に記録されている。「房総には文化がない」という人もいるが、こうした史料の掘り起こしから、房総に優れた文化・歴史があることを改めて認識するのである。

3　千葉氏と五山文学

北山文化と京都・鎌倉の五山

日本の生活様式は、室町時代が起源とされている。室町幕府はすぐれた文化を創出したが、三代将軍義満のときの〝北山文化〟、八代将軍義政のときの〝東山文化〟が名高い。これらの文化の一部を千葉一族が担っていたことは、あまり知られていない。また、室町時代は破壊と建設が繰り返された時代であるが、その中で中国文化と日本古来の文化、貴族文化と庶民文化などの融合によって室町文化が形成された。能・狂言・茶・生け花など、現在残る日本文化の源流は、この時代に形成されたものだ。

室町将軍歴代の中で、随一の政治力を発揮した足利義満。彼の造営した今に残る金閣（鹿苑寺金閣）は、公家文化と禅宗文化が融合した造りといわれている。この時代、臨済禅は足利尊氏以来、武家に崇敬を受けた。三代将軍・義満は中国南宋《なんそう》の例にならい、京都・鎌倉に「五山十刹《ござんじっせつ》の制度」を制定した。京都五山《きょうとござん》は、南禅寺を五山の上として天龍寺・相国寺・建仁寺・東福寺・万寿寺にあたる。鎌倉五山《かまくらござん》は、建長寺・円覚寺・寿福寺・浄智寺・浄妙寺がこれにあたる。この五山の住職が就任する場合、幕府の許可が必要であった。これらの禅僧たちは中国に留学し、水墨画や漢詩文をわが国に導入している。

中国に渡った千葉一族の龍山徳見

日本に書と漢詩文をもたらしたのは、一山一寧《いっさんいちねい》であるといわれる。一山は中国宋の出で、天童景徳禅寺を皮切りに、中国各地の禅と天台教学を学ぶ。そして、モンゴル皇帝・成宗の国書を持って来日するが、執権・北条貞時からスパイ容疑をかけられ伊豆に幽閉される。その後、容疑が晴れると鎌倉建長寺・円覚寺の住職に就任、さらに後宇多《ごうだ》天皇の招請によって京都南禅寺の住職となる。一山は特に漢詩文を講義し、たくさんの僧侶を育てた。

この漢詩を〝五山文化〟といわれるほど高度な地位に上げたのは、千葉一族出身の龍山徳見であった。龍山は最初、利見《りけん》と称して十三歳で寿福寺に入り、円覚寺で一山のもとに参禅した。そして、一山は漢詩文のテストを行い、その結果、優秀な者を弟子としたが、このとき最高点を取ったのが利見である。一山は利見の才を愛し、「徳見」の名を与え、そのうえ中国（元）入りを強くすすめている。

徳見はそれに従い、実家である千葉一族の支援により中国に渡る。当時、日本と元は国交がなく、危険の連続であった。そして待っていたのは、元からのスパイ容疑である。しかし、彼はこう言い放つ。「古人は法の為に身を亡ぼす。今正しく是の時なり」（かって先人たちは、仏法を習得するために身を滅ぼしてきた。今こそ先人の例に従って正しく仏法を学ばなければならない）と強い決心を述べている。元ではスパイ容疑で一時期監禁されるが、すぐに許され、漢詩文の大家・古林清茂などに従う。龍山の中国滞在期間は実に四十年を数えたが、この間、元政府から正式に「臨済宗黄龍派」の復興をすべく、公の寺である隆興府兜卒寺の住職に任命される。そして、足利尊氏・直義兄弟が執拗に龍山の日本帰国を要請し、帰国後、足利兄弟によって天龍寺・南禅寺・建仁寺の住職に任命される。龍山を慕った中国人・林浄因により「まんじゅう」がもたらされたのはこの時である。

五山文学・東山文化を担った東氏

この間、徳見は多くの禅僧を育てている。義堂周信《ぎどうしゅうしん》や絶海中津《ぜっかいちゅうしん》・草堂林芳《そうどうりんほう》・大航慈船《だいこうじせん》・林浄因《りんじょういん》などで、義堂や絶海は漢詩文の作者として高校の教科書でもなじみが深い。草堂林芳・大航慈船は、主に関東地方で活躍した。草堂は建長寺住職となり、大航は鎌倉寿福寺の住職になった。特に大航は、龍山からの意向があったのであろう、千葉一族の面倒もみている。自ら開山となって、下総国分氏のために宝雲山大龍寺（香取市与倉）を建立している。さらに、徳見の法系は「一庵一麟《いちあんいちりん》」によって受け継がれた。京都でその中心的存在になったのは、建仁寺知足院《ちそく》（現在の両足院）と霊泉院《れいぜん》（現在の霊源院）である。

郡上にいた東氏は徳見の意志を守り、漢詩文の研究を行う。東師氏の子・江西龍派は水墨画と中国の詩人・黄庭堅流《こうていけんりゅう》の漢詩を学んだ。慕哲龍攀、常縁の弟・正宗龍統、そして常縁の末子・常庵龍崇と共に、臨済禅僧として漢詩文研究の第一人者となっている。彼らは、奢ることなく京都の宗教界のトップである天龍寺・南禅寺・建仁寺の住持を務めた。この職務は、禅僧を統率するだけでなく、幕府・朝廷に対しても発言できる権限があった。

龍山・龍派・龍攀・龍統・龍崇と千葉一族出身の高僧が五山文学の担い手で、彼らを中国臨済宗の黄龍慧南の流れをくむ「臨済宗黄龍派」と呼ぶ。現在、この派は建仁寺両足院と霊源院しかない。両足院は伊藤東文氏が住職に就任し、毎年十月十三日、龍山の命日に「饅頭忌」を執り行っている。不思議にも、両足院は東文師の父も東慎氏で、東氏とゆかりがあるかのように代々「東」の字を襲名している。また、霊源院は雲林院宗碩師で黄龍派の法灯を守った。

さて、室町幕府も三代将軍・義満から八代将軍・義政の時代になると、生活に北山文化の芸術様式が取り込まれる中で、新たに禅を基調とする簡素さと、「わび、さび」といった精神的文化が開花してくる。これを〝東山文化〟という。この文化も、やはり禅僧たちが担い手であった。京都の天龍寺・龍安寺・南禅寺・建仁寺・大徳寺大仙院の石庭、枯《か》れ山水《さんすい》の庭は臨済禅僧の優れた知識と見識の結集といえる。また、「建仁寺垣」という独特な垣根を編み出すなど、現代でいえばガーデニング・プランナーとしての性格も持っていた。そして、さらに画家としての素顔を見せる。高校の教科書でも有名な如拙《じょせつ》や雪舟《せっしゅう》などは、すばらしい水墨画を残した。如拙は京都妙心寺の「瓢鮎図《ひょうねんず》」、雪舟は東京都国立博物館の「秋冬山水図《しゅうとうさんすいず》」などの有名な作品を残している。彼らは、京相国寺の足利氏の菩提寺で修業した。この頃の絵は、禅の精神的境地を具体的に表した水墨画として、広く伝えられている

千葉一族にも、偈（漢詩文）を巧みとした禅僧がいる。美濃郡上東氏出身の江西龍派や正宗龍統である。正宗は建仁寺・南禅寺の住職を務めるなど、禅僧界の最高ポストにつき、要職にありながらも漢詩文をよくしている。「三教合面図《さんきょうごうめんず》」は、正宗龍統の筆によるものだ。ちなみに、絵は名画家・如拙が書いている。

代表的な江西龍派の漢詩を意訳とともに紹介しよう。

杳杳僧鐘度上方（はるか遠い寺からここ得てくる入り相の鐘の音は頭上を過ぎ）
春山楼閣欲斜陽（春の山上の高殿も日が暮れようとしている）
栖鴉朱点水西樹（ねぐらを求めるカラスはまだ川西の木々にとまっていないけれども）
一百八強風杵長（百八の晩鐘をつくと、その鐘の音は風に送られ長く長く響いている）

4　千葉氏と剣術——念流・香取神道流・鹿島新當流・北辰一刀流

鎌倉府の軍事指揮官・千葉氏は、政治色よりも軍事色が強くにじみ出ている。その中にあって、馬術・剣術もたいへんに優れたものがあった。日本古武道《こぶどう》の源流は、大きく分けて二つの流れがあるようだ。神道流《しんとうりゅう》（香取神道流《かとりしんとうりゅう》）と念流《ねんりゅう》（馬庭念流《まにわねんりゅう》）である。しかし、この二つの流派は共通するところが二つある。

それは、その真髄が神威、または仏の力を得て「人を殺すための剣ではなく、人を生かすための剣」であったこと。そして、この流派の開祖が千葉一族であったことだ。

念流の開祖は相馬氏の末裔・念阿弥

馬庭念流をはじめとした念流の開祖は、相馬師常（千葉常胤の次男）の末裔・相馬忠重《ただしげ》の子である四郎義元《よしもと》こと、のちの念阿弥慈音《ねんあみじおん》和尚である。

上州馬庭念流総家の樋口《ひぐち》家伝来の文書では、念阿弥は奥州相馬氏の出身で、父を相馬忠重と伝える。忠重は後醍醐天皇（南朝）に属し、新田義貞に従って奮戦していたが敵方に討たれた。義元は出家し相模遊行寺に修業、時宗を学ぶ。しかし、敵を見つけると還俗《げんぞく》（僧侶から一般人に戻る）し、父の仇を討つことに成功した。さらに京都鞍馬寺などで修業を重ねたのち、鎌倉寿福寺で臨済禅を学び、ここで中国から渡来した〝禅僧〟と呼ばれる僧侶から剣術を学ぶ。そして、故あって信州浪合（長野県下伊那郡阿智村）に隠棲し、長福寺を建立。ここで摩利支天《まりしてん》を勧請し、剣の修業を重ねて念流を編み出し、その地で没する。

そののちは樋口一族が念流を継承し、彼らによって馬庭念流として発展していった。樋口家文書では、慈音の父は南朝に属した奥州相馬忠重となっているが、奥州相馬氏は一貫して足利尊氏のために奮戦し、北朝に属していた。「太平記」では「相馬忠重は下総国住人で弓馬の剛勇の武士」と書かれており、奥州相馬氏ではなく下総相馬氏の出身と考えられる。

千葉本家は貞胤の時代に時宗へ宗旨変えをしたが、その環境下にあって相馬義元も時宗で出家したのではないか。臨済禅院・鎌倉寿福寺にも千葉一族が多数いたため、念阿弥が寿福寺を訪ねた際にも縁者がいた可能性が考えられる。鎌倉末期以降、寿福寺では中国からの高僧・大鑑禅師と呼ばれた清拙正澄が住職を務めた。彼は、中国から摩利支天と中国古来の礼規を日本に持ち込んだ。この寿福寺時代、剣の修業とともに摩利支天信仰に目覚めたのではないだろうか。

そして信州浪合に後醍醐天皇の皇子である宗良《むねよし》親王陵があり、その供養とその地の千葉一族・原（浪合）氏の庇護を得て信州へ渡ったと推定される。筆者は信州浪合村にある念阿弥の墓所を訪ねたおり、浪合村教育長で全国の念阿弥史料を収集されている佐々木重義氏にお目にかかった。同氏の案内で村内各地の遺跡をめぐることになった。念阿弥が建立した長福寺も今はなく、その跡と礎石群が草むして残る。また、念阿弥の墓所や摩利支天信仰のため勧請した摩利支天祠などもあるが、特に摩利支天祠は急峻な山腹にあり、その途中には念阿弥の休み石・座禅岩が残り、修業の厳しさを偲ぶことができる。祠からの景色は絶景で、奥信濃の山並みと浪合の里の絶景を望める。祠は念阿弥当時のものではなく、念流を継承する上州樋口一族が再建したものという。

香取神道流の開祖・飯篠長威斎家直

念流と並び立つ香取神道流の開祖は、千葉氏家臣・飯篠長威斎家直《いいざさちょういさいいえなお》である。彼も千葉一族の家臣として下総飯篠郷（現、多古町飯笹）の領主であった。禄を捨て、香取神宮に参籠すること一千日にして神威を得たといい、剣術の修業と研究に没頭し、神道流を開いた。この流派は剣術のみでなく、居合術・薙刀

飯篠長威斎夫妻の像　千葉県香取市・飯篠快貞氏蔵

術・槍術・棒術・柔術・手裏剣術・忍術・武術・築城術・軍配法に加えて天文地理学に至るまで、総合的な兵法《へいほう》であった。そのため、これを源流として数多くの流派に影響を与えた。香取神道流宗家・飯篠快貞氏から飯篠領主時代に関わる伝承を尋ねると、かつて千葉氏に従属していた時代、戦乱（主家千葉胤直の自殺が原因か）によって厭世的になり飯篠領を捨てたという。このとき五十人の郎党がいて、同時に浪人したそうである。飯篠家では、この五十人の郎党への供養を今でも行っているとのことであった。

家直は、経津主命・妙見菩薩を信仰すると同時に、密教を学び、神道流の体系を編み出したといわれる。それは、自分自身の心を落ち着かせ、さらに相手を落ち着かせて勝負をさせないようにする「人を活かすための剣」を常に念頭に置いたものであった。家直の弟子から常陸鹿島の塚《つか》原安幹《はらやすもと》、のちに鹿島新當流《しんとうりゅう》を開く塚原卜伝《つかはらぼくでん》（高幹《たかもと》）が出ている。二代目の盛近《もりちか》からは、山倉播磨守を経て槍で有名な宝蔵院流開祖・宝蔵院胤栄《ほうぞういんいんえい》へと派生し、四代の盛綱《もりつな》の門人には羽柴秀吉の軍師を務めた竹中半兵衛《たけなかはんべえ》重治《しげはる》がいる。半兵衛は、この総合的兵法・香取神道流を学び、独自の軍学を完成させた。香取神道流は、剣以外のあまたの技術を合わせた総合的兵法であった。その中から、鹿島新當流を編み出した塚原卜伝も生まれている。

塚原卜伝の鹿島新當流・小野派一刀流・北辰一刀流

塚原卜伝といえば、時代劇ファンならご存じであろう。宮本武蔵が修業中に卜伝を訪ね、突如として剣を浴びせると、すかさず卜伝は鍋蓋で応酬、武蔵が観念するというストーリー。しかし、これはまったくの創作で史実ではない。塚原卜伝は、千葉氏と同じ平氏の流れをくむ大掾一族の出であるが、元々は鹿島神宮神官・吉川覚賢《あきかた》の次男で、塚原氏に養子に入って卜伝と名乗る。鹿島新當流宗家・吉川常隆氏が所蔵する系譜を見ると、千葉一族だということがわかる。祖父・吉川呼常は、下総賦馬《ふま》城（香取市府馬）城主・賦馬時常《ときつね》の次男であった。賦馬氏は常胤の五男・国分胤通の末裔である。

塚原卜伝高幹は、鹿島氏家老・松本備前守政信から香取神道流の極意を受ける。そして鹿島神宮に参籠して新たな剣を開眼、世にいう鹿島新當流である。そして香取神道流宗家・飯篠氏とも親密な交流を重ね、飯篠家直の孫に新當流の極意を挿入した和歌「武家百人一首」を編んで教授している。全国から多くの武士が学びに来た。特に、足利十三代将軍・義輝や細川藤孝（肥後熊本藩祖）も高幹から学び、伊勢国司・北畠具教《きたばたけとものり》も一太刀《いちのたち》を伝授されている。具教は剣豪大名として有名だ。そして、徳川家康も鹿島新當流の免許を得た。卜伝は鹿島に戻るが、千葉氏と鹿島氏の滅亡を見ずに死去した。

千葉一族ではないが、房総稀有の剣豪といえば、徳川幕府の指南役になった小野《おの》忠明《ただあき》がよく知られている。前の名は御子神典膳《みこがみてんぜん》といい、安房丸山の出身。源頼朝が安房入りをしたとき、丸御厨を案内した丸五郎信俊の末裔といわれている。多くの戦歴を重ね、安房里見氏・万木土岐氏に奉公していたが、のちに伊《い》藤一刀斎景久《とういっとうさいかげひさ》に弟子入りをする。そして、景久の後継者を決める際に行われた兄弟子・小野善鬼《ぜんき》との勝負は有名だ。結局、善鬼が敗れ瓶に身を隠したとき、典膳は瓶ごと断ち割ったという伝承が残る。典膳は一刀流の後継者として認められ、徳川将軍家指南役に推挙される。ここで母方の小野姓を名乗り、二代将軍・秀忠の名をいただき「小野忠明」と改名した。しかし、房総人特有の不器用さか、将軍相手に平気で打ち負かしたため、同じ師範役の柳生宗矩《やぎゅうむねのり》が一万二千石の大名になったのに対し、小野家は六百石取りの旗本で終わった。

なお、弟の忠也《ただなり》は伊藤一刀斎家を継ぎ、水戸徳川家に一刀流を伝えた。そして小野派一刀流は、のちに東北千葉氏の千葉周作成政《しゅうさくしげまさ》が中西一刀流も併せて取得、妙見菩薩の開眼を得て「北辰一刀流」を開いた。このように、房総から出た剣の流派は現代に至るまで、大きく時代の変革にも立ち会ってきたのであった。

5　千葉氏と馬術——摺墨・大坪流・相馬野馬追い

千葉氏が築いた「畜産王国・千葉県」

現在では、陸上交通の主役は自動車だが、かつては馬が主流で、その育成も現在の自動車と同じく重要な産業の一つであった。「吾妻鏡」には、下総北部にいた「下河辺行平《しもこうべゆきひら》と馬」の記述がある。安房の長狭常伴《ながさつねとも》は、源頼朝を殺害しようとして討たれた。その家臣・左中太常澄《さちゅうたつねすみ》は、主人の仇を討とうと頼朝を狙い鎌倉に侵入するも、不審な行動を察知した下河辺行平が常澄を捕えた。頼朝は行平に恩賞を与えようとしたが、彼は「馬の献上」の役務免除を懇願した。頼朝は彼の功績を賞し許したのである。当時、馬の育成はたいへんな労働であり、役務免除で領民は大いに負担軽減になったという。

さらに時代が流れて戦国時代のこと。「印旛郡誌」によると、小田原城主・北条氏政が千葉邦胤に野馬放牧するよう文書を出しているが、鎌倉期から馬の生産が行われていたようだ。「中世の下総台地は放牧が主であった」と福田豊彦氏が指摘しているが、千葉氏も馬の育成に携わっていた。名馬「摺《する》（磨）墨《すみ》」「池月《いけづき》」は下総産という説が有力である（陸奥南部地方や美濃郡上地方説もある）。摺墨は、小金原《こがねがはら》（松戸市・柏市周辺）や夷隅《いすみ》（いすみ市周辺）も伝承地になっている。柏市呼塚《よばづか》は「摺墨」を呼んだことから出た地名といわれ、大原町硯山長福寺には「頼朝が山号を住職に与えようと墨を摺っているとき、美しい馬が飛び込んできたので摺墨と名づけた」という伝承がある。神奈川県三浦市には、三浦氏の所領が上総・安房地方にあった関係からか「池月は上総峯岡辺の産」との伝承も残る。また、平山季重《ひらやますえしげ》は「千葉介より得たる目糟毛」という名馬で一ノ谷《いちのたに》の合戦に参加する（「延慶本平家物語」）。房総半島で名馬が産出されたことは間違いない。

天正十八年（一五九〇）に千葉氏は滅亡するが、徳川家康は千葉氏や里見氏の家臣団に馬の育成を行わせた。徳川氏は、馬を放牧する官営の牧である小金牧《こがねまき》・佐倉牧《さくらまき》・嶺岡牧《みねおかまき》を創設するが、この管理者として野馬奉行《のまぶぎょう》に任命されたのが千葉昌胤の孫・月見里政治《やまなしまさはる》である。馬術大坪流の腕前を買われ、下総小金牧・佐倉牧・嶺岡牧を支配する野馬奉行に任じられ、明治維新まで続いた。この支配のもと、牧を管理する役人・牧士には、高城氏家臣の安蒜《あびる》家や千葉氏旧臣の藤崎氏・丸氏・根本氏が任命された。そして彼らが、のちに「畜産王国・千葉」の礎を築いたのである。

東常縁第一の門弟・大坪基清

　徳川家康から野馬奉行に任命された月見里政治は、馬術大坪流の達人である。同じく、大坪流の流派を受け継ぐ将軍家馬術師範・諏訪部定吉の推挙もあって野馬奉行となった。大坪流は上総が発祥地であり、良質の馬が産出されている房総半島では馬術の発達も当然のなりゆきであった。

　大坪氏は系譜もはっきりわからないが、古くは宝治年間に東胤行が郡上に来郡したときの家臣十三人の中に「大坪」姓の者がいた。上総市原（現、市原市）を拠点とし、鎌倉公方家の直臣として勤仕していた村上氏という一族がいたが、この村上氏の分家が大坪氏である。鎌倉公方家の家臣団が上総養老川近辺に常駐しており、その大坪氏も重要なポストを占めていた。大坪は、養老川流域の大坪と富津市大坪と伝承地が二ヵ所ある。ここは、かつて馬にとって重要な鞍の生産が行われており、そこで製作された鞍は「大坪鞍」と呼ばれていた。この大坪鞍は日本各地の武家に高く評価され、全国に広まったという。大坪氏は、上総国府中心とした伝統的技術を受け継いだ鞍を作る職能集団、かつ鎌倉公方家・古河公方家の家臣という性格を持ち合わせていた。この大坪氏から、逸材が出る（生誕地に諸説あり）。それが大坪慶秀《よしひで》（法名「道禅《どうぜん》」）で、馬術大坪流の始祖とされる。彼は孫三郎・左京亮と称し、馬の扱いに慣れ、鞍・鐙の製作に長けた人物であった。鹿島神宮に参籠し、「たけみかつちのみこと」の神意を得て夢をみ、その夢のお告げで鞍・鐙の尺度法の暗示を受け、「夢想鞍《むそうぐら》」と名づけ製作した。そして馬術を編み出し、室町将軍の義満・義持《よしもち》に伺候して教授したという。大坪慶秀の技法は弟子の斎藤家をはじめ、村上伊賀守永幸《むらかみいがのかみながゆき》・畠山大輔・細川右京大夫によって継承されていく。

さて、この上総大坪一族は東常縁と非常に深い関係がある。佐藤博信氏の「上総大坪基清試論」から要約してみよう。大坪氏は村上氏の流れを汲み、足利氏の忠実な被官であった。基清の名は、村上氏特有の「清」を名乗っていて、また、「自賛歌抄（温泉寺本）奥書」などによると、「東常縁弟子関東大坪治部少輔沙弥道教（道暁）」という署名がある。大坪道禅慶秀と同じく、大坪道暁《どうぎょう》基清もまた、法号に「道」の字を用いていた。大坪基清は、常縁と対立関係にある古河公方足利氏の直臣であったことを前述した。常縁は、古今伝授の創始者であるが宗祇に講義したのではなく、上総出身の基清に講義したのが最初であった

佐藤氏の研究では、大坪基清は常縁第一の門弟として常に関東から美濃郡上・江戸に随行し、再三の「助筆」（書写協力）をして常縁の文芸活動を支えた人物であったと指摘する。そして常縁が出家後に「素伝」と号したため、門弟たる基清もまた出家し「沙弥道暁」を名乗ったという。このように、常縁と基清は宗祇以上に個人的に親密な関係であった。そして常縁の死後も、その息子縁数・氏胤とも交流し、「東家一家に師礼をとるとともに交遊」をしていたこともわかってきた。大坪氏は、武芸・文芸にも卓抜した一族で、千葉氏とりわけ東氏と密接な関係があったのである。現在、小湊鉄道・海士有木駅から歩いて十分のところに市原市大坪地区がある。詳細はわからないが、ここに曹洞宗福楽寺があり、そこはかつての大坪氏の館跡といわれ、境内には伝大坪道禅の五輪塔が残されている。

大名として存続した一族と馬の伝承

千葉常胤の六人いる子供たちの末裔で、江戸時代の大名として存続した家が三つある。一つは、常胤の

伝大坪道禅の墓　信濃源氏・村上氏の一族で馬術の大坪流を開いた　千葉県市原市・福楽寺

次男・相馬師常の末裔である陸奥相馬中村藩主の相馬氏。二つ目は、常胤の三男・武石胤盛を祖とする仙台伊達家重臣の陸奥涌谷二万三千石余の邑主・涌谷伊達氏。三つ目は、常胤の六男・東胤頼を祖とする美濃郡上二万七千石藩主・遠藤氏である。このうち相馬氏と遠藤氏には、馬に関する伝承が残っている。

【奥州相馬氏と相馬野馬追い】　福島県相馬地方の夏の風物詩「相馬野馬追《そうまのまお》い」は、相馬三妙見の祭礼である。伝承では、下総北部一帯の小金ケ原《こがねがはら》において、平将門が軍事演習として野生の馬を用いた〝野馬追い〟を行ったのが起源とされている。相馬は平将門の末裔を称しており、関連して伝承されている（現在では常胤の次男・相馬師常が相馬の祖先として有力視されている）。

　江戸時代の相馬野馬追いは、二つの性格を持っていた。その一つは、下総以来の妙見神社の祭礼で、この祭礼は、相馬民謡「相馬流れ山」を全員で合唱するが、これは相馬の人々が故郷・下総への望郷の思いを常に持ち続けていることを意味しているという。二つ目は、相馬氏の隣国・伊達六十二万石があり、それに対する防御として野馬を利用した軍事教練であったというものだ。いずれにしても、相馬氏は「妙見信仰」と「馬」を中心に、鎌倉以来の領地を明治維新まで維持し続けている。

【郡上遠藤氏に残る馬の伝承】　常胤の六男・胤頼の末裔は文武両道に秀でたが、常縁のような当代随一の文化人を出した。この曾孫が鎌倉以来の領地を維持し、「郡上踊り」を始めた郡上八幡初代藩主・遠藤慶隆である。彼の妹が賢夫人の代表である山内一豊《やまうちかつとよ》の妻であることは、あまり知られていない。山内一豊の妻・千代《ちよ》と遠藤氏のことは戦前から研究が進んできたが、最近になって明らかになってきた。すなわち、かつて山内一豊の妻「オマツ」といわれていた若宮友興の娘は、土佐藩家老・五藤為重の妻であることが判明した。土佐藩史料や郡上藩史料によると、岩倉織田氏家老・山内盛豊《もりとよ》の子・一豊の妻が美濃斎藤氏宿老の遠藤盛数の娘ということになる。

美濃郡上地方はもともと名馬の産地で、「郡上節・かわさき、春駒」でも「摺墨出したのは気良の里」という歌詞が出てくる。山内一豊の妻・千代が夫のため実家からの祝金をもって郡上の名馬を買い与え、それが織田信長の目にとまって出世の道を拓いたという話は有名だ。そして数々の難局を夫婦で切り抜け、徳川家康の信任を得て土佐一国二十万石を手に入れることになる。しかし、名馬の話は文献的な裏付けがなく、土佐藩主末裔・山内静材氏への取材からも伝説の域を出ないとのことであった。

第Ⅲ部　千葉一族の史跡と伝承

『下総国千葉郷妙見寺大縁起絵巻』　相馬妙見歓喜寺蔵（非公開）・福島県立博物館寄託

第一章　千葉県内に残る足跡を訪ねて

鎌倉幕府の重鎮として活躍した千葉一族には、恩賞として房総各地をはじめ九州や岐阜県、東北地方にまで領地が与えられた。やがて、そこに千葉氏一族や家臣団が住みつき、新しく館を築き、田を開き町を造って香り高い文化の花を咲かせている。本章は、そうした千葉一族が房総に残した足跡をたどることにしよう。

1　栄華を偲ばせる一族の本拠地・千葉市

亥鼻山

千葉県庁の東側に、欝蒼とした樹木に覆われた小高い山が見える。この山の上が、関東の名族と謳われた千葉氏の拠点・千葉城址である。しかしながら現在、常胤時代の館は千葉簡易裁判所・同地方裁判所・家庭裁判所（以下、単に裁判所）付近とされている。その中にそびえ立つ白亜の天主閣風の建物・千葉城は、季節の移り変わりとともにその様相を微妙に変え、訪れる人を飽きさせない。

亥鼻に至るには、県庁方面から階段を行く道がもっとも近いが、都川にかかる大和橋方面からも行くことができる。その階段の登り口左手には「お茶の水」と呼ばれる泉があるが、千葉氏の祖・平良文の子・

忠頼が生まれた時に湧き出したと伝えられ、千葉氏は代々この清水を「産湯」として使い、一門の繁栄を願った。また、源頼朝が千葉常胤の館に立ち寄った際、この清水で茶を立てた、また、徳川家康が東金方面に鷹狩りに来たとき、この清水で喉を潤したという説もあるようだ。「水戸黄門」でおなじみの水戸《みと》光圀《みつくに》も、ここを通ったと伝えられている。いずれも伝承だが、頼朝・家康など千葉にゆかりの深い人々なので、それを思い、語り伝えられたのだろう。

「お茶の水」方面の道は風情があり、また、当時の面影が色濃く残る。この道は神明社をまわり込んで城址に続いており、途中で立ち止まって木立ちの中に目を移すと、今にも鎧武者が山の小道を駆け降りて来るような錯覚にとらわれる。さらに十数段の石段を上がると、土塁（戦国時代のもの）に囲まれた広場に到着。広場は昔から猪鼻台と呼ばれる城の中心部分で、西側には千葉市立郷土博物館があり千葉氏に関する史料が展示されている。（宮原）

鎌倉に次ぐ大都市だった千葉

大治元年（一一二六）六月一日、大椎を本拠地としていた大椎（千葉）常重が千葉に移住し、新たな本拠地とした街づくりに着手した。千葉は、上総国府から下総国府に至る東海道の交通の要衝にあった。常重が移住して館を築いた場所は明確ではないが、移住の目的が陸上交通と江戸湾の海上交通掌握であれば、拠点となる館（城）は、これらの要件を満たす要害地に建てたと考えられる。

そこは現在の裁判所周辺がもっとも有力だ。常重が移住した当初の城下町は、この館を中心に形成されたと考えられる。現在の千葉市中央区市場町を核に、東海道に沿った同中央や港町などに一族の武士の館や商工業者などの町屋が建ち並んでいたのだろう。また、千葉氏の守護神とされる妙見菩薩の別当寺であった北斗山金剛授寺尊光院（のち妙見寺、現、千葉神社）は、館の北約八百メートルの位置に建てられた。別当寺を館の北に建立した理由は、妙見信仰が北極星を神格化したことによるものだろう。

平安時代、常重がここに館を構えた時期の千葉は、郡郷程度の荘園領主の小規模な城下町と推定される。常重の子・千葉介常胤が鎌倉幕府創設に大きな功績を挙げ、上総国・下総国を中心に東北地方から九州地方に至る全国二十数ヶ所の広大な所領を獲得すると、この町は飛躍的に発展した。「家数一万六千軒、表八千軒、裏表五百八十小路」（「千学集」・金剛授寺蔵）といわれ、人口は六～七万人に達する大都会だったことになる。多少の誇張はあるだろうが、当時の関東地方では鎌倉に次ぐ大都会であったことは確かである。城下町の範囲は、北は曽場鷹《そばたか》大明神（廃社・千葉刑務所の付近）から御達報《ごたっぽ》稲荷（稲荷町地内）までの間とされる。当時の城下町が、現在の稲荷町付近から県庁の前付近を経て千葉神社を東に曲がり、香取道《かとりみち》（国道五一号線）に沿って都町地内の千葉刑務所付近まで続いていたことになる。

城下町の構成は、大きく都川の大橋をはさんで侍屋敷（武家屋敷）と町人屋敷に分けられており、侍屋敷は都川の北側から曽場鷹大明神までの間で、大橋から金剛授寺までの間を本宿といい、その東方に重臣であった円城寺の一門、家臣の屋敷、西側に原氏の一門、家臣の屋敷があったとされる。また、本宿（町の中心部）には千葉氏の一門の屋敷があり、さらに谷田部から曽場鷹大明神までの間は侍屋敷となっていた。この町は、享徳四年（康正元年・一四五五）に千葉城が一族の原胤房に攻撃され、灰燼に帰した。その後、千葉氏の拠点が佐倉に移されると城下町としての機能を失い、妙見宮別当寺であった金剛授寺の門前町としての性格を強めた。そして天正十八年（一五九〇）に千葉氏が滅亡し関東地方に徳川家康が入部すると、金剛授寺は家康の庇護を受けて妙見寺と改称し、二百石の朱印地を与えられる。以後、千葉の町の中心部は妙見寺の門前町として栄えたのである。（鈴木）

妙見のキーワードは「星」と「北」

千葉神社の通称「だらだら祭り」は、夏の暑い盛りに行われる歴史あるお祭りで、正式には「妙見大祭」である。実は、このお祭りは「一言妙見」とも呼ばれ、祭りの期間中に何か一言願いをかければ、その願いは必ず叶うといわれている。千葉神社の前身は、千葉氏が妙見を祀った北斗山金剛授寺尊光院というお寺であったが、なぜ神社として祀られるようになったのか。江戸時代までは神仏習合思想、つまり神と仏は同じと考えられていて、妙見さまはお寺の中の妙見堂で祀られていた。ところが、明治になると神と仏は別と考えられるようになり、妙見さまは天御中主命と名を変えられて神道で祀られるようになった。

「紙本著色 千葉妙見大縁起絵巻」（千葉市若葉区・栄福寺蔵。以下、「縁起絵巻」）には大黒天が描かれているが、大黒さまと妙見さまとの関係はよくわからない。大黒さまは七福神の一員で、米俵の上に座って頭巾をかぶり、打出の小槌を持ち大きな袋を肩に担いでいる姿が一般的。そのニコニコした表情は、いかにも「福を呼ぶ神」のような印象だ。ところが、滋賀県愛荘町・明壽院の大黒天像（平安時代後期作）は、鎧をつけ左手に宝棒を持っていて、「大きな袋を肩に掛け」という歌詞のような大黒さまとはだいぶ違っている。

また、インドでは「破壊」を意味する暗黒の神といわれ、私たちのイメージとはかなりかけ離れているのだ。

日本では僧侶の妻を「大黒さん」と呼ぶが、これは僧侶の妻が食事を取り仕切っているから。大黒さまが厨房の神として祀られるのは、インドや中国にも見られるが、日本では最澄が比叡山の厨房に初めて祀ったと伝えられている。平安時代後半に、大黒天は食や財福の神という性格を強めるが、その傾向を一層推し進めたのは神仏習合の考え方だったのだ。

さて、出雲神話の神である大国主命《おおくにぬしのみこと》は、須佐之男尊《すさのおのみこと》の子や五世、六世の孫といわれるが、大国主命の大国が「だいこく」と読めるため同一視されるようになり、近世の七福神信仰の隆盛で大黒天は「大黒さま」として日本の庶民に深く信仰されていった。この大黒と同じ音で「太い」に北極の「極」と書いて「太極」ということばがある。「太極」とは中国の歴史書「史記」にあるように、中国古代哲学で宇宙の中心を示し、天文学的には北極星になぞらえている。また、天皇が賀正や即位など国家の大礼を行う場所に「太極殿《だいごくでん》」がある。天は北極星が中心であるように、天皇は地上の中心にあって政事を太極殿で執り行ったのである。

ここまで探っていくと、妙見さまと大黒さまは「星」「北」というキーワードでつながることが理解できるだろう。大黒さまはネズミに助けられたという伝承があり、ネズミは、米を食べても大黒さまに怒られないといわれている。ネズミは十二支では「子」であり、十二支を方角に当てはめると、北方を占めるのは亥・子・丑で、子はその中央にあることから正北を示す。大黒さまの祭りは「子祭」といわれ、十月子日や年間六回めぐってくる甲子などがあるが、いずれにしても、大黒さまの祭日は、「子」に集中している。これも「子」が北を表すからだろう。こう考えていくと、北極星もしくは北斗七星を神格化した妙見

さまの由来を述べた絵巻に、なぜ大黒さまが描かれているかがわかる。（宮原）

妙見の由来を語る「千葉妙見大縁起絵巻」

前述の「紙本著色 千葉妙見大縁起絵巻」（以下、「縁起絵巻」）は、千葉氏の守護神とされた「妙見神」の由来を述べたもので、奥書には戦国時代の享禄元年（一五二八）および天文十九年（一五五〇）辛亥に制作されたと記されている。辛亥は天文二十年を示すから年次と干支が矛盾するが、実際、当時の人々は干支で年次を考えていたことから、天文二十年と考えられる。このため絵巻の完成に二十二年かかったことになるが、絵巻の制作にこれほどの歳月を要することはない。文体からは、おそらく享禄年代に「詞書」ができ、のちに絵が加えられたと推定できる。制作者の本庄《ほんじょう》伊豆守《いずのかみ》胤村《たねむら》は千葉氏家臣で、北斗山金剛授寺尊光院を警護した武士として知られている。詞書はのちに何回か補足され、絵は江戸初期にすべて書き直されている。

千葉氏が信仰した妙見とは、どのような神であったのだろうか。千葉氏の始祖・平良文が平将門と共に上野国群馬郡の染谷川で兄・国香と戦ったとき、近隣の花園村息災寺の妙見が現われて合戦の危機を救ったという伝承がある。息災寺の妙見を勧請して守護神としたのが千葉妙見であり、妙見像は代々千葉氏の本宗家に伝えられた。大治元年（一一二六）に千葉城築城とともに城内に安置され、城が康正《こうしょう》元年（一四五五）に千葉氏の内紛で落城すると尊光院に移された。妙見は千葉に移されたあともたびたび現れて千葉氏の危機を救ったが、そのありさまは「紙本著色 千葉妙見大縁起絵巻」に、詞書と絵で詳しく描かれている。

詞書は、「妙見実録千集記」「千学集抜粋」というほかの史料の内容とほぼ同じだが、絵は染谷川に現れた妙見や、妙見を祀った尊光院の様子などが実に生き生きと描き出されている。この絵巻の千葉妙見は、亀の甲に蛇が巻きついたような形の玄武の上に乗っている。この神は天の四方を司る四神の一つで、東の青竜、西の白虎、南の朱雀、北の玄武とあり、この千葉妙見が乗っているのは玄武である。ここでもキーワードは「北」ということがわかる。千葉妙見の表情は、穏やかながらもキリリとした感じで、右手には武神の象徴である剣を持っている。（宮原）

千葉神社に掲げられた「妙見」の額

妙見さまが祀られている千葉神社に足を運ぶと、赤い重層建築のひときわ目を引く社殿がある。その中心に掲げられた「妙見」の額が、千葉の妙見さまとしての長い歴史を物語っており、思わず手を合わせてしまう神々しさが伝わってくる。

現在、千葉神社の祭神は天御中主命で、相殿に経津主神《ふつぬしのかみ》・日本武尊《やまとたける》が祀られている。経津主神は千葉神社の地主神である香取社に祀られる神で、天御中主命が妙見であり天の中央で天空を司る神である。千葉神社の祭礼は、神輿が渡御する際、境内に鎮座する地主神としての香取神社へまず立ち寄り、還御の時も正面の鳥居から入らずに香取神社側の脇道から入り、香取の神に敬意を表している。千葉神社の前身である北斗山金剛授寺尊光院は、妙見像が安置されている妙見宮の別当寺であったが、千葉氏は元服の儀式を妙見宮で執り行うなど、妙見を厚く信仰していた。天正十八年（一五九〇）に千葉宗家が滅亡してからも、

「千葉の妙見さま」と呼ばれて人々の厚い信仰を集めてきた。

この寺院は、江戸時代に妙見寺と改称され、千葉郷を中心に信仰されていたが、明治元年（一八六八）の「神仏分離令」で寺院は廃され、妙見堂は千葉神社と改称された。妙見さまは天御中主命とされた。また、明治三十七年（一九〇四）の火災では、妙見像や社殿をはじめ多くを焼失したが、妙見の持っていた七星剣は焼け残ったと伝えられている。昭和二十年の空襲でも大きな被害を受けたが、人々によって復興され、厄除開運・八方除の神様「千葉大妙見」として崇められている。（宮原）

大日寺・来迎寺の千葉一族供養塔群

千葉神社の隣に、花々が咲き数々の造形彫刻が置かれた小公園がある。ここは戦前まで千葉氏の菩提寺である大日寺が置かれていた。大日寺は現在、轟町に所在し、山号を阿毘盧《あびる》山大日寺という真言宗豊山派の寺院である。かつて行基《ぎょうき》菩薩が活躍した頃に、仁生菩薩が千葉に来て大日如来を本尊として建てたことが始まりとされる。そして大治元年（一一二六）、平氏の流れを汲む平常重が千葉に本拠を定めて「千葉」を名乗るようになり、大日寺を菩提寺とした。白塗りの山門をくぐり境内にたたずむと、千葉氏累代の墓碑群が木漏れ日を浴びながら、どっしりと建っている。残念ながら刻銘がほとんどなく誰のものかわからないが、『千葉郡誌』に曰く「平常兼から千葉胤直まで」の供養塔群があるそうだ。墓石は中世のものと推定されているが、いにしえの千葉一族の威勢を感じるのにうってつけの場所といえる。（宮原）

大日寺から道を隔てた反対側の敷地に来迎寺がある。浄土宗の智東山来迎寺といい、かつては中央区道

千葉氏供養塔　来迎寺境内の７基の五輪塔に千葉氏胤など７人の銘文が刻まれている　千葉市稲毛区・来迎寺

千葉氏歴代墓所　平常兼から千葉胤直までの当主が眠っている　千葉市稲毛区・大日寺

場町にあった。南北朝の戦乱で、千葉氏は南朝に従った千葉貞胤と北朝に従った千葉胤貞の従兄弟同士が戦いをはじめる。貞胤はこの戦乱に阿弥陀如来の功徳を得て、時宗を開いた一遍上人や他阿真教上人を深く崇敬し、時宗信者となる。その関係で来迎寺も他阿真教上人によって開山された。来迎寺には鎌倉末期作と伝わる阿弥陀如来像が安置されていて、ご住職の話では真教上人の作といい、そのたおやかなお顔と表情に誰もが魅了される。境内には貞胤以降の供養塔が七つ建っている。刻銘がはっきりしている供養塔は、氏胤夫妻と満胤夫妻のものである。ちなみに氏胤の子は胤明で、のちに出家して浄土宗第八世を継承する酉誉聖聡上人である。東京都港区芝の増上寺を開山した高僧である。（鈴木）

九州千葉氏の祖・宗胤を祀る宗胤寺

宗胤寺は古くは現在の千葉県庁前にあり、その境内地に県庁舎が建てられたという（『千葉市史』）。宗胤寺は九州千葉氏の祖・千葉大隅守宗胤を祀る曹洞宗の寺院である。境内を歩くと、木造の本殿に月星の紋章が緑に輝くのが印象的だ。本尊の釈迦如来を拝んだあと、ご本尊を背にして墓所を歩くと正面に大きな五輪塔が見えてくる。これが「伝千葉大隅守宗胤の供養塔」である。宗胤の墓所は、佐賀県小城市の円通寺大門に「千葉宗胤夫妻墓所」があるが、千葉にも追善供養として建てられたようだ。がっしりとした五輪塔は、中世に九州肥前を支配した宗胤の威勢を感じさせる。また、この寺には千葉氏研究の先駆者の一人で、『房総叢書』『千葉氏の研究』の執筆で知られた奥山市松（号松濤）氏の墓石が、宗胤を守るかのように建っている。（鈴木）

稲毛浅間神社と十二支彫刻の登渡神社

稲毛には、稲毛浅間神社が高い丘の上に鎮座している。かつてここの社殿から、風光明媚な景色が見えたことであろう。この神社は富士山のご神体・木花咲耶《このはなさくや》姫命《ひめのみこと》を祭神として分霊した、千葉一族の崇敬が厚い神社として有名である。社殿には九曜紋が象られ千葉氏との間柄がうかがえる。かつて、浅間神社宮司は布施氏という武石氏の末裔が養子に入っていた。

また、京成電鉄の新千葉駅に近くに、妙見さまの登渡神社がある。もとは白蛇寺真光院といって妙見さまを祀る寺院だったが、明治の神仏分離令で登渡神社と改称した。その歴史は江戸時代に遡る。千葉氏最後の当主千葉介重胤の一子・定胤が、千葉・妙見寺から分霊して一寺を建立したのが始まり。今、社殿の前にたたずむと、壮麗な十二支の彫刻に目を奪われる。これは江戸後期に活躍した信州松代の彫刻師・立川和四郎富昌一門によるものである。かつて千葉神社にも多くの立川一門の彫刻があったそうだが、今は数点が残るだけとなった。（宮原）

常胤妻を供養する板碑

印旛沼から注ぐ花見川流域は、千葉常胤の三男・武石胤盛の子孫が支配していた。〝武石〟を現在の人々は「たけいし」と呼ぶが、正式には「たけし」と読む。この武石町に胤盛ゆかりの寺院、伽羅陀山真蔵院がある。興教大師の建立とされ、平安末期に千葉（武石）胤盛の崇敬を受けてその菩提寺とされた。本堂前にある鎌倉期の古い板碑《いたび》は、かつて千葉常胤の妻が亡くなった際、塚の上に供養した板碑といわれる。本堂左側の小高い丘には浪切不動堂があり、かつてはこの地まで海があったことがわかる。祀られている不動尊像は胤盛の念持仏というが、現在は秘仏で拝観はできない。この不動堂の裏山を抜けた台地上が武石城跡で、さらに北東に歩くと武石胤盛を祀る小さな祠がある。これが武石神社で、江戸時代に武石氏の末裔で現在の富津市湊にいた武石胤興・胤次が建立したという。二人は戦国時代に安房里見氏に仕えた百人衆の一人・武石勝左右衛門の子孫とされ、祖先の供養のために建立したようである。また、千葉市花見川区武石町にある三代王神社は「天種子命」を祀り、武石胤盛の崇敬厚い神社であった。二十二年に一度の大祭は、船橋の二宮神社、船橋大神宮とともに挙行するが、のちに馬加城主になった千葉康胤が奥方の安産祈願のために奉納したもので、それ以来、巡行されている。（鈴木）

2　千葉氏本宗に近い臼井一族の繁栄――佐倉・印旛郡市

鎌倉幕府創立に貢献した臼井氏

佐倉市には中世の臼井城が残っていて、今は歴史公園になっている。太田道灌や上杉謙信が攻めても落城しなかったという記録があり、名城の名をほしいままにした。北東部には広大な印旛沼を控え、戦国期の千葉氏の居城・本佐倉城の喉元といえる場所であった。城跡に登ると、戦国末期の城の形態をよくとどめていることがわかる。臼井城は、かつて平安末期に千葉氏同族の臼井常康によって築かれ、以後、臼井一族の居城であった。千葉氏と同様、鎌倉幕府創立に参画しながら千葉氏の陰に隠れてしまう。臼井氏は南北朝期にも活躍するが、この時の当主は臼井左近将監興胤《おきたね》。彼は伝説上の人物である。

次も伝説だが、臼井氏の危機を救った一人の女性がいる。臼井興胤の乳母・おたつ（阿辰）だ。城主・祐胤の死後、一子の竹若丸（のちの興胤）が跡を継ぐことになり、叔父の志津胤氏が後見したが竹若丸を亡きものにしようとした。これを察知したおたつは一族の岩戸胤安に連絡、竹若丸を逃す。しかし、おたつの行為が胤氏にばれたため、彼女は逃亡し草むらに隠れたが、そこで咳をしてしまい胤氏の追っ手に殺害されてしまった。里人はこれを悼み、おたつの霊を慰めるため祠をつくったという。この物語が広く伝わったためか、やがて「咳の神様」として崇敬を集め、祠をお参りすると咳の病が治るといわれている。

臼井氏のその後については詳らかではない。一説には臼井久胤《ひさたね》の時、千葉氏の武将・原胤貞に追われ下総結城氏を頼ったと伝えられる。その後、臼井城は豊臣秀吉の軍勢に接収され徳川家康の家臣・酒井家次《さかいいえつぐ》が居城したが、しばらくして廃城になった。臼井氏は結城氏の重臣から、江戸時代には水谷《みずのや》氏の家臣として備中松山《びっちゅうまつやま》藩に仕えたという。越前鯖江《えちぜんさばえ》五万石の間部氏の中老になったともいわれている。（鈴木）

印東・臼井・白井の庄園が成立

印旛郡は県の中央部に位置し、印旛沼以南を中心に開けた一帯である。周辺は先土器時代の遺跡や古墳が多く確認されている。郡内に成立した主な荘園には印東庄・臼井庄・白井庄などがある。これらの荘園のうち、印東庄の初見史料は「下総国印東庄郷司村司交名」や「平常澄解」に「印東御庄」とあるから、平安時代の末期には庄園化され上総介常澄の所領になっていたことが確認できる。この区域は印旛沼東部・東南部一帯で、現在の佐倉市・酒々井町・富里町西部・成田市南西部に及ぶ。

臼井庄の初見史料は、香取神宮の文書である天福《てんぷく》二年（一二三四）正月十二日「大神宮司庁宣」に「下総国臼井郷」とあり、鎌倉時代前期には成立していたことが確認できる。この区域は、印旛沼南岸丘陵および低湿地帯で、現在の佐倉市を中心に八千代市・船橋市にまで及んでいた。

また、白井庄の初見史料は「吾妻鏡」で、文治二年（一一八六）三月十二日条の「関東御知行国乃貢未済荘々目録」に「下総国…延暦寺、白井庄」とある。この区域は下総台地から印旛沼に北流する鹿島川の上流一帯で、現在の佐倉市から八街市に至る地域とされる。これら荘園の成立時期は不明だが、印東庄については上記の史料から十一世紀中頃に成立したと考えられる。

臼井庄は「徳島本千葉系図」(「神代本千葉系図」の異本) によれば、上総の大椎を拠点に武士団を形成した大椎権介常兼の子・常康が臼井氏を称した。十一世紀後半には臼井氏が入部し、庄園の成立と武士団形成が図られたのであろう。また、臼井庄は平忠常の孫である常永の子・常親が臼井次郎と称したことから、臼井庄より早く十一世紀半ば頃には常親が入部し、庄園の成立と武士団の形成が図られたと考える。(鈴木)

臼井城と太田道灌の一族

臼井城は天下の名城で、太田道灌や上杉謙信が攻めたという記録が残されている。江戸築城で名高い太田道灌は上杉氏家宰の太田資清の嫡男に生まれ、本名を資長、出家して道灌と名乗る。室町中期に活躍し、徳川家康が入府する前の江戸を整備した人物で、文武両道に秀でた名将といわれる。

道灌は室町幕府の意向を反映しながら、関東平定に尽力する。特に、下総地方では本宗家の千葉胤直が謀反により自害して以降、千葉氏は二つの系統(自胤派と孝胤派)で相争い、道灌もその収拾にあたっていた。彼は境根原合戦・臼井城合戦・庁南城合戦に遠征し、自胤の下総復権をバックアップしている。道灌の弟の資忠《すけただ》は下総臼井の合戦であえなく討ち死に。今は図書塚としてひっそりと建っている。兄の道灌も主君の上杉定正から誤解を受け、非業の死をとげた。その死はまた、自胤にとっても下総復権の夢を挫折させられることになったのである。

その後、関東地方は小田原北条氏と安房里見氏が出現する戦国時代を迎えるが、太田氏は房総半島と強いつながりを見せる。太田氏は、岩槻城主と江戸稲付城主の二流に分かれていた。岩槻城主・太田資正(本

太田道灌画像　神奈川県伊勢原市・大慈寺蔵

太田図書資忠の墓　資忠は道灌の弟で、臼井城の戦いで討ち死にした　千葉県佐倉市

流）は稲付城主・太田康資《やすすけ》（支流）と謀って反北条ののろしをあげ、安房里見氏と結んで第二次国府台合戦をおこした。しかし、結果は里見方の敗北に終わり資正は常陸へ逃亡、康資も里見氏を頼ったのである。康資は安房に隠棲し大多喜の地で死没するが、子の重正《しげまさ》は安房で成長ののち常陸佐竹氏に仕えた。

一説によると康資が安房で生ませた女子をお勝といい、のちに徳川家康の側室・英勝院となる。彼女は水戸徳川頼房を養育するだけでなく、甥の資宗《すけむね》の大名取立てに尽力したという。のちに資宗は若年寄を務め、遠州掛川《かけがわ》藩主（静岡県掛川市）となった。そして明治になると、資宗の末裔・太田資美《すけよし》は、遠江掛川から上総芝山《しばやま》藩（松尾藩）に転封を命ぜられた。資美は現在の山武市松尾町に藩庁を置き、松尾の産業振興に尽くした。このように、太田道灌とその末裔は房総と幾重にもつながっているのである。（鈴木）

在地領主として発展した印東氏

印旛郡には印東庄・臼井庄・白井庄の三つの庄園が成立し、その個々の庄園を開墾し在地領主として発展した武士団を探ってみよう。

当初、下総国印東地区に入部して、この土地を開墾し庄園として発展させたのは、平常長の孫・上総介常澄である。それを証する史料は「平（上総介）常澄解」があり、そこには「印東御」と記されている。そして、この「解（げ＝古代の公式の法令に定められた文書の様式）」が作成された時期から判断して、荘園の成立時期は十一世紀の後半であろう。常澄は、千葉介常重と従兄弟にあたる上総国の豪族であったが、この史料によって上総国一帯だけでなく、下総国の一部も支配していたことは明らかだ。この所領は常澄の没後、子の印東常茂に伝領された。常茂は下総の印東だけでなく上総の長南も伝えられ、これらは子の重常・頼常・師常・常政などに伝えられている。このうち、重常は長南を与えられ「長南太郎」と称した。

このように、印東常茂の子孫は印東庄と長南郡に分かれた。これは、常茂が本貫地の印東庄のほかに、長南郡や武射郡なども所領としたためであろう。印東氏は、常茂の子の代で印東氏と長南氏に分裂する。そこで印東氏の本領である印東庄を継承したのは頼常で、印東別当と称した。その子の常直は「印東太郎」と称したから、「六条八幡宮造営注文」にある印東入道跡は常直と考えられている。（鈴木）

千田庄にまで及んだ臼井氏の支配

大椎権介常兼の子・常康は、臼井六郎と称した。常康は千葉介常胤の叔父にあたる人物で、千葉氏本宗とは極めて血統の近い一族である。この武士団は、主に臼井郷を中心とした強力な武士団を形成していた。臼井郷の初見史料は先述の天福二年（一二三四）正月十二日「大神宮司庁宣」で、ここには「下総国臼井郷」とある。庄園は平安時代末期に、この郷を中心として成立したのであろう。その区域は現在の佐倉市・八千代市・船橋市一帯と思われる。臼井常康には常真・常忠の二子があったが、このうち常真は神保次郎と称し、神保氏の祖となった。臼井姓を継承した臼井常忠には、宗常以外に十人の子がいるが、この武士団には印旛郡内や千葉郡内の地名を称した星名氏・沼尻氏・宮内氏・鹿渡氏・志津氏・小名氏・栗田氏・小竹氏・真野氏などがいる。その一族には、千田庄内の地名である牛尾氏・原氏を称した武士団もあったことから、その勢力が千田庄まで及んだ時期があったと考えられる。（鈴木）

3　大須賀氏にまつわる数々の遺跡——成田市

武勇に優れた初代・胤信

旧大栄町の松子地区には、松子城跡がある。この山麓に住む山倉信雄氏にうかがうと、かつて城で使われた姫井戸や妙見社が残っているとのこと。また、妙見社の門前には、大須賀氏の石碑が苔むしていた。戦前、大須賀一族の顕彰のために建てられたそうだ。松子城は中世の平山城で、大須賀氏の初代・胤信以下、歴代の当主が住んだ城といわれている。下総町（現、成田市）の助崎《すけざき》にあった助崎城もまた、大須賀氏の居城という。初代・胤信は千葉一族の中でも武勇に優れた人で、「吾妻鏡」にも功績が記されている。

さて、胤信を偲ぼうと歩いていると、地元の方が「町のコミュニティセンターに肖像画がある」と教えてくれた。この絵は、日展会員の方が大須賀胤信を模して昭和の時代に描いたものだそうだ。早速行ってみると、胤信の甲冑を着た騎馬像が掲げられていた。この町内には、真言宗大慈恩寺と曹洞宗宝応寺という巨刹があり、ともに大須賀氏と関係が深い。大慈恩寺は古くは「慈恩寺」と呼ばれ、奈良時代の鑑真和尚による開山と伝えられる。鎌倉時代に入って大須賀氏の信仰を集め、その祈願寺となった。胤信の孫・胤氏は、奥州磐城から律宗の高僧・真源和尚を招き、関東でも有数の真言律宗の道場として繁栄した。

大須賀氏の歴代墓所　千葉県成田市・宝応寺

鎌倉時代中期の梵鐘　千葉県成田市・大慈恩寺

南北朝時代、足利尊氏・直義兄弟は夢窓疎石国師の奨めにより、安国寺《あんこくじ》利生塔《りしょうとう》を全国に建立した。下総では慈恩寺が選ばれ、後小松天皇により「大」の字を与えられて「大慈恩寺」になったという。後年、大須賀氏の滅亡によりその庇護を失うが、徳川氏の朱《しゅ》印地《いんち》となる。現在、宮内豊俊住職と檀家の力により復興され、訪れる人々の心を和ませている。境内には、真源が鋳造した千葉県文化財の梵鐘や室町時代の板碑、安国寺利生塔跡礎石群、勅使門など優れた文化財が多く残っている。

もう一つの巨刹・宝応寺（曹洞宗・松崎文秀住職）は大須賀氏の菩提寺である。松子城跡から大須賀川を隔て、対岸の大地の麓に鎮座する。「香取郡誌」によると、「大須賀胤信以下歴代城主の墓所がある」との記載がある。本堂の上には月星紋が皓々と輝き、釈迦如来を本尊として祀る。本堂左側の階段を上ると、大須賀氏歴代の供養塔群が苔むして並んでいる。栄枯盛衰を物語るように、大須賀氏の当主が眠っているようだ。大須賀氏の墓所の傍らに、旗本・神保氏張の墓所が残る。（鈴木）

4　かつては幕府の馬の放牧地――松戸市

重胤が陸奥国行方郡に移住

松戸市から柏市一帯にかけて、かつては馬の放牧の適地であった。名馬の摺《する》（磨）墨《すみ》もこの地で生まれたと伝えられ、柏市呼塚の地名も「馬を呼び寄せた」ことの名残りだそうだ。昔は雨乞い祈願のため、人々は農耕用の貴重な馬を神に献上したという。大切な馬を献上することで、願いがいかに真剣かを神に伝えようとした。これがのちに絵馬となり、現在では受験シーズンには欠かせないものになっている。

正応二年（一二八九）二月二十日、師胤は所領を子の松鶴丸（重胤）に譲る。重胤はこれ以外にも永仁四年（一二九六）、伯父・胤門の養子となってその所領を継承した。（永仁四年八月二十四日付「相馬胤門譲文」

「相馬文書」永仁五年六月七日付の「関東下知状」）。また、同年には伯父・胤氏と行方郡高村の支配について争う。さらに正安《しょうあん》二年（一三〇〇）には、伯父・胤実と下総国相馬御厨内増尾村・陸奥国行方郡磐崎釘野・同郡小高村の所領の領有権について相論を起こした。だが、重胤が行方郡高村の田在家の領有権で争っているとき、北条氏の得宗家御内人であった長崎思元がこの争いに介入し、領地を奪う事件が起こった。

その原因については、元亨元年（一三二一）十二月十七日付の「相馬重胤申状」（「相馬文書」）に「重胤、下総国相馬郡に居住するをもって」とある。ここから考えると、長崎氏の介入を許した背景に、重胤が下総国相馬郡に居住していたことが遠因と推測できるのだ。そのため、重胤は元亨三年（一三二三）四月、岡田氏・大悲山氏などと共に陸奥国行方郡へ移住を決意したのだろう。「奥相志」によると、重胤は家臣八十三騎と一緒に移住し、千葉氏一族の守護神「星の宮」（妙見社）も勧請したという。

なお、移住当初に拠点としたのは行方郡大田村別所（原町市）であり、嘉暦《かりゃく》元年（一三二六）に同郡小高村（南相馬市）に移ったとされているが、元亨二年（一三二二）七月四日付の「関東御教書」に「小高孫五郎（重胤）殿」とあることから、実際に重胤が奥州に移住したのは元亨二年だった可能性もある。（鈴木）

野馬奉行に任ぜられた綿貫氏

房総には、古代から野生の馬が生息する原野が各地にあったため、平安中期には朝廷に納めるための馬牧が置かれ、戦国時代には武士団の軍馬の供給地になった。徳川家康の時代には、下総と安房に江戸幕府直轄の牧場の小金牧・佐倉牧・嶺岡牧があった。

小金牧は、現在の野田市から松戸市・船橋市の一帯、佐倉牧は、現在の香取市から成田市・酒々井町・八街市に至る広大な地域を占めた。この小金・佐倉牧を管理して「野馬奉行兼牧士支配《のまぶぎょうけんまきししはい》」に任ぜられたのが、千葉氏の末裔・綿貫《わたぬき》氏である。常磐線北小金駅前に「綿貫書店」があるが、この書店およびビルを経営するのは、初代の政家から数えて十五代目当主・綿貫政治氏（取材当時）である。綿貫氏の伝承によると、その祖は戦国期の千葉氏本宗家・昌胤の次男・政胤といわれる。現在の四街道市山梨にあたる下総山梨の館に住し、姓は漢字で「月見里」と書いて「やまなし」と称した。

古い歴史があるこの地は、鹿島川支流を見おろす高台に位置し、月がよく見えるという意味からの命名だろう。政胤の子・政家は馬術大坪流の達人であったが、天正十八年（一五九〇）、小田原北条氏に味方して一時没落し、縁故のある小金慶林寺に引きこもる。しかし、小田原の陣で一緒だった諏訪部定吉が家康の馬術指南になり、彼の推挙で政家もお目見えすることになった。綿貫氏によると、「このとき先祖は、定刻に間に合わず家康に咎められた。そこで遅刻した理由について正直に、貧乏していたため衣服がなく綿入れの綿をとり作り直してきたと話す。この正直さが評価され、以後、現在の〝綿貫〟に改姓するよう命ぜられた」という。のちの慶長年間、小金・佐倉牧の設置と同時に野馬奉行に任じられ、それ以後は代々夏右衛門を名乗り、千葉氏旧臣・安蒜氏などを牧士に登用し、広大な牧を支配したという。

牧士の仕事は、野馬狩りの指揮、牧場内の飲み水、山林の手入れなど広範囲にわたる。また、野馬が民家へ侵入するのを防ぐために造られた土手の管理にもあたり、高さ二・三メートルの土手、深さ二・三メートルの堀を構築したという。野馬の数も五千頭以上といわれ、野馬奉行という仕事が極めて重要な役割を

馬の鞍　松戸で野馬奉行を勤めた綿貫氏に伝えられたもの　千葉県松戸市・綿貫政治氏蔵

果たしていたことがわかる。小金牧は、水戸徳川氏の参勤交《さんきんこう》代《たい》の通行地で綿貫館へ寄った可能性も考えられる。以後、この家は小金牧を担当するが、明治維新のときに筑波山麓へ避難したといい、これが幸いして小金宿は戦火を免れたという。

時は移り徳川幕府が倒れた頃、政府は明治維新で職を失った人々のために小金牧を開放し、開墾させた。そして明治に至り、小金町制が施行されている。昭和期に、綿貫政吉は小金町長に就任、膨大な野馬奉行文書を県に寄託した。これらの文書類は今なお県文書館に保管され、牧場史を知るうえでの貴重な史料となっている。その孫・政治氏も土地区画整理事業に協力し、小金地区の発展に貢献した。

なお、綿貫家には数々の伝来品があり、「鞍」には綿貫政也の署名・花押と明暦年間の銘がある。また、代々の和歌が残り文武に秀でていたようだ。さらに、徳川光圀来訪の伝承もあり、「光圀」と署名した文書に「四月遡夏右衛門」と書かれている。「わたぬき」の漢字は「四月」という字に、ついたちを意味する「朔」という漢字をあてている。四月は「綿

を抜く時期」であるからこの文字をあて、「わたぬき」と読ませたそうである。（鈴木）

千葉頼胤の萬満寺と直参旗本の高城氏

　歴史的要素と近代的要素を合わせ持つ松戸市だが、なかでも旧小金町と馬橋町は早くから発達した古い街で、千葉氏の関連遺跡が数多く点在する。その一つが三日月《みこぜ》という地名で妙見信仰と関わりがありそうだ。馬橋には法王山萬満寺・蘇羽鷹神社などがあり、周辺に千葉常胤の曾孫・頼胤の館跡があったという伝説も残っている。

　松戸市馬橋の古刹に萬満寺がある。開基は正確にはわからないが、その前身に大日寺が関わっていたという。萬満寺は千葉氏と支流・高城氏との関係が深い寺院で、「鎌倉大草紙」によると、六代・千葉頼胤が鎌倉極楽寺の忍性上人を招き、源頼朝から実朝まで源氏三代将軍と千葉氏一門の菩提を弔うため、大日如来を祀る大日堂を建立したと記されている。その後三十年を経た弘安の頃に、大日寺が千葉へ移されたと伝えられる。忍性上人は主に関東を巡って貧しい人々を救うなど、社会事業にも貢献している。

　千葉頼胤は、先述のように鎌倉時代中期に活躍した武将で、父・時胤が早く亡くなったため若くして千葉氏の家督を継いだ。「頼胤」の「頼」は北条時頼から諱を与えられたようだが、頼胤の時代の千葉一族は受難に見舞われる。文永年間に初めての外国勢力との戦いに出陣を命じられ、肥前小城へ赴く。これが蒙古襲来、すなわち「元寇」だが、「北肥戦誌」によればこの戦いで頼胤は負傷し、三十七歳にして肥前小城で没した。このとき、遺骨は小城と下総大日寺に安置されたという。大日堂は南北朝時代、千葉貞胤のときに馬橋から千葉に移され、馬橋に残された寺域を臨済宗に改宗して萬満寺と号したという。これは足利尊氏の追悼を目的に、夢窓疎石国師の法嗣・古天周誓《こてんしゅうせい》が中興開山となり、鎌倉公方足利氏満の一字を得て萬満寺になったという。しかし、萬満寺と大日堂は別物であるとする説も少なからず存在する。

萬満寺は、戦国時代に小金城主・高城氏の崇敬を受け、制札が保管され、運慶《うんけい》作という金剛力士阿吽像二体（国重要文化財）が安置されている。本尊の不動明王（松戸市指定文化財）も運慶作と伝えられるが、銘が無いために大日堂の仏像とされている。

高城胤廣とその一族の墓所　千葉県松戸市・廣徳寺

流山線の小金城趾駅から歩いて六、七分のところに高城氏の菩提寺・廣徳寺がある。曹洞宗の寺院で室町中期の開基。建立者の高城氏は千葉氏支流・原氏の家臣とされるが、子孫に伝わる伝承や江戸期の「寛政重修諸家譜」などは「藤原氏の出」という。最近の説では肥前国高城村の在庁官人の末裔とされている。室町中期に本佐倉城主の千葉勝胤から息女を迎えるなど千葉氏との結びつきは強く、さらに勝胤が帰依した曹洞宗をも一緒に導入し、廣徳寺や慶林寺を領内に建立している。

廣徳寺は異界の雰囲気も漂う。高城氏の墓所は開基の一族であるため一番の高所に位置し、高城胤廣ほか三代の供養塔といわれている。高城氏は、千葉氏の家臣ながら小田原北条氏の傘下に入り、小金領として西は東京都葛飾区から東は茨城県牛久市周辺までを領したという。しかし、豊臣秀吉により領地を没収され、蒲生氏郷に預かりとなった。江戸時代には、千葉氏の中では特例ともいえる直参旗本に召し出されて江戸在勤となり、江戸中期には高城清左衛門胤親が先祖墳墓の地を訪ね、供養をしたと伝える。その時の墓石が、現在も残っている。（鈴木）

剣豪・千葉周作が育ったまち

江戸時代の剣豪で知られる千葉周作。その出生については諸説あるが、周作研究家の佐藤訓雄氏によると、東北千葉氏の支流で今泉《いまいずみ》城主（岩手県陸前高田市）・千葉重胤《しげたね》の末裔ではないかという。周作の父・成胤は、一族と共に奥州を離れて宿場町松戸に定住。この地で浦山寿貞と称する医師となった。周作はこの地で十六歳から二十七歳頃までの青年期を過ごし、浅利又七郎と共に中西一刀流を学んだ。しかし、のちにこの流派に疑問を持ち剣術修行の旅に出る。このとき父・成胤は松戸に残り、周作の妻・小森氏の援助を得ながら亡くなり、松戸宝光院に葬られたと伝わる。

剣術修行に明け暮れた周作は妙見菩薩を信仰しながら、小野派一刀流の改良研究に努め「北辰一刀流」を開眼した。小野派一刀流は、安房の御子神（南房総市）出身の小野忠明が開いた流派で、千葉周作の先祖もまた、千葉一族の千葉常胤である。そして、周作が幼少期を過ごした宮城県大崎市も、松戸と同様に江戸時代に宿場町として栄えた。この地で妙見を祀る斗蛍稲荷神社を周作は熱心に信仰していたという。周作が開眼した北辰一刀流の根源も房総にあることから、房総に縁の深い人物であったことがわかるだろう。なお、北辰一刀流の弟子に山岡鉄舟《やまおかてっしゅう》、出羽の清川八郎《きよかわはちろう》、上総の森要蔵《もりようぞう》、弟の千葉貞吉《さだきち》らがいる。そして千葉貞吉のもとからは、歴史上欠くことのできない人物として坂本龍馬《さかもとりょうま》ら明治維新の幕開けに貢献する有名人を輩出した。（鈴木）

5　鎌倉末期に下総から奥州へ移った相馬氏――柏市

増尾に残る相馬氏の居館や妙見社・寺院

柏市南部の増尾地区は閑静な住宅街だが、昔、この地区に「鷲山」という小高い山があり、鷲が巣作りしたほどの深い森だったという。昔話の本を開くと、この増尾という場所は昔話が多いことに気付く。悪さをするムジナの話や、化けて人々を驚かすカラス天狗の話などさまざまである。そんな話に登場するような風景が、今も残っている土地柄である。増尾は中世の柏の中心地で、千葉常胤の次男・相馬師常の系統を引く相馬氏が居を構えた。ここからは、柏市の郷土史研究家・藪崎香氏の話をもとに進めていこう。

相馬氏の居館があった場所は、現在の増尾城址公園付近だそうだ。藪崎氏によれば城址公園の遺構は戦国時代の縄張りで、相馬氏の奥州移転後に建築されたもの。したがってここは相馬氏の居館ではなく、小金城主・高城氏か、その家臣の居館と考えられる。城址公園から南方の増尾字幸谷の丘陵には鎌倉期の館遺構が残り、相馬氏の居館跡にふさわしい雰囲気がある。この館跡を散策すると、確かに相馬氏ゆかりの寺院や妙見社跡がある。

禅宗の少林寺もその一つで、増尾城址の南西に位置する。寺伝によると、相馬師常から四代孫の重胤が

妙見菩薩像　奥州中村藩主の相馬氏が参勤交代の際に参拝したと伝える　千葉県柏市・萬福寺蔵

開いたという。重胤は元亨三年（一三二三）に家臣団八十三騎を率い、下総の地から奥州浜通りの新天地を切り拓き、相馬氏興隆の礎を築いた。足利尊氏に従い、建武三年（一三三七）に北畠軍の鎌倉攻撃の際に防戦に努めたが、敗れて自害する。寺の左側にひっそりと重胤の五輪塔が建っているが、おそらく追善供養塔であろう。重胤の子孫は奥州行方郡の検断職を任せられ、下総国の在地名をつけた家臣団が一緒に奥州へ向かった。増尾氏（柏市）・青田氏（大青田）・薩間氏（鎌ケ谷市佐津間）がその一例である。また、福島県相馬市に鎮座する中村神社の神官・田代氏は、古くは「黒木増尾大夫」と称したことがあり、増尾および大青田地区が相馬氏下総時代の妙見信仰の中核ではないか——と藪崎氏は見ている。

その増尾に、下総と奥州を結ぶ妙見像が残っている。幸谷館跡の北東に妙見社跡があり、現在、妙見像は別当寺であった萬福寺阿弥陀堂に安置されている。江戸時代に奥州中村藩主・相馬氏が代々参拝したという（『東葛飾郡誌』）。非公開の妙見像は厨子の中に安置され、穏やかな表情で背後に丸い輪で表した頭光が飾られている。江戸期の相馬藩主が参勤交代の際、家臣に代参をさせていたと伝え、同様に菩提寺の海禅寺（茨城県守谷市）の保護や、日立市の相馬碑の供養を参勤交代時に執り行っている。相馬氏は、故郷の下総を離れても望郷の一族であり、奥州へ行っても妙見さまを厚く崇敬していることがわかる。

相馬氏の祖・師常の墓所が鎌倉市扇ヶ谷にあって、今もなお陸奥中村藩主の末裔が参拝に来るという。やぐら形の墓所は多くの切り通しに囲まれている。近くの寿福寺には北条政子や源実朝の墓所もあり、偉業をなし遂げた人物の墓所は、江戸時代からの旧家で近くに住む渡辺氏によって今も守られている。

東葛飾地域に数多く存在していた城跡は、都市開発によって姿を消しつつある。増尾城址には土塁や堀割が残り、眼下には遠く谷津田と大津川を望む。また、師常の第三子・行常が「戸張」と名乗って居を構えた戸張城址も、大津川流域の田園地帯を望む高台にある。城址の案内板によると、中世には三方崖の要害の地で、沼に面していたため城下まで船を寄せることができ、交通上重要な地であったようだ。築城以来三百年にわたる政治の中心地で、鎧武者が木々の間を駆け登って行く姿が想像できるほど当時の面影を色濃く残している。（鈴木）

太田道灌との戦いを物語る首塚と胴塚

柏市南部に光ヶ丘という場所がある。ここには東洋道徳の研究家・廣池千九郎が創設した麗澤大学と、昭和三十二年に住宅都市整備公団が日本で初めて造成した光ヶ丘団地がある。実は、この光ヶ丘団地の中に千葉氏ゆかりの遺跡「首塚・胴塚」が残されている。現在は酒井根《さかいね》と記すが、約五百年前は「境根原《さかいねはら》」と呼ばれ、太田道灌と千葉孝胤が激戦を交わした場所である。道灌は江戸城を築いた人物として有名だ。境根原とは、この地域が旧葛飾郡と旧相馬郡の境界であったことから命名されている。

太田道灌と千葉孝胤の戦いの背景は、関東管領上杉氏と鎌倉公方足利氏との軋轢からきている。康正元年（一四五五）、千葉胤直が叔父の馬加康胤の裏切りで殺されてしまう。すると常胤の六男・胤頼の末裔で美濃郡上領主・東常縁がこの内乱を鎮めるため、足利将軍・義政の命令を受けて下総へ向かい馬加康胤を追討する。同時に、殺された千葉胤直の甥にあたる千葉実胤・自胤兄弟を奉じて千葉氏本宗家継承のために十三年奮闘したが、志半ばにして美濃に引き揚げた。ここで自胤は下総復権をめざし、扇谷上杉氏とその家宰・太田道灌と結んだ。千葉氏の重臣・原氏と木内氏が先鋒になって道灌軍と激突、原・木内は討ち死にして道灌方の勝利に終わる（「鎌倉大草紙」）。敗れた孝胤方は下総臼井城へ逃れ、道灌は敵方の戦死者の遺体を集めて供養したという。これが酒井根に残された首塚・胴塚で、当時は数十基あったそうだが、現在は二基のみが残っている。酒井根とは、太田道灌や将兵が池で手を洗い身を清め、傍らの井戸で水を飲もうとしたときに酒が湧いてきたため、道灌が「酒井根」と名づけたといわれる。（鈴木）

布施の妙見社と布施一族

柏市布施字古谷に、通称「布施弁天」と呼ばれる紅龍山松光院東海寺がある。かつて紅い龍が出現したと伝承されるこの寺は、関東三大弁天の一つに数えられている。東海寺管理の妙見社には、江戸時代作と伝わる木造の妙見菩薩立像が祀られている。十八センチの妙見さまは童子を思わせる可愛らしい作品で、岩石を表した台座の上の玄武に乗っている。長年月を経ているが随所に彩色が残り、当時の美しさを今なお漂わせている。妙見社は八坂神社の左後方にある小さな社で、裏手には禅僧に多く用いられる墓石、無縫塔が数基存在し、東海寺との関係を物語る。ここには御城《みじろ》・中城・外城という屋号の旧家があり、それぞれの屋敷に板碑が伝わる。

布施字古谷の台地は布施城跡の一部で当時はかなりの広さを誇ったようだ。妙見社と妙見庵の敷地面積を合わせると五百四十坪という（『富勢村誌』）。この規模から守谷城主相馬氏の一族である布施氏の居城であった可能性が考えられ、この地の妙見は布施氏の氏神として祀られていたのだろう。現在残されている妙見菩薩像や社殿は小規模のため当時のものではないが、歴史の変遷が感じられる。古谷の妙見社では春秋二度の香取・妙見のオビシャが行われていた（元文二年「布施村除地改書出張」）。どうやら、この地区では香取と妙見が鎮守として崇められていたようだ。オビシャは新年に行われる農村の行事だが、現在、柏市だけでも十数ヵ所ある。そのなかでも三番叟や三助踊りなど、古くからの芸能が伝えられている船戸のオビシャは有名である。また、布施字土谷の妙見社でも春秋二度のオビシャが行われていた。この妙見社は飛龍山円性寺の本堂後方にある木造小祠で、中に妙見像はなく、高さ四十二センチの白木厨子に高さ三十二センチ、上端の幅七センチ、下端の幅五・七センチの木札を祀っている。これには「五穀豊穰」「福智延命」と墨書され、厨子の中に真新しい白の幣束も入れられていた。立派な妙見像でなくとも、人々は妙見さまを祀り続けているのである。（宮原）

6　「北の鎌倉」ともいわれた美しい景観――我孫子市・柏市（旧沼南町）

庶民の間に今も残る将門信仰

平将門――その名を知らない人は、いないだろう。昭和五十年代には大河ドラマ「風と雲と虹と」の主人公として取り上げられているが、その最後のシーンで将門が矢で射られ死んだあと、下総の農民たちが馬の駒音を聞いて将門を懐かしむ場面があった。ナレーションでは「平将門は死なない。海や山に将門は、今なお生き続けている」と締めくくる。下総国は、現行の行政区画では茨城県に編入されているが、坂東市・常総市・守谷市は旧下総国であった。ここが平将門の本拠といわれている。本拠地はもとより、利根川を隔てて対岸の我孫子市や柏市（旧沼南町）にも将門信仰はかなり残っていて、我孫子市東部のＪＲ成田線沿いには平将門を祭神とする将門神社や、将門が築いたとされる「将門の井戸」が残る。ＪＲ常磐線天王台駅前には、平将門の家臣が移住して建立したという柴崎神社もある。

特に我孫子市日秀地区の日秀山観音寺は平将門の本尊である観音菩薩を祀り、九曜紋が随所に見られる。境内には顔の部分を少し左側にひねる、変わった地蔵菩薩が安置されている。伝承では、ある旅人が成田山不動尊を参詣しようとお地蔵さんに伺ったところ「知らない」と答えたため、首をひねっているということだ。成田不動は平将門の内乱を鎮めるために建立されたもので、将門を信仰する人々は成田不動への参詣を避けるという。そのため、このお地蔵さんも旅人に教えなかったのではないだろうか。

また、この地区には「キュウリを輪切りにしない」といった風習が守られている。キュウリを切ると断面に丸い種が配列されるが、これが平将門の家紋・九曜星紋に似ているので将門様に失礼という。将門の末裔と称する相馬氏の移住地・福島県浜通り南相馬市原町区でも「キュウリを植えない、作らない」といった伝承が残る。これは牛頭天王信仰と深く関わっているようだ。このように、我孫子市および柏市（旧沼南町）に将門信仰が残るのは、その家臣が住み着いたことも考えられるが、将門の末裔と伝承する相馬氏や、その一族と伝える河村氏も関係しているのではないだろうか。（鈴木）

妙見さまの降臨と降ってきた「石」

我孫子市のもっとも西に位置する「根戸」という地名は柏市にもあるが、実は、江戸時代には我孫子市と柏市の根戸を合わせて「根戸村」と呼ばれていた。ここは幕府の領地であった。現在は二つの市に分かれているが、根戸の鎮守である北星神社に対する我孫子市・柏市の氏子たちの信仰は、今も変わっていない。

現在の北星神社社殿は昭和六十三年に造り替えられた。旧社殿の造営は工事年月日や建築者を記す棟札《むなふだ》に「再建」と書いてあることや、棟札と社殿の土台部分に「天保四年」と書かれているので、社殿は天保以前からあったのは確実である。天御中主命を祭神とする北星神社は、社伝では相馬氏が領主であった中世の創建で、妙見菩薩を本尊として「妙見宮」と呼ばれていたという。明治の神仏分離で妙見宮から北星神と改称され、のち北星神社となったそうである。

根戸地区では、北星神社西北の根切の田んぼから出土した妙見さまが、「かなずっぱら」の塚にある松の木に腰掛けて足の泥を落としたことから、現在地に祀られたと伝える。「かなずっぱら」とは現在の花戸原を指し、その後、花戸原の塚は「妙見塚」と呼ばれるようになったそうだ。妙見さまの現れ方が多少違うが、似た伝承が『富勢村誌』にもある。天から妙見さまが根切に降り立ち、妙見塚に行ってから北星社に移ったというものだ。さらに、「相馬日記」には茨城県守谷の妙見さまの近くに「かなしっぱら」という地名があることから、根戸の妙見さまは守谷から勧請されたのだろうという(『富勢村誌』)。

〝田んぼから出土した妙見さま〟というのは、千葉妙見が盗まれて池田の田から掘り出されたのと似た伝説だろう。「下総国千葉郷妙見寺大縁起絵巻」に、現在の県庁付近の池田の三隅田に隠された御神体と、それを掘り出す人々を描く一場面があった。妙見さまが足についた泥を落とすのは、千葉氏の祖・平良文を救うため示現した妙見さまが、足に泥を付けていたという伝承の影響をうかがわせる。

北星神社境内には、吾妻大明神・山神・香取大明神・天神・稲荷大明神・日本武尊・庚申さまなどの石造物が数多く残されている。そのほか一対の亀が向かい合う石像も二組あるが、狛犬ならぬ狛亀のようにもみえる。これも妙見さまの台座の玄武からきているのだろう。石といえば、妙見さまが天から降臨する際に石が降ってきたという伝承が各地に残る。千葉氏にも、平良文の子・忠頼が生まれるときに月と星の模様が付いた「千葉石」が天から降ってきたという話もあり、北星神社の妙見さまと相馬氏との関係を示すようだ。社殿厨子に祀られた妙見さまは、左手に宝珠を持ち非常に色鮮やかなもの。切れ長の目で少し微笑み、優しさが現れている口元が印象的だ。この妙見さまが乗る玄武は、亀の上にとぐろを巻いた二匹の白い蛇が乗る、とても珍しいもの。「北の神」というロマンティックな神社の妙見さまは、優しい表情

で女性的でたいへんに美しいものである。（宮原）

7　千葉氏家臣団が築いた関東屈指の商都――香取市

小田原合戦で敗北した千葉一族が移住

香取市は、かつて香取神宮・鹿島神宮への参拝拠点として開けた関東でも有数の商業都市であった。佐原が商業都市に発展した要因の一つは、実は天正十八年（一五九〇）に滅亡した千葉氏の家臣団が、周辺地域から移住したのがはじまりといわれている。『佐原町誌』「香取郡誌」によると、国分氏重臣の伊能信《いのうのぶ》胤《たね》・永澤治郎右衛門《ながさわじろうえもん》と千葉氏の軍奉行といわれた円城寺胤兼、そのほか小井戸貞経《こいどさだつね》らの家臣団が佐原に移住し、佐原開創の祖として砂州の開拓を進め、関東で指折りの商都となるまでになった。また、伊能智胤は、国分氏時代から崇敬していた諏訪神社を佐原に勧請したといわれ、中世から鎮座するという八坂神社も佐原商人の信仰を受けている。いつの頃か不明だが、佐原の大祭は伊能氏ほか商人の寄進により、山車巡行が行われたのが始まりという。千葉氏の遺臣たちは、街づくりのほかに文芸・学術にも優れていた。たとえば、千葉常胤の子・日胤を祖とする一族の円城寺氏からは、俳諧で名をはせた円城寺竹亭惟胤《これたね》を出した。また、永澤氏からは国学者の村田春海《むらたはるみ》と親交し、その庇護をした永澤躬国が出ている。（鈴木）

日本地図で名高い伊能忠敬は千葉氏末裔

同じく佐原開創の祖・伊能氏からは、国学の大家・賀茂真淵《かものまぶち》門下で本居宣長《もとおりのりなが》のライバルといわれ、二百余人の子弟を指導した楫取魚彦。そのほか、別家からは自らの足で全国各地を測量し、日本で最初の地図「大日本沿海輿地全図」を作成した伊能忠敬を出した。佐原で一番知られている歴史上の人物が伊能忠敬ではないか。伊能忠敬は延享《えんきょう》二年（一七四五）に現在の九十九里町で生まれた。実家は千葉胤正の末裔と称する神保氏。十八歳のときに佐原の地主で米穀商・醸造業を営む伊能氏の養子に入る。のち名主となって佐原の治世に尽くし、五十歳になったとき家を息子の景敬に譲り、江戸に出て高橋至時のもと天文学・測量学を学んだ。そして幕府の依頼で十七年間にわたって日本全国を測量し、それに費やした日数は三千七百三十六日、全距離は地球一周をはるかに超えたといわれる。

忠敬は文政《ぶんせい》元年（一八一八）に亡くなり、その死の三年後、弟子たちによって日本で最初の実測地図「大日本沿海輿地全図」が完成した。忠敬の地図は明治時代の地図づくりの参考にされ、近代日本の地図作製における基礎的な役割を果たした。佐原は商業都市だけでなく、その財をもとに文芸・学術を重視し、文化都市としての姿も持ち合わせていた。それを演出した佐原商人と共に、千葉氏遺臣の末裔がいたことも忘れてはならないだろう。（鈴木）

臨済禅の高僧を招いた国分氏

香取市南部は下総台地で、香西川流域には房総独特の谷津田が広がる。中世にこの流域を治めたのは、千葉常胤の五男・胤通を祖とする国分氏である。市内には国分一族の館であった大崎城跡、また、祈願所である本命寺には妙見の厨子が安置されている。国分胤通は保元《ほうげん》元年（一一五六）に生まれ、父の千葉常胤より葛飾郡国分郷（現在の市川市）を与えられ、地名をとって「国分」を名乗った。治承四年（一一八〇）八月、父・常胤と共に源頼朝に従って千田親政との合戦に初陣の功をたて、九月十七日には安房を出発した頼朝に国府台で謁見する。このとき弱冠二十五歳。さらに富士川の対陣には父と共に参戦、次いで寿永三年（一一八四）正月には平氏を摂津の一の谷で討つ大功をたてた。

国分氏は禅に帰依した一族として知られ、市内にも臨済禅院が存在する。胤通の末裔で鎌倉時代の武将・国分朝胤は、母のために鎌倉寿福寺から蔵叟朗誉《ぞうそうろうよ》を招き、大河山光福寺を建てる。また、室町中期の文明年間に国分之胤《ゆきたね》が開基したと伝える妙性寺もある。大龍寺は臨済宗妙心寺派、本尊は千手観世音菩薩で運慶作と伝わる。矢作城主・国分氏の帰依のもと開かれ、南北朝時代に国分胤詮が寿福寺住職・大航慈《だいこうじ》船《せん》禅師を招き、臨済宗黄龍派寺院として開基した。戦国時代には衰えたが、大崎城主の国分胤《たね》憲《のり》が伊勢の江南殊栄を中興開山として招き、その弟子・大虫宗岑《だいちゅうそうしん》和尚が住職となって復興する。大虫宗岑は戦国時代の名僧で関東・東北一円に禅を広めた。若い頃は駿河の太原雪斎《たいげんせっさい》や美濃の快川紹喜《かいせんじょうき》、さらに伊勢の江南殊栄のもと

小貫和泉守の位牌　国分氏の四天王と言われた小貫氏は禅に篤く帰依していた。文字は大虫禅師による　千葉県成田市・小貫薫氏蔵

に参禅し「大虫」の名を授けられた。彼は快川のもとで伊達政宗を養育した虎哉宗乙と机を並べて修行し、「二甘露門」と呼ばれ終生、親交を重ねたという。

大虫は博学多才で詩文にも優れ、「大虫宗岑和尚語集」なども残している。各地を渡り歩き、会津葦名一族の帰依を受けながらも、再度、国分胤憲の招きで下総大龍寺に滞在し房総に禅文化を広めた。戦国時代には、下総千葉氏と安房里見氏が対立の最中だったが、里見氏の武将である正木《まさき》時茂《ときしげ》・憲時《のりとき》父子などが、臨済禅の僧を通じて大龍寺の大虫と交流したという話も伝わる。政治的には敵でも、「禅」が敵・味方の概念を解き放した一例で、いかに大虫の禅が広く浸透していたかがわかる。のちに妙心寺住職へ栄達し、晩年には那須の禅道場・雲厳寺の再興に尽力、八十八歳でこの世を去った。寺からは国分胤憲をはじめ一族ゆかりの供養碑が発見された。それも整備され、いつの時代の供養碑かわかるようになっている。境内には国分氏の戦いの記録が書かれた謎の六角石が存在し、一族の遺跡をたどることができる。（鈴木）

星で結びつく千葉妙見と香取神宮

香取神宮は香取市香取に鎮座する。下総国一の宮として古くから多くの信仰を集め、茨城県鹿島市の鹿島神宮と並び称され、武神として広く尊崇されてきた。正殿には伊波比主命《いわいぬしのみこと》ともいわれる経津主命、相殿に比売神《ひめのかみ》・天児屋根命《あめのこやねのみこと》・武甕槌命《たけみかづちのみこと》を祀る。祭神は神話の中で大国主命を従わせた経津主命《ふつぬしのみこと》で、武神として崇められ、源頼義以来、源氏・足利氏の崇敬も深かったようだ。千葉一族もこれを尊び、「香取文書」からは下総国豪族・千葉常胤および葛西清重の子孫が、それぞれ神宮の修理や造営を分担したことが記載

香取神宮　千葉県香取市

されている。

「日本書紀」の一書に、武甕槌命と経津主命が悪い神である天津甕星《あまつみかぼし》を誅して葦原中国《あしはらのなかつくに》を平定しようとした。このとき斎主神を斎之大人と称したが、「この神は東国の楫取の地にいる」と書かれている。香取神宮に関した神話に星が結びついているが、ここで星の神は天津甕星であり、経津主命を星の神とはいってない。しかし、「続日本紀」に「天書に曰く経津主神は天の鎮神なり」とあって、鎮星とは土星の別名で、つまり経津主命は土星ということになり、香取神宮の祭神と星との関連が説かれているのである。

神事では一月十六日に「星鎮祭」があり、本殿での祭りのあと弓道場で二人ずつ二回、合計四人で天津甕星を象徴した大的を射る。香取神宮と星の信仰について述べたのは、東国で広く崇拝された香取信仰と千葉氏が奉じた北極星、もしくは北斗七星の化身とされる妙見信仰に関連があったと思うからだ。現在、千葉神社である千葉妙見宮の境内地は、仁和元年（八八五）、村人により香取神社が勧請されたという伝承から「香取山」と呼ばれていた。「旧妙見寺文書」によると、千葉妙見の祭礼は七月十六日、神輿への御魂移しの儀式のあと、まず随身門から域内の香取神社に神輿を安置して清酒を捧げたという。ちなみに香取神社は現在、千葉神社と道路を隔てた院内公園の近くに小さなお宮として残っている。
さて、千葉氏の歴史を振り返ると、治承四年（一一八〇）、下総国の実質的な支配は千葉氏の掌中に握られ、のちに香取神宮と深い関係を持つことになる千田庄地頭職は千葉氏に与えられた。時代が進むと、香取社・香取社領に対する下総国守護・千葉氏一族の支配が拡大していったが、特に国分氏は香取社地頭の地位を獲得し、香取社の神官組織に対しても権限を強化していく。千葉氏は信仰面からも香取神宮の強い影響を受け、千葉妙見と香取信仰とは切っても切れない関係になったのである。（宮原）

千葉一族の国分氏・木内氏が治めた地

鎌倉時代の佐原は千葉氏の支配下で、その後、室町から戦国にかけて千葉一族の国分氏が勢力を伸ばしてきた。このことを示す遺跡や文化遺産が香取市には数多く残る。ここからは、香取市西部で地方史研究をしている鴇崎《ときざき》清治氏とともに中世の遺跡を訪ねてみよう。

利根川に面した瑞穂地区には、臨済宗の大洞山光福寺（斎賀宗純住職）が奥まった場所にひっそりとたたずんでいる。この寺には、房総地方が朝廷とのつながりを持っていたことを示す県内唯一の「後醍醐天皇綸旨」をはじめ多数の寺宝が所蔵されている。「綸旨」とは、天皇の側近が天皇の意を汲んで発した文書のことで、内容は「下総国光福寺が今、支配する寺領については承知した。僧たちはそのように承知しなさい。天子のお気持ちはこのとおりだ」と書かれている。地元ではこうした綸旨が、どのような経緯で天皇から与えられたのかに興味が持たれている。鴇崎氏は、南北朝動乱という時代背景から、高僧や地方でこれを庇護する有力な在地領主の存在を指摘する。

光福寺の由緒は、延久《えんきゅう》四年（一〇七二）に天台宗寺院として創建され、鎌倉中期に禅宗の開祖・明庵栄西の法孫・蔵叟朗誉が中興開山として臨済宗に改宗したという。朗誉は上野国長楽寺の栄朝《えいちょう》のもとで修業したのち、鎌倉五山の一つの寿福寺三世に就任する。中国からの著名な渡来僧・兀菴普寧禅師が、朗誉のことを「日本国ニ過分ノ智者也、智恵モ道心モアル上人」と称賛したほどの人物であった。この朗誉を開山に迎え、先の綸旨取得にも一役買ったとみられる一族が当地の地頭職にあった国分氏と考えられている。寺伝では、朝誉に帰依した国分氏本宗家筋の朝胤を中興開基とする。彼は慈母の菩薩を弔うために光福寺を再建したというが、鎌倉幕府執権・北条氏一門である金沢氏の菩提寺・金沢称名寺高僧との交流も確認されている。鎌倉中期以降、高僧たちが布教のため佐原・香取地方をたびたび訪れており、死者の追善供養のための板碑建立が行われた。光福寺板碑は開山板碑と伝えられており、その銘文から臨済宗への改宗や、朗誉が師・栄朝の追善供養のため造立したことを物語る。

最近、この光福寺から二キロメートルの谷中地区より、県内最古で光福寺の開山板碑より十年前の正嘉二年（一二五八）記年銘の板碑が金石文研究家の石井保満氏の調査で明らかになった。また、偶然にも高森良昌氏・白幡三郎氏・椿猪三郎氏らの調査で、光福寺末寺の梅林寺本尊・阿弥陀如来座像から文和三年（一三五四）の胎内銘が発見された。この銘文から、本尊は同じ光福寺末寺の香取市・崇福寺の本尊だったこと、さらに、造立に助力した人物として小見川地方の在地領主で千葉氏支流の大檀那・木内氏一族の人物の法号とされる「道宋」や、国分氏の出自であろう「大戸祢宜六入道」（大戸神社の神官）の介在と交

流が明らかになり、国分氏の信仰の厚さを推しはかることができる。（鈴木）

国分・木内両氏の関係は、香取神宮文書の「海夫注文」に国分氏の領地内の「いわがさきの津」は木内氏が管理し、隣の瑞穂地区の「なかすの津」を国分氏が管理するというように、密接な関係が読み取れる。文書では「小野川河口部を中心とした旧香取海沿岸に港が集中していた」と記されており、中世の佐原が水上交通の重要な地としての港町的機能を持っていたことを物語っているようだ。（鈴木）

大倉地区・側高神社近くの大倉小学校前には、牛頭天王と妙見さまが祀られる妙見社が存在する。祭神の高皇産霊尊は左、神皇産霊尊は右にいて天御中主命が中心にいる。天御中主命は妙見さまによく使われる別神名で、側高神と妙見さまの深い関係が考えられる。また、千葉氏の守護神に曽場鷹大明神が入っていることから、千葉氏の信仰に側高神が大きなウェイトを占めていることは確かだ。しかし、赤松宗旦の「祭神は秘して云はず」のことば通り、ミステリアスであることこそが側高神なのかもしれない。（宮原）

8　平良文にまつわる寺社や風習を遺す――旧小見川町（現・香取市）

干瓢を食べない千葉氏末裔

旧小見川町南東の五郷内地区では、「干瓢《かんぴょう》を食さない」という変わった風習が残っている。町村合併前は良文村といい、平安時代の武将で平将門の叔父である平良文に由来する。この里の小高い山の中腹に良文ゆかりの夕顔観音を祀る白華山樹林寺がある。当寺の歴史は、平安中期まで遡る。良文は死に臨み、息子・忠頼に曰く「我にあいたくば、畑に生えし夕顔の実を開けよ」と遺言する。忠頼は早速、塚の側の畑に大きな夕顔の実を見つけ割ったところ、見事な観音像が出てきた。すなわち、この観音は良文の変現で、樹林寺は〝千葉氏の宗廟〟と伝承されている。「鏑木本千葉大系図」には「末裔の千葉氏は干瓢を食さず」と書かれているが、この地区の人も信者も干瓢を食べない。夕顔観音は、もと良文の墓標と伝承される香取市千堂ケ谷の御堂に安置したが、彼の子孫にあたる千葉常重が稲荷神の霊夢により、現在の地に真言宗・稲荷山樹林寺を建立。以後、千葉氏歴代の崇敬を集めた。

その後、千葉常胤の六男・東胤頼が森山城（香取市岡飯田）の城主になると、東氏の祈願所として北斗山金剛授寺の宥覚《ゆうかく》和尚を招き落慶供養を行った。南北朝には木内一族・小見静胤の次男・楽胤こと平心処斎和尚が入り、臨済宗建長寺末の禅宗寺院となった。室町時代には馬加康胤や本佐倉城主・千葉勝胤の信仰が厚く、お堂の改修に尽力する。天正十八年（一五九〇）、千葉氏の滅亡とともにその保護を失うが、徳川氏から改めて朱印地五石と格式十万石を与えられた。寺の本尊・夕顔観音は秘仏のため見学はできないが、『良文村誌』（昭和三十年代刊行）によれば、本尊・千手観音の傍らに衣冠束帯姿の平良文像が安置されているそうだ。平良文の子孫も全国に妙見神社を勧請しているが、夕顔観音も同様に勧請されている。

平心処斎禅師の木像　岐阜県美濃市・長蔵寺蔵

中世から近世にかけての小見川は、利根川・黒部川の水運を利用した物流基地であった。中世は千葉氏の常陸国に対する防衛拠点、江戸時代は徳川の譜代大名・内田氏一万石の陣屋町、水運を利用した米の集散地としても栄えた。特に中世は、小見川城の粟飯原氏、森山城の東氏、木内城の木内氏がそれぞれ盤踞し、いずれも東総地方の発展の原動力になった一族だ。小見川城は中世の平山城で、粟飯原氏（粟原氏）が平安末期から安土桃山時代まで居住している。（鈴木）

神仏への信仰が厚い一族と寺院

平安末期に、千葉氏支流の粟飯原朝秀が小見川城を築城する。この家は、平良兼の末裔説や千葉常胤の孫・寛秀が粟飯原氏を継いだという説があり、はっきりしない。南北朝時代には粟飯原清胤が足利尊氏に従って室町幕府成立に貢献、政所執事として幕政に参与するまでに出世する。戦国時代には、安房（千葉県南部）の里見氏の侵入などに悩まされながらも領内統治を行い、寺社の保護、須賀神社・妙劔神社を建立するなど文化遺産を残している。しかし、天正十八年の小田原合戦で豊臣秀吉により領地没収を受け、一族・家臣団は帰農する。その子孫が町内の八日市場に住みつき、現在にまで家系を継いでいる。ご当主は粟飯原金治郎氏（取材当時）である。

小見川城址は見晴らしがよい場所で、周辺には中世の空堀も残り、北東方向には鎌倉時代に粟飯原胤秀が勧請した諏訪神社がある。ここにはかつて粟飯原の殿様が鎧をかけたという鎧掛松がある。周囲一丈五尺もあったそうだが、今はなく名前のみが残る。大手門から下には戦国時代の粟飯原氏の墓所がある真福寺で、城下の野田地区には「太平記」で活躍した粟飯原清胤の子・詮胤が開いたという曹洞宗松林寺がある。

旧小見川町西部は「木内庄」と呼ばれた地域で、八世紀の遺跡とされる木内廃寺跡があり布目瓦が出土している。平安末期には上総一族の木内常範《つねのり》が領し、その跡を木内胤朝《たねとも》が継承したと伝わる。胤朝は千葉常胤の六男・東胤頼の次男で、木内下総前司胤朝ともいわれた。父・胤頼が旧小見川町東部の森山城主となり、香取の海をはさんで木内庄の中心地・現在の香取市木内字城の台にあったという木内城に居城し、鎌倉幕府に貢献した軍功で淡路国由良庄・但馬国磯部庄を領地として賜った。神仏への信仰に厚く、その生誕にも不思議な話が伝わる。旧小見川町から東庄町にかけて六体の観音菩薩があり、東胤頼も一子・重胤を得たが、子供を得られるよう祈念すると夫人が懐妊した。それが木内胤朝である。さらに胤朝も六観音に祈念したところ木内八郎胤俊《たねとし》を得たという（「東荘六観音縁起」）。これは胤朝や木内一族の神仏への崇敬の厚さから出た話で、そのせいか胤朝の一族は厚い崇敬と独特の文化を築きあげている。

木内胤朝の供養碑　胤朝の死後、一族によって供養された　千葉県香取市蔵

胤朝自身も、木内神社造営だけでなく下総国一宮・香取神宮の修理にも尽力した。没年も墓所も不明だが、香取市上小堀の長泉院墓地から胤朝没後に一族が供養した「正元元年」（一二九五）銘の下総式板碑（県指定重要文化財）が出ており、下総地方でもっとも大きいとされる。また、胤朝の十二人の子供たちは木内庄を

中心に配され、それぞれが繁栄し仏教遺跡を残した。例をあげると、六観音と関わりの深かった八男・木内胤俊は田部城主時代に延命地蔵菩薩を信仰し、天台宗西雲寺を造営した。延命地蔵菩薩を信仰した胤朝六男・氏胤の孫の覚源《かくげん》禅師こと平心処斉も、美濃尾張地方で延命地蔵菩薩を本尊とした寺（瀬戸市定光寺ほか）を開山する。覚源は中国からの渡来僧・清拙正澄（大鑑禅師）の弟子となり、清拙より「平心」の名を贈られている。さらに近年、茨城県潮来市・長勝寺の梵鐘（国重要文化財）について、時の執権北条高時が大檀那・施主となり胤朝の五男・下総五郎胤長が建立し、清拙正澄禅師をもって刻銘されたものとわかった（一説には下総五郎は結城一族の山川氏との説もある）。

木内氏はその活動を示す中世文書が限られ詳しい内容は謎だが、「香取郡誌」や軍記物・系図などによれば、四代目惣領の胤継《たねつぐ》が南北朝期に旧山田町に米野井城を築き武威を振るったという。永禄八年（一五六五）、安房里見氏の武将・正木時茂によって落城、滅亡し、山武郡の飯櫃に落ち延びて帰農したといわれる。（鈴木）

9　歴代の鎌倉将軍に仕えた東氏一族――東庄町

東大社宮司と姓名を交換

東庄《とうのしょう》は、かつては「立花（橘）庄」と呼ばれていた。この地は忠常以来の両総平氏の所領で、平安時代末期には千葉介常重が継承していた。保延《ほうえん》二年（一一三六）、下総国司・藤原親通により公田の官物の未納を理由に相馬領とともに奪われたが、鎌倉時代初期には再び常胤の所領となった。

　常胤は、ここを六男の胤頼に与えたため、胤頼は橘庄・三崎庄など旧小見川町から銚子市・旧飯岡町周辺、利根川下流の南側一帯を領することとなり、当初、木内六郎大夫と称した。名字の地・木内は、「和名抄」「城上郷」が「城内郷」に訛ったものといい、下総台地北部、現在の旧小見川町・旧山田町にまたがる一帯であった。木内郷の荘園化は、平安時代末期の久安《きゅうあん》二年（一一四六）八月十日の平常胤寄進状（「鏑矢伊勢宮方記」）に「相馬・立花両郷」、また、文治二年（一一八六）二月条には「橘并木内荘」（「吾妻鏡」）とあり、平安時代末期から鎌倉時代初期頃と推定される。さらに胤頼は東庄周辺の領主となり、「東」を名乗る。東庄町宮本に鎮座する「東大社」は、東胤頼一族が崇敬し、子孫の繁栄と安泰を願い参拝したといわれている。

森山城跡　東胤頼が築城して東氏の居城となったが、戦国期には原氏が在城し、東氏の庶流である石毛・海上氏が在番したと伝える　千葉県香取市

　さて、東庄町宮本には東氏の姓に関わる伝承がある。宮本在住の故・飯田耕一氏の話によると「千葉六郎大夫胤頼が、のちの東庄である橘庄を領するにあたり、東大社の宮司・東氏と交渉をし、東の名字をもらって〝東氏〟を名乗ることになった。そのかわりに、胤頼が飯田郷に館を築いたことから飯田郷の〝飯田〟を姓として神官に与えた」という。「東」と「飯田」の姓を交換したわけだ。そこで、取材当時（平成九年）の東大社宮司・飯田真也氏に伺うと、

東胤頼夫妻の墓　代々、郡上八幡から当主の髭・爪などが贈られ供養を続けてきたという　千葉県香取市・芳泰寺

家系図（「東荘神主家系図」）に鎌倉時代初期の東庄司太郎兼廣のとき、橘庄領主となった胤頼が東氏を名乗り、兼廣は母方の「畔蒜」と改姓。天正十八年に東氏が滅亡すると、宮司・畔蒜種正は主家の飯田城の名をいただき「飯田」と改姓したとある。この系図は後世の作のため真相は不明だが、東氏発祥の伝承として興味深い。（鈴木）

実朝に信任された二代・重胤

中世の東国武士は、その無骨さから「あずまえびす」と蔑まれていた。東氏は文武両道に秀でた一族で、初代の胤頼は京で宮廷を警護する大番役として鳥羽上皇の第三皇女・上西門院に仕えていた。また、千葉一族では破格の従五位下という位を与えられている。京の神護寺を再興した文覚上人とも親交を持ち、文学や政治などを学んだといわれ、中央とのパイプが強い人物であった。

香取市岡飯田に東氏の菩提寺である芳泰寺があり、境内には伝東胤頼夫妻の墓（香取市指定文化財）が並んでいる。大きいほうが胤頼、小さいほうが文覚上人の妹と伝える夫人である。次の二代・重胤は、東氏の和歌の始祖と呼ばれている。鎌倉三代将軍・源実朝に仕え、実朝は重胤を雪見や花見・神社参りなどによく連れて行ったらしい。また、優れた歌人でもあったため、実朝と共に和歌を詠み合ったといわれる。

今来むと　たのめし人は　見えなくに　秋風寒み　かりは来にけり

これは重胤が東庄に戻ったとき、重胤の帰りを待ち兼ねた実朝が詠んだ和歌と伝え、実朝がいかに信任していたかがわかる。重胤は「重胤と並ぶ家臣はほかにはいない」という意味の〝無双の近仕〟と呼ばれていた。また、「新古今和歌集」選者である藤原定家の門弟・内藤知親《ないとうともちか》を介し、将軍実朝は定家の弟子となったが、重胤もこの知親と親交が厚かったという。そのほか、重胤は鶴ヶ岡八幡宮放生会《ほうじょうえ》の流鏑馬《やぶさめ》に四番騎手として登場するなど、優れた武人でもあった。

そして三代・胤行も父・重胤同様、優れた歌人で、将軍実朝・藤原頼経・頼嗣・宗尊親王と四代の将軍に仕えた。また、実朝と共に藤原定家の弟子となり、実朝の和歌集「金槐和歌集」には実朝と歌のやりとりが収録されている。ちなみに、胤行の妻は藤原定家の孫娘である。なかでも頼経との関係は深く、安貞《あんてい》二年（一二二八）七月二十三日、頼経が三浦義村の田村の山荘に赴いたおりや、貞永元年（一二三二）十一月二十九日、永福寺の雪見に随行したことで知られている。

東胤行の墓　岐阜県郡上市・覚証寺

さらに文官としても活躍し、千葉一族で最初の右筆に就任、承久の乱の戦功めざましく美濃国郡上郡を拝領している。その後、宝治合戦で北条時頼は三浦氏一族を滅ぼすが、三浦泰村の妹婿である上総権介秀胤が幕府に追討されると、その大将に任じられる。

秀胤の子・泰秀は胤行の義理の息子で、東氏と秀胤は親戚関係にあった。胤行率いる追討軍が攻め入ろうとしたとき、秀胤一族は館に火を放ち自害していた。このあと胤行は長男・泰行を下総に残し、行氏・氏村を伴って郡上の新領地へと移る。その理由は、鎌倉幕府内の権力闘争に端を発した宝治合戦で、娘婿の上総泰秀を追討したことで厭世的になったと考えられている。それを裏付けるように「吾妻鏡」には、この合戦後に胤行が追討した上総一族の遺児たちを恩賞代わりに預かった旨が記され、「岐阜乗性寺記録」からは、郡上に移住したのち戸谷寺に隠棲し念仏行者として亡くなったとされていることから推量できる。

現在、岐阜県郡上市の浄土真宗覚証寺に胤行の墓がある。房総で一族同士の争乱を経験し厭世的になったかのように、郡上の山奥の和良村にひっそりと建っている。胤行の子には、泰行・義行・行氏などがいるが、いずれも和歌に秀でた。特に行氏の和歌は「続拾遺和歌集」「続千載和歌集」「続後拾遺和歌集」「新千載和歌集」などに入り、兄弟の中でも優れた歌人であった。郡上へ移住した東氏は、一帯の開拓を進めると同時に和歌の研究にも精進した。室町中期には古今和歌集の注釈の第一人者である東常縁や、京五山で活躍した臨済宗の高僧・名僧を輩出した。今日、郡上市大和町では東常縁を偲び、毎年八月七日の「七日祭」で薪能「くるす桜」を上演し、文武両道に秀でた東氏の面影を今に語り継いでいる。（鈴木）

東氏の子孫宅に伝わった妙見菩薩像

東庄町公民館に、東保胤氏が所蔵していた木造妙見菩薩像があった。東保胤氏は、千葉常胤の第六子・胤頼が名乗った東氏の子孫にあたる。この妙見像の存在が知られたのは古いことではなく、さまざまな形の木材を組み合わせた寄木造りのせいか、発見されたときは木片のようだったが、現在は復元され東庄町公民館の郷土史料室に保存されている。総高は五十二センチ、像高は四十八センチ。妙見は亀の上に乗り、道服を身に付け、左斜めを向き腰を右にねじる。右手に剣を上に向けて持ち、左手は軽く曲げながら掌を下に向けて指を軽く開き立っている。道服とは中国道教の道士が着用した衣類で、妙見さまの顔は眉を寄せて目をいからせ、口をへの字に結ぶ。平彫りの髪は撫で付けで、耳のうしろで少し広がって肩にかかり、徐々にまとまり下に垂れている。凛々しい風貌で強さを見せつけているようである。

妙見さまの乗る亀は、中国古代思想で方角の神、四神の一つで北を守る玄武を象徴する。玄武は普通、亀と蛇がからまった姿で表わされているが、亀のみの場合も多い。その場合の亀は鎌首をもたげて蛇腹のようだ。この像の亀も蛇腹のように鎌首をもたげ、両耳を立て大きく口を開き、歯をむき出していて見るからに怖く、威圧感がある。熊本県八代市にある釈迦堂に阿弥陀如来が鎮座するが、妙見さまの本地仏ということもあり、阿弥陀如来の台座の玄武も亀だけで首は長くないが、四足を広げて腹這い、大きく口を開けている。なお、千葉市立郷土博物館には千葉氏の妙見信仰を考えるうえで欠くことのできない、東氏の妙見菩薩像の複製が展示されている。（宮原）

妙見菩薩像　鎌倉初期の作で東氏伝来のもの　千葉県香取市・東保胤氏旧蔵

景行天皇の海路守護を祈願した東大社

東庄町東部の「宮本」には、海に関係の深

い神社・東大社がある。祭神は玉依姫《たまよりひめ》で、相殿に鵜葺草葺不合尊《うがやふきあえずのみこと》を祀る。現在は町の総鎮守として「おうじん様」と呼ばれるが、このほかにも多くの呼び名がある。中世から近世末期まで「王子大明神」と呼ばれたが、その由来は、嘉永《かえい》七年（一八五四）、飯田大和守胤隆《いいだやまとのかみたねたか》が再拝した「東大社御鎮座略記」には、「康和四年（一一〇二）、海上に突然雷が轟き、波が高まり震動が数日続いた。住民は怖れ朝廷に奏聞したところ、天皇は本社に惣社玉子大明神の称号を与えて臨時の祭事を行わせた。神輿が安置されると震動は止み、海面の波は静まった。そして、忽然と海中より現われた龍が白日のごとく光り輝く灯を献ずるなか、一つの玉が海中より神輿の中に飛来した」のが、今に伝わる玉という。東大社は、昔から「玉子大明神」「王子大明神」と呼ばれているが、この二つの通称は東大社の信仰を考えるときに重要である。

赤松宗旦の「利根川図志」では東大社を応神《おうじん》権現といっているが、応神権現とは応神天皇のことで王子大明神は応神天皇から転訛したのだろう。八幡の主祭神は応神天皇で、比売神と大帯媛命（＝神功皇后）を配するが、大帯媛命を住吉神、比売神を玉依姫とする八幡社もある。つまり、東大社の祭神・玉依姫と、東大社の通称・王子大明神が示唆する応神天皇は共に八幡三神の祭神であり、東大社と八幡信仰には深い関わりがあることがわかる。

旭市飯岡町・海津見神社《わだつみじんじゃ》の祭神は海神の豊玉姫だが、東大社の神仏習合時の別当寺は妙見山長徳寺であった。かつては未年に女神の妙見が男神の平松八幡へ、子年には八幡が妙見に会いに行くという祭りを行っていたという。海神の社が八幡として信仰され、それに妙見が習合することは房総に往々にしてある。「将門記」には八幡が平将門に神託を行ったとあり、東国では広く信仰されていった。源氏と結び付いた房総の武士団が、地元の産土神《うぶすながみ》に源氏の氏神八幡の神格を付加していく。さらに妙見が千葉氏の守護神にされると、この八幡に習合されることは容易に想像がつく。房総の武士たちは土地の神仏を取り入れて自らの信仰を形成し、神仏は武士によって姿を変えていた。これ以外にも、東庄町には吉祥院・林福寺に観音さまが祀られており、香取市の川頭観音堂・下飯田観音院・樹林寺・来迎寺とあわせ「東庄六観音」と呼ばれ安産祈願に霊力があるという。東胤頼もこの観音に祈願し、夫人が懐妊したといわれている。（宮原）

10　海上一族が築いた豊かな文化——銚子・飯岡地方

片岡常晴、義経の家臣として活躍

銚子市の西側、県北東部に海上郡が広がるが、この周辺の東総地域は平安時代後期に両総平氏の一族である片岡氏の支配下だった。ところが、のちにこの土地も千葉氏が治めるようになる。長元元年（一〇二八）、平忠常の乱以後、下総国海上郡に常兼流海上氏が入部して開発領主となった。開発領主は忠常の曾孫である大椎常兼の子・常衡で、上総・下総とも両総平氏に属し、名を海上与一と称した。名字の地・海上は、平安時代中期の漢和辞書「和名抄」に登場する。このなかで海上は下総国海上郡、海上氏の勢力範囲は郡内のほぼ全域と記され、それは現在の銚子市・旧飯岡町・旧海上町・旧山田町にまたがる地域だ。

平安時代末期、海上氏はこの所領を摂関家である藤原氏に寄進し、三崎庄が成立した。寄進の条件として海上氏は、永代下司権・在地支配権を獲得したのだろう。海上常衡の所領は子の常幹に一括して継承されたが、常幹はこの所領を五人の子に分け与える。このうち三人の子は海上氏を称したが、幹景は名字の地とされる現在の旭市岩崎から名を取り、岩崎を名乗った。常晴は片岡太郎と称した。片岡についてはさまざまな説が伝わっていて、名字の地は常陸国鹿島郡片岡とする説と、片岡という語源が「一方が切り立った丘」を意味することから、三崎庄の別称とする説もある。また、「義経記」には常晴が義経の有力な家臣として活躍したとも記載されている。さて、平安時代末期の常兼流海上氏を統括した人物は、片岡と名乗った常晴と推定される。それは、「吾妻鏡」に「長い源平の戦いで佐竹義政に与した常晴は、源氏方の勝利とともに三崎庄を没収された」とあって、常晴がこの土地を治めていたと推定できる。（鈴木）

千田庄が千葉本宗家の所領に

三崎庄は文治元年（一一八五）十月二十八日、千葉常胤が源頼朝から与えられた。当時の石造遺物として、南北朝時代から室町時代と推定される板碑が三基伝わっている。常兼系海上氏の諸族には、中村氏・館氏・宮内氏などがいる。常幹の孫である海上常宗の子・泰常は中村小太郎と称し、その子孫も代々中村氏を称した。名字の地・中村郷は「和名抄」の匝瑳郡十八郷の一つで、現在の多古町中村新田とされ、千田庄の成立とともに属したと思われる。千田庄は平安時代末期、平家方の千田親正が支配したが、親正が千葉成胤に捕縛されると千葉氏本宗家の所領になった（「吾妻鏡」）という。この時期は、泰常の子の胤家・有胤・胤朝がいずれも常胤の通名の「胤」字を用いていることから、平安時代末期から鎌倉時代初期と思われる。

常幹の子・海上重常には、胤重・性智・政常・惟胤の四子がいて、胤重は館太郎と称した。名字の地である館は、現在の銚子市三宅町二丁目字館内と推定される。ちなみに館氏は、文治五年（一一八九）に千葉氏一族の東氏が三崎庄に入部すると東氏に属したようだ。また、政常の子の一人は宮内氏を称した。名字の地・宮内は現在の銚子市三宅町二丁目字宮内と推定される。宮内氏も東氏の入部後、東氏に属したと考えられ、同じく政常の子に平内氏を名乗った一族もいた。名字の地・平内は、旭市平松と行内を合わせた地域と思われる。惟胤は矢作左衛門尉と称し、海上流矢作氏の祖となる。名字の地・矢作は、現在の香取市本矢作と推定される。惟胤はこの所領を重常より伝領したようだが、常胤の五男・胤通が矢作の所領を獲得すると国分氏に属したと考えられる。このように一族の姓は、多くが領した土地と深く関わることがわかるだろう。（鈴木）

海上氏の居城・中島城の本丸跡

千葉県東部を支配した海上氏の本拠・本城は、いったいどこにあったのだろうか。その所在についてはまだ議論の余地があるが、現在は銚子市中島にある館跡で通称「中島城」といわれる場所が有力視されている。『房総の古城址めぐり』によると、中島城は建久年間（一一九〇〜一一九九）に平常兼の五男・常衡が築いたと伝える。常衡は「海上与一」を名乗って海上氏の祖となり、船木・椎柴など十二ヵ村、三千五百石の船木郷領主となった。

常衡の弟・常幹も海上太郎を称して中島城にいたとされる。中島城にはこれまで多くの研究があるが文献史料が主で、実際の城郭の構造・形態は把握していない傾向にある。築城時期も文献や史料による

海上山城守像　山城守は中島城主で寺伝では常直という　千葉県銚子市・等覚寺蔵

が、だいたい建久年間説をとる。しかし、千葉県文化財センター・銚子市教育委員会の調査報告（平成二年度）によると「中島城の築城は戦国時代」とされ、建久年間とは約三百年近い誤差が生じる。

建保六年（一二一八）、将軍・実朝が東胤行に書を送った（「吾妻鏡」）という。胤行が休暇で下総海上庄に帰り、しばらく戻って来なかったので実朝が書を送り、胤行に早く帰るよう促したというものである。書は送っているが、この時期に果たして海上城が築城されていたのか、あるいは海上氏の館をさしているのかは不明である。いずれにしても、海上庄に胤行の館がすでにあったことは確かで、通説では中世初頭はまだ山や丘に城は築城されておらず、別の館であったともいわれている。確かに、海上一族が中世に活動していたことは疑う余地はないが、館やその場所などは解明されていない。この頃に大規模な築城があったかどうかは多くの疑問が残る。中島城は築城方法が大規模で、しかも高度な技法を持ち、空堀のつくり方などは敵を挟み討ちできる「折り歪み構造」という戦国時代特有の築城方法である。海上城すなわち中島城は、数年にわたって徐々に拡張されていったのだろう。築城年代は戦国時代半ばと推定できる。（鈴木）

小田原合戦で無血開城した房総の諸城

中島城の落城について天文説・永禄説・天正説と諸説があり、いずれも「正木」という里見氏家臣の攻撃だったという。そこで、攻撃されたという記載がある史料をそれぞれ比べてみる。天文説は「海上八幡宮年代記」に天文五年（一五三六）丙申三月十三日「房州来海上河島城ニ打入敵味方築後守為始卜二百余騎打死（房州すなわち里見勢来たりて、海上河島城に討ち入り敵味方築後守始めとして二百余騎打死）」とある。河島とは中島の誤りかもしれない。

続いて永禄説は『猿田神社史料集』に、永禄九年（一五六六）「秋房州里見氏家臣、正木大膳時忠下総を侵す、海上城・社殿宝物灰儘す」と書かれ、『海上郡誌』には「永禄九年、里見義弘の家臣・正木時忠下総を侵す、海上城・見廣城共に陥落し、猿田神社並びに兵火に罹れり」と伝える。この永禄説は「香取神宮文書」に「正木左近大夫、下総国に来て、永禄三年極月より永禄九年七月七日まで小見川相根塚を城にとり七年の間国中乱入」とあり、「正木左近大夫」とは時忠のことだから、永禄の正木の北総侵攻は信憑性がある。

そして天正説は、各諸説の中でもっとも蓋然性が高い。天正十八年七月、豊臣軍は大軍をもって小田原城へ総攻撃を開始した。もちろん、海上城主も小田原へ千葉一族と共に参戦していた。千葉勢は記録によると「相州ニ軍シ箱根湯本ロヲ守り戦フテ利アラス」と記され、ついに七月五日、北条軍は降伏する。そこで、徳川家康は本多忠勝・鳥居元忠・平岩親吉などの強力部隊を編成し、房総に侵入させた。両総各地の諸城は、千葉宗家以下一門が小田原に参戦しており主がいなくなっていた。「房総治乱記」には「徳川勢が僅かに下総に這入ったとの報に接するや、千葉勢は結束して敵を迎え撃つという盟約を忘れたるが如く、意気俄に阻喪し、一戦をも交へずして吾先にと居城を明け渡して逃走、又は降伏した」とある。そして「房総四十八城一時に落城す」と記されているので、この記録がもっとも信憑性が高いだろう。

中島城跡は、ＪＲ成田線椎柴駅からタクシーで十分ほどの場所に位置する。かつて城郭の中心をなす本丸が城の東側にあり、現在「中島城跡」と刻まれた石碑が建てられている。昭和四十三年、農夫があぜ道を新設中、本丸下の水濠から四十三個の墓石を発見、その中から明応五年（一四九六）銘の宝篋印塔が出土し大きな話題になった。（鈴木）

海上胤方と薬師如来座像

銚子市は、黒潮の影響で夏は涼しく冬は温暖な気候に恵まれ、太平洋を望む美しい景色からか、俳句や狂歌も盛んで文人の来訪も多かった。たとえば、文化九年（一八一二）には小林一茶がこの地を訪れて「絵団扇やあつかましくも菩薩顔」という句を残し、文政十三年（一八三〇）には十返舎一九が狂歌の会を催している。江戸の豪商・古帳庵は「ほととぎす　銚子は国の　とっぱすれ」という銚子の代表的な句を残している。このように文化的にも盛んな土地柄だが、中世の領主であった海上一族も数々の文化遺産を伝え、文化水準が高かったことがうかがえる。

銚子市常世田地区には、真言宗智山派の常世田山常灯寺がある。創建年代は不詳だが、『海上郡誌』に慈覚大師の創建という。本尊は平安時代後期の薬師如来座像（国指定重要文化財）で、定期様式の仏像として高く評価されている。胎内には「仁治四年（一二四三）修理」と墨書されており、常灯寺には「建暦二年（一二一二）」と記された写経も残されている。本像は門外不出だったが、昭和二十八年に関係者立ち会いのうえ扉を開いた。すると、そこから穏やかな表情で座禅を組む見事な薬師如来像が出てこられたのである。毎年正月八日早朝から正午まで開帳することになっている。この薬師如来の造立・改修に尽くしたのが海上氏中興の祖・海上胤方《たねまさ》。千葉常胤の曾孫にあたる人物で、海上領主で「海上次郎胤方」ともいわれるが、一族の中でも記録が少なく詳しい足跡は不明だ。胤方はこの薬師如来の改修だけではなく、母親のために金銅経筒をつくって弔ったという。金銅経筒とは、墓に写経を埋める際に使う蓋付の容器のことだ。昭和初期、引摂寺跡地の畑を耕作中に発見されたこの金銅経筒には、「建長四年」の銘とともに「奉為悲母禅尼也　施主　平胤方」という記載がある。

薬師如来像　海上胤方が崇敬した平安時代の仏　千葉県銚子市・常灯寺蔵

そのほかにも薬師如来座像の仁治《にんじ》四年（一二四三）の修理に尽力した人物の「平胤方芳源藤原女」という銘がある。ここには海上胤方夫人とされているが、夫人の名で胤方が援助したと推察できる。胤方の中央での事跡は明らかでないが、これらの遺品などから仏教に対する帰依と、母親への孝養という人柄が偲ばれる。大永六年（一五二六）に常灯寺は改修されたが、その棟札に「海上持秀」「東勝繁」「猿田別当」など、東氏一族の末裔の名が記されている。現在の建造物は江戸寛文年間の建立とされている。（鈴木）

十曜紋の妙見菩薩像と海から現れた十一面観音

銚子市岡野台町には曹洞宗等覚寺・堀内神社があり、等覚寺には木像薬師如来立像や木像釈迦如来立像・金銅経筒などが所蔵されている。金銅経筒は引摂寺跡からも発見されているが、銚子市文化財に指定されており、常世田地区と同様、岡野台町も文化遺産の宝庫である。

堀内神社の妙見菩薩像は御神体として祀られ、長いあいだ人々の目に触れることはなかった。地元の有志によって妙見さまに光が当てられたのは、平成六年のことだ。妙見さまの玄武の台座には「建武二年（一三三五）乙亥十一月廿口、越後国神野之庄、絵師北方住人、侍従公明俊」という墨書銘がある。山武市の個人所蔵「正安元年（一二九九）」銘懸仏の妙見さまに次ぎ、年号のわかる妙見さまとしては県内で二番目に古い菩薩像である。像の表面はところどころかすかに色が残り、元は美しい彩色がなされていたことを示すが、今はほとんど剥がれ落ち木目が現れている。ヒノキ材の一木造りで高さ四十九・五センチ、蛇が亀に巻き付く玄武座に立ち、蛇は亀の甲羅を右の奥から左手前に斜めに伸びて頭をもたげる。妙見さまは眉を寄せて目を大きく開き、小鼻を怒らせ口をへの字に結び、胸には十曜の紋章を付ける。千葉氏の家紋は月星紋と九曜紋だが、岐阜県郡上郡大和町の妙見さまのこ神紋が十曜であり、ほかに江戸時代、十曜紋が使われた記録も残るので、この紋が千葉氏との関わりを示すことは間違いない。

妙見さまはお腹の前で手を組み、右手は掌を正面に向け親指を下にし、剣の柄を握り、左手は甲を見せて右手首の上で交差させる。現在、剣は刀身を欠き、柄が右手の小指の上に見えるだけだが、手の形から妙見さまが剣を地面に突き立てていたことは確かである。「北辰妙見和訓図会巻中」（嘉永三年刊）に「妙見は悪魔降伏の剣を持つ」と書かれており、武神としての妙見さまに剣は不可欠だ。ほとんどの妙見さまは剣を天に向けるが、県内では匝瑳市・飯高寺に剣を下に向けた姿がある。堀内神社の妙見さまは刀身を失っているとはいえ、その手は剣を下に向け、しかも眉を寄せた表情は剣で下に存在する何かを押さえ付けるかのようで威厳がある。

全国では、大阪府の能勢妙見山や熊本県八代市の八代神社のように、多くの妙見さまは中国から伝来した道教の鎮宅霊符神と習合したものだ。鎮宅霊符神とは、地鎮祭と同じように土地を鎮める功徳を持った神のことで、堀内神社の妙見さまは剣を持って大地の霊を押さえているのかもしれない。それとも、千葉氏の敵として滅びた人々の怨霊を鎮めようとしているのだろうか。

岡野台町以外にも、海上氏に関係する妙見像や菩薩像などを祀る場所は多い。利根川下流に位置する森戸神社の妙見菩薩立像は、海上一族が建立したと伝える。製作年代は不明だが、玄武の上に立ち、衣が膝あたりまでまくられ両足でしっかりと立っている。当社の紋は月に九曜を使用する。銚子市馬場町の飯沼山円福寺本尊は十一面観音像である。奈良時代に地元の漁師が海中で網に引っ掛かった観音像を祀り、堂宇を建立したのが始まりと伝える。観音が海中から出現したとき、天から一寸大の米が降ってきたとあるが、これは飯沼の地名の由来である「農耕に適した地に大沼があった」に関係するのだろうか。のち、空海が東国を巡行したおりに開眼供養をしたといわれ、中世には海上氏の庇護を受けている。この寺は文化財が多く、中でも享徳十一年（一四六二）銘の梵鐘は、海上氏が戦利品として取得し当寺に奉納したと伝える。現在は「飯岡観音」「銚子観音」と呼ばれ、全国から多数の参詣人が集まってくる。（宮原）

海上氏の子孫宅に伝わる常胤画像

東氏系の海上氏は、胤頼の孫・胤方を祖とする。この一族の海上地方への入部は、鎌倉時代初期と考えられ、当初は銚子市柴崎町から岡野台町あたりを拠点として勢力を振るったと考えられる。やがて一族は、横根・永井・船木・本城・辺田・高神・松本など海上地方の各地に領地を拡大し、確たる地盤を築く。しかし、室町時代以降の海上氏の動向については「円福寺文書」「鎌倉大草紙」など、一部の史料以外は謎に包まれている。この一族が史料に登場するのは戦国時代末期で、千葉介胤冨の家臣の海上山城守などが知られる。この頃、海上氏は銚子市中島の海上城を拠点に活発な活動を続けていたが、天正十八年（一五九〇）の豊臣秀吉による小田原合戦に際し、千葉氏と共に滅亡した。

海上氏が、先祖供養のために製作したとされる「千葉常胤画像」が、飯岡町・海上信胤氏宅にある。信胤氏は海上氏の末裔で、江戸時代は幕府の代官・旗本の陣代を務めた素封家。この千葉常胤画像は座ったまま斜め右を向き、月星紋の直衣を着ている。烏帽子を被り、表情はきりっとした眉と八字髭が特徴だ。画像の右上には「桓武天皇十二代後胤千葉之介平朝臣常胤」とある。海上信胤氏は、江戸時代に北総を領地とした旗本・高力氏の陣屋を管轄する陣代・海上氏の末裔である。千葉氏滅亡に際し、海上氏も領地没収の憂き目に遭うが、のちに旗本・高力氏に見出され下総領の代官職を命ぜられた。また、信胤氏は明治の和歌の巨人・海上胤平《たねひら》の末裔にもあたる。剣術に優れ、和歌をたしなんだ胤平は、明治天皇の御前で和歌を進講したほか、東京で「椎園塾」を開き約三千人の弟子たちがいた。海軍元帥・東郷平八郎《とうごうへいはちろう》や陸軍大将・乃木希典《のぎまれすけ》もその弟子である。（鈴木）

11　上総氏系武士団の支配と椿海——匝瑳市・旭市

上総氏の支配下となった千葉一族

匝瑳地方は古く「和名抄」に、下総十八郡の一つとして登場する。匝瑳郡は現在の旧八日市場市・旧光町・旧野栄町にまたがり、平安時代末期には千田庄・匝瑳北条庄・匝瑳南条庄・玉造庄などに分かれた。

この地域の開発領主は、大椎権介（千葉）常兼の子・常広である。この武士団は平安時代末期に上総氏の勢力が及ぶと、その支配下に組み込まれたようだ。上総系匝瑳氏の勢力範囲は明確ではないが、常成の孫・明範が亀崎（匝瑳市亀崎）と称し、同じく孫の成高の所領が坂井（東金市丹尾）にあることから、匝瑳郡南西部から上総国山辺郡北部まで及んでいたらしい。匝瑳常成の子・助常には、常員・明範・常光・成高・親重の五子があり、惣領・常成のもとで強力な武士団を形成し匝瑳郡東部一帯を支配した。所領は子の常助、さらにその五人の子に継承されている。このうち匝瑳氏を称したのは常員・常光・親重の三人で、明範は亀崎氏を称した。名字の地・亀崎地区の字御堂には亀崎砦があったとされる。

匝瑳助常の子・成高は、坂井氏を称した。名字の地・坂井は匝瑳郡に隣接する上総国山辺郡堺郷で、現在の東金市丹尾地域であろう。堺郷は常胤の孫・堺常秀の所領とする説もあるが、平安時代末期には隣接する匝瑳郡に上総氏系匝瑳氏が進出していた。その支族である成高が坂井と称することから、この地を平安時代末期に千葉一族の堺氏が支配していたとは考えられない。おそらくこの地は、隣接する上総系匝瑳氏の侵入を受け、その支配下にあったと考える。また、匝瑳市地区は九十九里平野北部の田園都市で、今から約四百年以上も前、毎月八日と十二日に市場が開かれていたといわれる。「八日に行われる市場」が八日市場市の名の起こりという。ここの名物の大浦ゴボウは、平将門の乱の際に大浦ゴボウを食べた平貞盛の軍が将門を倒したという伝説が語り継がれ、今でも精進料理の材料として重宝されている。

さて、匝瑳市は千葉氏との関連が深く、多くの遺物・伝承などを残す歴史的な地域で、その代表は神社仏閣。たとえば、海上郡と匝瑳郡の武士が信仰の拠り所とした老尾神社。古くは「匝瑳神社」「総社さま」とも呼ばれていた。千葉一族の信仰を集め、正平二十四年（一三六九）五月に社殿が焼失した際には千葉満胤が再建し、神社の領地を寄進したといわれている。そのほか、山間部には日蓮宗寺院が建ち並び、市内中心部には真言宗寺院がある。これらは千葉氏・匝瑳党・椎名氏らの信仰活動の影響によるものである。

旧八日市場市内の北西部や多古町周辺には日蓮宗寺院が集中する。開祖は、安房国小湊で生まれた日蓮聖人で、日蓮宗の発展とともに千葉氏が庇護している。たとえば、多古千田庄の領主・千葉胤貞は日蓮宗に帰依し、胤貞の養子である日祐《にちゆう》や日英《にちえい》の影響で旧八日市場市内に日蓮宗寺院を成立させた。また、市内飯高の安久山円静寺はもと真言宗だったという。千葉氏支流の鴨根常房の系統で金原庄司盛常がいるが、盛常の孫の明円《みょうえん》・常瑜《じょうゆ》・覚瑜《かくゆ》の三代が安久山の別当を継いでいる（「徳島本千葉系図」）。覚瑜の代に日祐を師と仰ぎ、真言宗僧侶を輩出したそうだ。日祐はほかにも飯高地区に妙福寺などを開基し、以後、八日市場市周辺の寺院は中山法華経寺の影響を強く受けている。日祐のあとは日英が八日市場の大寺・飯塚地区を中心に活躍した。

旧八日市場市周辺にいた千葉氏の家臣たちは日蓮宗で、なかでも飯高を拠点とした平山氏は特に信仰心が厚かったという。平山氏の戦国末期の領主は平山刑部少輔常時《つねとき》とされている（「香取郡誌」）。平山氏の祖は、武州平山（現在の東京都日野市）にいた一族・日奉《ひまつり》氏といわれ（千葉氏分家ともいう）、一方、平山刑部が飯高砦を寄進して日生聖人や自尊聖人を招いて講義をしたのが始まりという寺伝もある。のちに法輪寺として発展し、日蓮宗の根本道場・飯高檀林となる。檀林は僧侶たちの学問所で、多くの名僧を育てた。最盛期には六百人以上の僧が学んだといわれるが、明治になり名を「飯高寺」と変えるも明治七年（一八七四）に廃檀、それからは現在の立正大学に受け継がれている。講堂や鐘楼・鼓楼などが国重要文化財として残る。鼓楼は、かつて講堂に学徒を集めるときに鐘を打ち鳴らしたそうだ。（鈴木）

飯高氏を名乗った匝瑳将胤

千葉常兼系匝瑳氏は平安時代末期、上総氏が匝瑳郡に進出すると、上総介常澄の子・常成に従ったと考えられている。常兼・常広と続いた千葉匝瑳氏で、飯高氏を名乗ったのが常広の子・飯高次郎将胤《いいだかじろうまさたね》である。名字の地・飯高は、下総国匝瑳郡郷飯高郷で現在の匝瑳市飯高を中心とした地域。飯高氏については史料も少なく、「吾妻鏡」寛元二年（一二四四）八月十六日条に「就任直後の将軍・藤原頼嗣は鶴岡八幡宮で流鏑馬を催し、その際、十列・二番目・的立役を飯高弥次郎左衛門尉が務めた」とあるだけである。飯高を名乗った将胤には、親常《ちかつね》・高常《たかつね》の二人の子があり、それぞれ飯高氏を称した。高常には高将《たかまさ》・胤高《たねたか》・時《とき》胤《たね》の三子があり、高将だけが松崎《まつざき》太郎と称する。名字の地・松崎は下総国匝瑳南荘松崎郷で、現在の旭市一帯と考えられる。胤高と時胤は飯高氏をそのまま称したが、胤高の子・泰高《やすたか》は名を山倉《やまくら》兵衛次郎と称しており、名字の地・山倉は下総国千田庄山倉で、現在の香取市山倉を中心とした地域と考えられている。

一門から臣下の扱いだった椎名氏

旧八日市場市は、中世の豪族・匝瑳党や椎名一族の遺跡が集中する。椎名氏は千葉常胤の弟・椎名《しいな》胤光《たねみつ》を祖とし、その居館は千葉市緑区椎名崎町か旭市椎名内といわれるが定かではない。胤光には七人の子がいて、主に匝瑳市・旭市近辺の地名を冠して在地した。胤光の次男の松山氏、七男の飯倉椎名氏をはじめ、子息たちは寺社の発展に努めた。椎名胤光は、浄土宗第三世・然阿良忠の熱烈な信者であったようだ。良忠は領内の福岡《ふくおか》（匝瑳市）に招かれ、念仏の講演と著述に専念した。しかし、その八男・福岡八郎胤成（胤業）は良忠と所領の関係でトラブルを起こし、良忠は下総を出てしまった。その後、椎名氏は真言宗に帰依し、鏡照・鏡祐などの高僧を支援している。さらに横芝光町の真言宗広済寺を保護しており、現在に残された国指定無形重要文化財の「鬼来迎」は、椎名氏が残した優れた文化遺産の一つといえる。

旧八日市場市の中央部には、千葉氏ゆかりの松山神社がある。祭神は誉田別命で、中世は千葉氏・椎名氏の崇敬が厚かったようだ。宮司は代々椎名氏の末裔・松山氏が世襲し、取材当時は松山敏氏。松山宮司家は、胤光の次男・松山次郎胤平《たねひら》が祖と推定されている。それ以後の系譜と松山氏の宮司就任時期は不明だが、松山宮司によると墓石銘から十三代前まで遡ることができるという。松山氏は主家の千葉氏が滅亡しても宮司として奉職し、胤将《たねまさ》や重胤《しげたね》のような国学者を輩出し、英胤《ひでたね》に至っては地方教育を推進して学校の建立に関わった。現在の松山小学校がそれである。

匝瑳市米倉には、胤光の七男・胤高の系譜を引く飯倉椎名氏の菩提寺・米倉山西光寺がある。西光寺は本尊が阿弥陀如来、創建は応永年間に真言宗の鏡照上人が椎名一族の援助により開山した。現在、この寺には椎名氏の供養塔と九曜紋を配した位牌がある。鏡照上人の影響を受けて建立された寺院が光町や旭市などに見られることから、寺院の発展に寄与した椎名氏の信仰心の強さをうかがえる。椎名氏は始祖の平良文以来、氏神として妙見菩薩を居館地に必ず勧請し、さらに守護神ともしていたようだ。

椎名氏が歴史上に登場するのは、元暦元年（一一八四）十一月二十八日が最初である（「源平闘諍録」）。椎名氏は、千葉常胤の弟・胤光を祖とする武士団でありながら千葉氏一門とはされず、一段低い源氏や、小見川の粟飯原氏などと同列で臣下の扱いであった。これは椎名氏が当初から常胤に従わず、途中から千葉氏に従った可能性を示しており、その本貫地も千葉庄内ではなく匝瑳郡であった可能性がある。

いずれにしても、椎名氏がこの地方一帯を支配するのは鎌倉時代前期以降で、上総権介広常の滅亡後だろう。胤光の子供は胤茂《たねしげ》・胤平《たねひら》・時胤《ときたね》・胤高《たねたか》・胤成《たねしげ》の五子だが、には、源義経の要請で鎌倉の武士たちが西国に向かったとき、「交名」という人の名前を列記した中に、胤光の子・次郎胤平が登場する（「源平闘諍録」巻八の二）。なお、胤光の子は時胤と胤高が椎名氏を称したが、胤平は松山氏を、胤茂は野手五郎を称した。胤成は福岡氏と称した。（鈴木）

椎名氏の匝瑳庄支配と多くの分家

「吾妻鏡」には、承久三年（一二二一）に起きた承久の乱の宇治合戦で椎名弥次郎は敵を討ち、椎名小次郎が負傷したとあり、建長三年（一二五一）には宗尊親王将軍の随兵として椎名胤継の名もある。匝瑳庄の領主である熊野山代官が新田検注をしようとした際、椎名宝蓮《ほうれん》・胤高・胤義《たねよし》がこれに反対して相論となり、幕府の裁決の結果、椎名の主張を認めたという（「金沢文庫蔵関東下知状」）。これを機に、椎名氏は匝瑳庄の権益を確立することになった。

室町時代に入ると、千葉氏の内紛から正統・千葉胤直が自害した享徳の乱で、椎名与十郎胤家が後追い自殺をしている（「鎌倉大草紙」享徳四年＝一四五五）。千葉昌胤の頃には、千葉妙見社で元服式に椎名八郎と椎名伊勢守が参加している（「千学集抜粋」永正二年＝一五〇五）。この椎名氏も天正十八年（一五九〇）の小田原合戦の際、千葉氏とともに領地は没収され、野に下った。

【飯倉系椎名氏】　飯倉系の椎名氏は、現在の匝瑳市飯倉に居を構えて飯倉氏を称した。この一族が米倉城に住したのであろう。戦国時代に本佐倉城主・千葉邦胤から椎名左馬允に宛てた古文書は有名だが、この左馬允こと椎名胤長《たねなが》と、父・勝定《かつさだ》は椎名氏の当主であったようだ。この家はのちに帰農している。

【野手系椎名氏】　野手氏は、匝瑳市野手に居を構え長らくこの地を支配したが、戦国期に新興勢力である押田氏の侵略を受け逃亡したようだ。野手氏が常陸の下妻《しもづま》城主・多賀谷重経《たがやしげつね》に仕え、土着したという（『野栄町史』）。江戸期に帰農し、名主・網元を務めた。この一族からは、千葉敬愛学園を創立し千葉市名誉市民になった長戸路政路（旧姓椎名）氏がいる。

【松山系椎名氏】　椎名胤光の長男は、現在の匝瑳市松山に居を構えたようで、末裔は松山神社神官になり現在に至っている。

【芝崎系椎名氏】　横芝光町の芝崎城に拠った椎名氏もいて、一族は江戸時代には神官・代官となって芝崎城の麓に住した。現在の御当主は、椎名氏から関氏と名前を変えている。

【越中椎名氏】　野手系の椎名氏と伝わる椎名孫八入道は、越中で大名になる越中椎名氏の祖といわれる。のちに越中新川郡《えっちゅうしんかわぐん》守護代に就き、越中国の東半分を支配する。戦国時代の当主は椎名康胤《やすたね》（泰種）で、上杉謙信の実父・長尾為景《ためかげ》を敗走させている。上杉謙信の北陸侵攻では、謙信の配下として戦うが、武田信玄の誘いを受けて謙信と離反したため、謙信の攻撃を受けて椎名氏は滅亡した。（鈴木）

千葉氏四天王となった鏑木氏

旭市の大原幽学記念館には、中世に干潟町一帯を支配した鏑木一族のパネルが展示されている。鏑木氏は常胤の長男・胤正の八男・白井胤時を始祖とし、胤時のときに宝治合戦の余波を受け千葉氏家臣・鏑木に姓を改めたとされる。この居館が旭市鏑木にあり、周辺には光明寺や願勝寺・妙見社などの寺社が残る。胤時は安房館山の那古寺・十一面観音像の造立者で、その子・鏑木胤定もまた、信心が厚い武将であった。浄土宗第三祖・然阿良忠を鏑木に招き、手厚い保護と浄土宗の基本経典の作成に支援している。

鏑木氏はその後、千葉氏四天王の一角として千葉氏を支えたようだが、天正十八年（一五九〇）の小田原合戦で鏑木氏（胤家カ）は兵を率いて籠城するもついに降伏、鏑木の里に蟄居する。元干潟町教育長・

鏑木太郎氏の著書によると、鏑木氏は土着後、江戸初期に椿海干拓に従事していた。

鏑木氏の中からは、江戸末期の鏑木仙安がいる。仙安は佐倉藩主・堀田正睦に登用され、佐倉藩医として長崎留学を命じられ佐倉に蘭学を持ち込んだ人物である。そして仙安の蘭学は、さらに佐藤泰然・尚中の活躍で「西の長崎・東の佐倉」といわれるほどになった。また、鏑木の里には鏑木一族の位牌所・長泉寺があり、歴代の位牌が安置されていた。この寺は小高い場所に位置するため、椿海跡を一望できる。椿海も江戸時代の干拓前は水運が盛んに行われ、鏑木地区も水運の要衝だったことがわかる。（鈴木）

12　内紛の果て、千葉介胤直自刃の悲劇の地――多古町

千田親正から千葉常胤に与えられた千田庄

下総台地に囲まれた多古町は、かつては千田庄と呼ばれていた。「千田」という地名は、香取社の「大禰宜大中臣真平譲文」に「阪南二重堀千田堺」と記されている。これは、葛原牧内織幡村の所有地の一つで、応保《おうほ》二年（一一六二）六月三日に「限南千田郡境二重堀」としても登場する（「大禰宜実房譲文」）。さらに「吾妻鏡」治承四年（一一八〇）九月十四日条に「千田荘領家判官代親政」とあり、千田庄の領家判官代として千田親正の名が書かれているのだ。

親正は、「尊卑分脈」に登場する「皇嘉門院判官代号智田判官代藤原親雅」という人物こそ、千田親正であると考えられている。千田庄の本所とされる皇嘉門院は、崇徳上皇の中宮藤原聖子の院号で、久安六

年（一一五〇）に院号を天皇から賜り、養和元年（一一八一）に亡くなっている。そのため、千田庄の成立は久安年代から治承年代までの間で、親正の入部もこの頃だったのではないか。このように、千田庄の成立時期は平安時代後期と推定され、荘園の成立には千田氏が深く関係したと思われる。この区域は現在の香取郡多古町・旧光町・旧八日市場市・芝山町にわたると考えられている。

上総・下総の両総平氏の祖とされる平忠常の孫・常房には、常益・常宗・常盛の子供たちがいた。そのうち、常益は千田庄司と称し、常宗は原氏、常盛は次浦氏を称した。原郷や次浦郷は千田庄内の郷名なので、三兄弟とも庄内の所領を継承したようだ。このため、常房は常長から千田郷を中心とした地域を相続し、広く開墾して所領としたと考えられる。常房の子の常益は所領を常義・家常・明円の三人の子に分け与えたが、常益の子はいずれも千田の姓を名乗らず、金原・粟飯原・安久山と称した。これは千田庄の領家判官代として赴任した藤原親正が、千田と称したことによるものだろう。

多古城とその周辺　千葉県多古町

常房系の武士団は、親正の入部とともに千田氏に従属したと思われる。しかし、親正が千葉介常胤に追討されると千田庄は千葉常胤に与えられ、原・次浦・金原・粟飯原・安久山などの豪族たちも千葉氏に属したという（『吾妻鏡』）。この所領は鎌倉時代の中期頃、千葉介成胤の弟・泰胤に与えられ、同じく後期には再び千葉氏本宗に戻って頼胤から宗胤に継承された。さらに、九州千葉氏の千田大隅守胤貞に受け継がれている。やがて南北朝の争乱が起きると、千田庄では千葉氏本宗の千葉介貞胤系武士団と千田系武士団が争いを繰り返す。その後、貞胤が北朝に降ると、この所領は本宗家の直轄領となった。（鈴木）

多くの剣聖を育てた神道流・飯篠長威斎

多古町・旧八日市場市にあたる旧千田庄から旧匝瑳北條庄・南條庄は、下総国でも特に肥沃な土壌に恵まれ、早くから有力な武士団が形成されている。室町時代中期から戦国時代にかけて剣術家の飯篠長威斎や、多古領主となり親社高根権現に祀られた牛尾《うしお》胤仲《たねなか》を中心にその足跡をたどろう。

日本武道には多くの流派があるが、なかでも神道流は室町時代に起こった兵法で、日本で一番古い流派の一つだ。これは飯篠長威斎がその祖とされる。飯篠氏は、飯笹村から起こった千葉氏の一族で、香取神道流の始祖・家直《いえなお》は山城守と称し、別号を長威斎という。香取神道流の武具規格に合致した木刀・棒・薙刀などが、今も飯篠家に所蔵されている。長威斎は室町時代中期に活躍した剣術研究家で、千葉氏の家臣として下総飯篠郷、現在の多古町飯笹の領主であった。禄を捨て香取神宮に参籠すると、一日にして神の威光を得、剣術の修行と研究に没頭し、神道流を開いた人物とされる。剣術のみでなく、居合術・薙刀術・棒術・柔術・手裏剣術・忍術・武術・築城術・軍配法に加え、天文地理学までに至る総合的な兵法である。これを源流として数多くの流派に影響を与え、たとえば、香取神道流道場などもその一つだろう。この道場は、鎌形巳之助が明治三十年に自宅の隣に立てた「香取神道流支部指南所」で三十人程度の門弟がいたという。鎌形巳之助は長威斎から受け継いだ古代剣法のほか、火傷の痛み止めなどの術を心得ており、村人たちに広く奉仕したと伝わる。

現在、多古町の飯笹に如意山地福寺がある。明治の「社寺明細帳」によると、永禄十二年（一五六九）の創建と伝えられるが、長威斎が長享元年（一四八七）四月二日に創建したとも伝わる。取材当時の住職は篠崎照憲師で三十九世になるが、師の話によると本堂の左側に彼の墓石があり、そこには槍で削ったとされる跡が残るという。飯篠家当主で二十代目・飯篠快貞氏いわく「当家に残る家直の位牌には〝平朝臣〟とあり、その先祖については不明」ということだ。かつて、飯篠氏が千葉氏に従属していた時代の戦乱が原因で、その所領である飯篠領を捨ててしまう。このとき五十人の郎党がいたが、これに伴って浪人したそうだ。飯篠家ではこの郎党方々への供養を今でも行っているそうで、初代・家直の頃からの風習として正月初めの未の日、稽古初めの際に、五十個の餅と縄をつくって郎党への供養をするという。

さらに、香取神道流については、家直が経津主命・妙見菩薩を信仰し、同時に密教を学んで神道流の体系を編み出した。それは自分自身の心を落ち着かせ、相手も落ち着かせて勝負をさせないようにするものであり、長威斎の兵法「熊笹の対座」はそれにあたる。名の知れた長威斎のもとに武芸者たちがよく試合を求めて訪れたそうだ。そこで早速、長威斎は熊笹の上に筵を引き、そこに座って「どうぞ」と武芸者を迎え入れる。このとき熊笹はピンと立ったままということで、多くの武芸者は「歯が立たない」と見て、立ち去ったということであった。この話から「人を生かすための剣」であることがわかる。

家直の弟子から常陸鹿嶋の塚原安幹が出て、のちに鹿嶋新當流を開く塚原卜伝が出る。二代・盛近から山倉播磨守を経て槍で有名な宝蔵院胤栄へと派生した。四代・盛綱の門人には、羽柴秀吉の軍師をつとめた竹中半兵衛重治が出た。半兵衛はこの総合的兵法・香取神道流を学び、独自の軍学を編み出したという。なお、香取市香取神宮山内に飯篠山城守家直の墓がある。飯篠長威斎がいなければ、今日の日本武道は確立されていなかったのである。（鈴木）

牛尾胤仲を祀る権現さまの謎

多古町多古字高根にある親社は、「権現さま」として親しまれている。親社は石畳を通り五十段の石段を上った高台に鎮座する。両脇に狛犬がいて、境内には鬼子母神、安政年間の石宮が祀られている。当社は牛尾能登守胤仲の霊を祀り、慶長十九年（一六一四）の建立と伝わる。「多古由来記」には「其後、能登守亡魂を城山より鬼門に当りし高根真弘寺跡に法花勧請、親社大権現に祭り奉り」と書かれている。胤仲は人望のある多古城主だったが、山室飛騨守に襲われたと伝えられ、胤仲を祀ったのは人々が無念に死んだ者の霊を怖れる御霊信仰によるのだろう。

「神社明細帳」では、親社の祭神は聖徳太子《しょうとくたいし》である。奈良県の斑鳩《いかるが》にある法輪寺は、聖徳太子の病気平癒を願って建立されたという。妙見菩薩神呪経と秘仏の木造妙見菩薩像が伝わる妙見信仰ゆかりの寺だが、妙見堂には聖徳太子像が安置されている。「扶桑略記」などには聖徳太子について、火星の和名である熒惑星に関する伝説が残されている。妙見さまは北極星、もしくは北斗七星の化身とされ、妙見信仰と聖徳太子信仰には星信仰という共通点があるようだ。千葉氏は妙見信仰だが、親社は聖徳太子を祭神とし牛尾能登守胤仲の霊を祀るという事実に、千葉氏を含めた房総の御霊信仰の歴史が隠されているのかもしれない。この社殿の屋根には月星紋が付き、賽銭箱には九曜紋が描かれている。共に千葉氏の家紋で、権現さまが千葉氏ゆかりの神社であることを偲ばせる。

多古町南東部の南借当には、村の鎮守の高皇産霊神社がある。境内は樹齢八百年の巨木をはじめ、古木が鬱蒼と生い繁る緑豊かな場所になっている。祭神は高皇産霊命で、稲荷大明神と古峰神社が併祀されているが、地元では「妙見さま」と呼ばれて親しまれている。妙見さまは中村城主の守護神とも城の鬼門除けともいわれ、今も本殿に妙見像が御神体として安置されている。拝殿の屋根には七曜紋があり、星の化身とされる妙見さまを物語る。

多古町御所台の天御中主命神社は栗山川流域の水田を見おろす丘にあり、土橋城跡らしさを残している。本殿は木々に囲まれて静かに鎮座する。境内には「享保十三年」銘の青面金剛像があり庚申講の本尊とされる。庚申の日に行う庚申待という徹夜の行事で、村人たちが祀ったのであろう。「神社明細帳」に古老の話として「この神社は千葉氏が居城の守護神として北辰妙見を祀ったのが始まりだが、明治に神社を称するにあたり祭神を決めることになった。妙見さまは天の中心にある北極星の化身、天御中主神が日本神話で天地の初めに高天原に出現した天の中央の神であることから、天御中主神を祭神とするに至った」とある。日本神話では天御中主神・高皇産霊尊、そして高皇産霊尊の対立的存在として出現する神産皇産霊尊を造化三神といい、日月星の三光とする考えがある。

明治初年の神仏分離で妙見さまを天御中主命とした社寺が多いが、高皇産霊命や国之常立命を祭神とす

土橋城跡と天御中主神社　千葉県多古町

る神社もある。国之常立命は天之常立命に対する神名で、「先代旧事本紀」では天之常立命と同じ神という。妙見さまは江戸時代の庶民が鎮守神として信仰し、一部は子安や大六天と呼ばれた。そして神仏分離後、子安は木花咲耶姫命、大六天は面足尊や惶根尊と名前を変えるなど、時代によって名前や功徳が変化しながらも、人々に信仰され続けた。（宮原）

日蓮宗寺院に見る対照的な妙見像

多古町には妙印山妙光寺という釈迦多宝四菩薩を本尊とする日蓮宗の寺がある。人間界にもっとも縁の深い観音菩薩・弥勒菩薩・普賢菩薩・文殊菩薩の四菩薩をお祀りしていて、特に「ひげのお祖師さま」と呼ばれる日蓮坐像は、日蓮が自らの髪髭を付けたといわれ、人々の信仰を集めてきた。

また、古くから妙見菩薩倚像（台座などに腰掛け両足を垂らす姿の仏像）と伝える仏像があり、ヒノキ材の寄木造り、目には水晶などの玉眼を嵌め入んでいる。布を張った上に錆下地黒漆を塗り、さらに白土を塗って彩色する丁寧な仕上げで部分的に切金や箔押しが施してある。右手は剣を上に向け、左手は胸の脇で二本の指を立てる勇ましい甲冑姿。高さは四九・四センチメートルで鎌倉時代後期の作という妙見さまは、かつて法福寺境内の妙見堂に安置され毎年六月十五日に祭礼が行われていた。これも昭和三十年代に廃堂となり、現在の妙光寺に移された。

このほか、杉木立ちに覆われた参道がおよそ二百メートル続く正東山日本寺がある。山門の「正東山」の額は、江戸時代初期の芸術家・本阿弥光悦《ほんあみこうえつ》の筆といわれている。日本寺の本尊は釈迦牟尼仏で、「中村寺院明細帳」に「天正十五年（一五八七）に日円創立ニテ日蓮一派ノ元学校ニテ伝来セリ」とあるように、中村檀林といわれた学問所である。旧檀林からの建造物に妙見社があって、右手に産土さま、左手には薬王菩薩が祀られ、正面の額に「妙見七面宮」と書かれた社がある。身延山ゆかりの日蓮宗の守護神・七面天女大明神が祀られている。さらに、社を守るかのように豊田・岡田稲荷大明神が鎮座する。薬師は医薬に霊験あらたかな仏で、千葉妙見の本地が七仏薬師であることからも、この社は千葉妙見や民間信仰が複雑に入りまじった神仏習合時代の名残りのようだ。

妙見菩薩像　宝永２年（1705）銘を刻む
千葉県多古町・日本寺蔵

妙見さまは背面に「妙見大士」と書かれ、施主は心静院日誠、「宝永二年（一七〇五）八月吉祥日」銘がある。台座は亀と白蛇、両手で剣を持ち刃先を地面に向ける。穏やかな顔に美しい彩色の妙見さまは、妙光寺が甲冑姿であるのと対照的な美しさである。それは、日本寺の妙見さまが江戸時代から百年余りを経過した太平の世の仏であるのに対して、妙光寺の妙見さまは南北朝への移行期である分裂の時代（鎌倉時代後期）が生み出した仏だからではないか。房総を駆けぬけた武士たちは、その時代にふさわしい妙見さまを信仰していたのである。（宮原）

千葉本宗家の滅亡悲話

栗山川を遡った台作地区には、千葉氏の学問所であった土橋山東禅寺がある。天平三年（七三一）に唐僧・鑑真《がんじん》和尚が開いたという。東禅寺はのちに律宗寺院として千葉一族の祈願所となった。鎌倉時代には文庫称名寺の長老律宗・湛容和尚が入って講義を開くなど、仏教・文化面で鎌倉との交流が深かった。

室町中期頃、千葉氏の当主・胤直は叔父の馬加康胤の反乱で千葉城を落とされ、多古城や志摩城に逃れたが馬加氏の兵に追い詰められる。胤直は一族郎党と共にこの東禅寺へと逃れ自害。胤直の息子・宣胤も城を出てから円城寺尚時の介錯で自害した。胤宣の手習いの師匠の中納言坊は千葉金剛授寺の僧で、宣胤の自害を聞くと当地で供養を行い、近くの流水に身を沈めたという悲しい話も残っている。現在、自害した千葉胤直一族郎党の墓石が東禅寺裏山に並んでいる。地元では「胤直は東禅寺で切腹したのではなく、東禅寺で風呂に入っていたが追手が来たので山腹に登り自害した」という。地元でしか聞けない伝承だが、死を覚悟して体を清めていたのかもしれない。また、教え子の死を悲しんだ僧・中納言坊が身を投げた「流水」は、おそらく栗山川と思われる。その後、千葉氏は叔父の馬加康胤が本宗家を継ぐことになった。関東の名門千葉氏の異常事態を憂えた将軍・足利義政は、千葉一族で美濃郡上（現、岐阜県郡上市）を支配していた東常縁を関東へ下し、自害した胤直の甥・自胤を千葉氏の正式な後継者に立て後見することにした。この結果、千葉氏は二つの流れができ、下総千葉氏・武蔵千葉氏と分かれ相争うことになる。（鈴木）

13　上総千葉氏滅亡の地――睦沢町・長柄町・君津市

睦沢町に大柳館跡がある。この館は、かつて上総千葉氏の本拠があったとされる場所（他にも伝承地あり）にあり、鎌倉中期の北条氏と三浦氏の合戦で三浦方だった秀胤一族がここで滅亡したと伝わる。この合戦で上総千葉氏は滅ぶが、その遺児たちは親族の千葉一族に預けられた。この大柳館跡から数キロメートル離れた場所の眼蔵寺《がんぞうじ》は上総千葉秀胤一族の菩提寺であった。のちの人が奉納した千葉秀胤夫妻の古い位牌が納められている。古くは胎蔵寺《たいぞうじ》といったようだが、のちに眼蔵寺に変わった。上総地方でも巨刹に入る寺院で、数々の上総国の支配者の菩提寺となり、南北朝時代に足利尊氏・直義兄弟が全国に安国寺利生塔を建立した際、上総ではこの眼蔵寺が利生塔に選ばれている。また、関東管領上杉朝宗の菩提寺となるなど巨刹中の巨刹であった。

鎌倉・建長寺との関わりも古く、建長寺開山・蘭渓道隆の法孫・象外禅鑑《ぞうがいぜんかん》禅師以下、高僧たちが鎌倉からこの眼蔵寺に入ったが、その後、衰微してしまった。この寺には当時を偲ばせる梵鐘や阿弥陀如来像があり、時代の古さと荘厳さを実感できる。地元の伝承では、上総一族の血を引く上総延胤が権現森の武峰神社神官・黒須氏に養子に入ったという話もある。

江戸時代に黒田藩三万石の城下町として栄えた城下町・久留里《くるり》。だが、かつて千葉氏が大きく関与していた町であることはあまり知られていない。伝説（久留里記）によれば、上総・下総一帯にあった六社妙見の一つ、浦田妙見（現、久留里妙見）に平将門の三男・東少輔頼胤が参拝し、その霊夢によって館を築いたのが久留里城の始まりという。

久留里はその後、室町時代に上総武田氏の支流が治めたが、安房に起こった戦国大名・里見義堯に割譲され、里見氏の拠点となった。しかし里見氏の支配も長くは続かず、小田原合戦で安房一国に押し込められ、久留里は徳川家康の武将・大須賀忠政が大名として入封した。忠政は常胤の四男・大須賀胤信の末裔

眼蔵寺の本尊・阿弥陀如来像　上総千葉氏、関東管領上杉氏の崇敬を受けた　千葉県長柄町

千葉秀胤夫妻の位牌　鎌倉幕府の評定衆。三浦一族と姻戚関係にあり北条時頼から警戒されていた　千葉県長柄町・眼蔵寺蔵

で、古くから三河徳川氏に従った一族であった。家老・森川氏俊をして大規模な土木工事を行わせ、「久留里市場」と呼ばれる町割りを行い、また、久留里妙見を崇敬して父・康高の菩提寺・撰要寺（現存せず）も建立している。しかし、大須賀氏の治世も十年足らずで、遠州横須賀に栄転している。

その後、甲斐・武田信玄の旧臣であった土屋忠直が三万石で入る。土屋氏は源氏の流れ（異説には桓武平氏土屋氏の流れ）を汲む家であるが、忠直の子・利直のときに千葉一族との姻戚関係が発生する。利直の次男・勝胤は奥州中村藩六万石・相馬氏の婿養子になり、これが相馬藩中興の祖と仰がれる相馬忠胤である。名君といわれ、相馬野馬追いの行事には甲斐武田流の軍学を取り入れたともいう。土屋氏の菩提寺は久留里の中心部「円覚寺」にあり、土屋氏の墓石は千葉県最大級の墓石として文化財登録されている。

土屋氏のあとは変遷の末、黒田氏三万石の治世が明治維新まで続き、この藩に民心掌握のため か次席家老に千葉氏、国家老に相馬氏の流れを汲む門馬氏を任命している。（鈴木）

第二章　全国に広がる千葉一族の史跡を訪ねて

1　東京都・武蔵千葉氏の史跡

千葉実胤の石浜城と親胤・守胤の墓

房総を本拠地に、平安時代から戦国時代まで約八百年にわたり君臨した武士団・千葉一族は、現在の東京都区内にも数々の足跡を残した。それを代表するのが、享徳の乱で自害した千葉胤直の甥の実胤《さねたね》・自胤《これたね》を祖とする武蔵千葉氏だ。東常縁や太田道灌の支援で千葉氏正統を継承するが、下総復権は実現できず、赤塚城と中曽根城を中心とした武蔵国（足立区・墨田区・台東区・板橋区・練馬区）一帯を領することになる。ちなみに、この一族は月星紋を使用する。この千葉実胤が最初に武蔵（東京）に入って居城としたのが、台東区に石浜の地名を残す石浜城である。現在、その城の位置については諸説ある。石浜城址は、周辺の中小の工場群と下町の風景が飛び込んでくることから、まさに下町の城といわれている。この地には、千葉氏が崇敬した石浜神社や、先祖・常胤が信仰したという真先稲荷が合祀されていた。

橋場町のほうへ歩くと、平賀源内の墓石（国指定文化財）がある。ここにはかつて曹洞宗寺院・妙亀山総泉寺があり、千葉氏の菩提寺として「千葉親胤」の墓石があった。しかし、昭和二〇年三月の空襲で台東区は焼かれ、総泉寺も戦後に板橋へ移る。現在は何もなく、源内の墓によって総泉寺が橋場にあったことを示すだけである。一方、移転した総泉寺は現在、都営地下鉄三田線の志村三丁目で下車したすぐそば。当時を偲ぶものは、千葉自胤の孫にあたる「千葉守胤」の墓塔のみ。江戸時代には秋田藩主・佐竹家の菩提寺にもなっていたので、明治期の当主・相馬益胤の次男で佐竹本藩を継承した佐竹義尭侯爵の墓石が残る。三田線沿線には志村坂上駅があり、そばに戦国時代の堀割が残る志村城址と、千葉氏が千葉から勧請したといわれる熊野神社が鎮座していた。まさに志村熊野神社は、堀で囲まれた都内でも珍しい場所だ。

また、東武東上線成増駅からバスで数分のところに曹洞宗の松月院がある。武蔵千葉氏の基礎をなした千葉自胤一族の墳墓地で、今なお寺紋は月星である。板橋区赤塚には赤塚城址と堀が公園として残る。江戸以前から住んでいるという近所の方にお話をうかがうと、地元では「千葉氏の末裔で春日を名乗っている家が多い」ということであった。

赤塚城跡　奥の台地上に本丸・二の丸が築かれ、手前には外堀の面影を伝える池が残る　東京都板橋区

千葉自胤とその一族の墓　東京都板橋区・松月院

千葉自胤が砦に創建した普門院

ＪＲ錦糸町駅から徒歩十五分のところに普門院がある。千葉自胤が武蔵三股に砦を構えた際、鬼門除けとして創建された寺

院という。現在は、千葉氏に関する遺跡は何もないが、明治期の文豪で歌人の伊藤左千夫（旧成東町出身）の墓石があるのは、何かの因縁だろうか。住職の話では、下町発祥の紡績工場であった鐘淵紡績（カネボウ）の「鐘淵」は、千葉と関係があるそうだ。普門院移転の際、梵鐘を足立区三股から移動中に隅田川に落として沈んでしまったため、この地名が生まれたという。

一族の遺跡を多く残す足立区

都内でも多く千葉一族の遺跡が残るのは、足立区だ。由来の一つに「千葉氏が住んだ」ことから派生したという北千住・南千住や、「上千葉町」「下千葉町」といった地名も残る。東武伊勢崎線梅島駅を降りると日蓮宗の国土安穏寺《こくどあんのんじ》がある。武蔵千葉氏以前の千葉満胤が創建したといわれ、境内には、妙見祠があった。

牛田の西光寺には、千葉常胤が信仰したという薬師如来が本尊として祀られている。江戸時代、千葉氏庶流の石出一族が菩提寺として庇護していた。石出氏には、江戸時代に小伝馬町牢屋敷《こてんまちょうろうやしき》の取り締まりを役職とした石出帯刀《いしでたてわき》がいる。伊興地区には千葉次郎勝胤の墓石が残る。不思議にも、本佐倉の勝胤と同じ法号であるが、もちろんこの墓石は在地武士の常田氏ほか数人で、江戸時代に入ってから追善供養のために建立したものだろう。地元では小田原北条氏と戦い、地元民に愛された武将として語り継がれている。

また、「新編武蔵風土記稿」には、瑞応寺の本尊が夕顔観音とある。瑞応寺は首都高速の扇大橋出入口の近くで、やはり千葉一族の自胤の勧請により下総小見川の樹林寺夕顔観音から勧請された。第二次大戦の空襲で焼き尽くされ、当時の板碑しか残っていない。寺紋は大きな月星紋を使用していた。

2　全国各地の千葉一族と家臣団の史跡

全国に展開した千葉一族

千葉一族は、平安末期から安土桃山期まで多くの一族を輩出し、全国に展開した。そして千葉の文化・宗教をその土地に根づかせるなど地域の発展に尽くした。ここでは、その概略をご紹介しよう。

【東北千葉氏＝三柏・月に九曜紋・月星】　青森・岩手・宮城・福島の四県には、千葉姓が多く存在する。平成十三年当時東北地方で約二万世帯の千葉姓の方が住んでおり、その一部は千葉常胤を祖先とする。この一族は特に岩手県一関市から磐井郡および胆江地方・宮城県北地方にかけて集中し、鎌倉中期から南北朝期に下総から移住したと思われる。これらは葛西一族の領地だったが、千葉常胤の娘婿が葛西清重であったため、葛西氏に属して奥州に渡ったと推定されている。この説以外にも、千葉頼胤が先祖説や宝治合戦で敗れた千葉氏が葛西氏を頼ったとの説もある。これらの多くは、石巻・寺池城主・葛西氏の重臣として戦国時代を迎えた。

しかし、下総千葉氏と同じく秀吉の小田原合戦に従軍しなかったため領地没収の憂き目に遭い、また、伊達政宗による謀殺事件の犠牲になったり葛西大崎一揆に荷担したり、千葉氏のほとんどは下野してしまった。その多くは肝煎《きもいり》・検断《けんだん》（村役人）として江戸時代を迎え、「葛西氏の復興を願い、サイカチ（葛西勝ち）の木を植えた」という。また、盛岡藩主・南部氏に仕官した一族もいる。現在、岩手県東山町周辺では「東北千葉氏」を偲び、シンポジウムや千葉氏合戦絵巻などが行われ、中世の千葉氏について再検討がなされている。

【江刺《えさし》氏＝月星紋】　同氏は千葉常胤の娘婿・葛西清重の末裔で、千葉氏の月星紋を使用する。一説には東北千葉の頼胤の末裔ともいう。鎌倉以後に奥州江刺郡を領し、岩谷堂《いわやどう》に本拠を移した。天正十八年（一五九〇）、豊臣秀吉の奥州合戦で失領するも、三戸城主・南部信直に招かれ三千石で土沢城主（岩手県花巻市）となって城下町を整備する。葛西氏時代の同僚の薄衣《うすぎ》氏など千葉氏を土沢周辺に呼び寄せた。この土沢にも葛西系千葉氏が集住しており、浄光寺には江刺氏や千葉氏の墓がある。

【九州千葉氏＝十曜・月星】　肥前晴気庄（佐賀県小城市）は千葉常胤が戦功によって与えられた。千葉氏に相伝され、蒙古襲来の際に千葉頼胤・宗胤父子は肥前に下向した。宗胤の子・胤貞は下総千葉氏の家督継承を従兄弟・貞胤と争うが、結局、肥前千葉氏を創始した。また、宗胤は名僧・若訥宏弁を招き、「西の円通寺・東の建長寺」といわれた三間山円通寺を建立した。その子の胤貞は日蓮宗に帰依し小城に松尾山光勝寺を建て、九州に日蓮宗を広めた。

肥前千葉氏は、大陸と位置的に近いため李氏朝鮮と交易を行っており、朝鮮側史料「海東諸国紀」にも「肥前千葉殿」と記されている。そのため利益も莫大で勢力も強かったため、龍造寺や鍋島となる藤原氏の末流が九州千葉氏を頼ってきている。しかし、戦国時代の到来とともに下剋上となり、九州千葉氏は龍造寺氏の風下に立ち、さらに龍造寺氏が鍋島氏に乗っ取られると千葉氏は佐賀藩重臣になる。

小城市は、祇園城を登ると須賀神社を中心に放射線状の街並みが広がる。城の裏側には武家屋敷跡や妙見社がある。小城駅近くの歴史資料館には千葉氏の豊富な史料が展示してあり、千葉胤貞人形の山車が展示されている。千葉氏の菩提寺の一つ圓通寺や光勝寺には千葉氏所縁の墓所群が残っている。

【陸奥相馬氏＝九曜紋・亀甲に花菱】「われ、敵を討ってほとんど意に任せざるなし。ひとり相馬は小敵といえど服しがたし」と、独眼竜・伊達政宗が評した相馬氏は、千葉常胤の次男・相馬師常の末裔である。源頼朝の奥州藤原氏征討に従い、父より陸奥国の行方郡を賜って伝領する。元亨三年（一三二三）、相馬重胤が一族を引き連れ浜通りに下向。相馬氏は妙見菩薩を信仰し、相馬太田神社・小高神社・中村神社を建立した。この妙見社の祭礼が名高い「相馬野馬追い」である。南北朝期には足利方の拠点として北畠顕家の猛攻を受けて滅亡に瀕したが、起死回生のごとく、相馬光胤が復帰する。以後、行方郡の検断職に補任され、浜通り地方の戦国大名に発展していく。

相馬氏は鎌倉以来から主従の団結が強く、守護神「妙見」信仰のもと領地を死守してきた。戦国末期の当主は相馬義胤で、特に戦国時代は隣接する東北の覇者・伊達政宗との戦闘が止むことはなかったが、政治能力に優れていたため、戦国時代・豊臣・徳川の時代を乗り切って明治維新まで領地を維持した。鎌倉から明治維新まで約七百年を支配していたため、相馬領内は百姓一揆がほとんど起こらなかった。江戸期、下総の妙見社や菩提寺にも参拝しているが、今なお、相馬野馬追いの際に合唱する相馬国歌「相馬流れ山」は、下総望郷の歌として語り継がれている。

南相馬市には、鎌倉末期の居館・太田館跡と太田妙見があり、小高地区には小高城址と小高妙見が鎮座する。同慶寺には相馬藩初代義胤以降の歴代の墓所群が、北新田地区には中世後期以来の相馬氏当主の墓

涌谷妙見社の妙見祭　武石氏が下総から伝来した妙見で、郡上の獅子舞と同じ家紋を使用する　宮城県涌谷町

域「御壇」が残る。相馬市には、江戸時代の居城・中村城跡や中村妙見、相馬師常を祀る相馬神社が鎮座している。

【涌谷伊達（武石）氏＝月に九曜紋】　伊達政宗とは相敵視し好敵手といわれた相馬氏であるが、伊達家中に千葉を意識した重臣がいた。常胤の三男・武石胤盛を祖とする涌谷伊達氏である。胤盛は源頼朝の奥州藤原合戦に従い、父より陸奥国亘理・伊具・宇多三郡を賜り伝領した。

乾元年間に武石宗胤が陸奥亘理に下向、一二〇〇年〜一五九〇年まで亘理地方の領主として君臨している。移住して武石から在地の亘理と姓を変える。しかし、隣国・伊達氏の強大な軍事力に脅されるようになると独立維持が困難となり、伊達氏家臣となった。以後、伊達軍団の主力となって戦功を上げていく。伊達政宗の時の当主は亘理元宗・重宗父子で、領地転封（国替え）によって遠田郡涌谷に移る。元宗・重宗は千葉一族を意識し、涌谷に妙見社を勧請し、有事ある際は、必ず下総千葉妙見寺と海隣寺を参拝している。定宗のとき、政宗は亘理氏の戦功を賞し「伊達姓」

を名のることを許し、涌谷二万三千石余の領地を与えた。武石亘理氏は「伊達安芸」を世襲する。涌谷伊達氏は、江戸時代に仙台藩三番目の席次をもつ重臣となった。山本周五郎著『樅の木は残った』は伊達騒動を描くが、ここに出てくる伊達安芸宗重は武石氏直系の子孫である。今なお、伊達氏を救った恩人として尊敬を集めている。以後、明治維新まで涌谷領主として君臨した。

涌谷町の中心・涌谷要害は涌谷伊達氏の居館であり、現在は史料館と当時の面影をもつ太鼓櫓が現存する。北側には伊達安芸を祀る涌谷神社があり、程近い丘には秀麗な社殿と風情のある石段をもつ妙見社がある。山神社麓には、亘理重宗夫妻の墓所があり、見龍寺には涌谷伊達氏の廟所群があり荘厳である。

【いわきの大須賀氏＝九曜紋・月星紋】

千葉常胤の四男は胤信といい、大須賀保を領したころから大須賀四郎胤信と名乗る。この系統は、常胤の時に陸奥好嶋荘（福島県いわき市）預所職となって大須賀胤信に伝領され、小領主ながらも戦国時代まで存続した。この間、領内の真言宗を庇護し、下総大須賀氏の求めに応じていわき薬王寺・真源上人の招聘に協力した。また、妙見社をいわきに勧請している。戦国時代には岩城氏家臣となったようで、のちに岩城氏に従ったようだ。いわきに残った大須賀氏は、江戸時代に「大一屋」と称し、いわき一帯の商人となった。

妙見菩薩像　いわきの大須賀氏が下総から伝来したという。代々、安房出身の小湊氏のよって祀られてきた　福島県いわき市

【栃木の君嶋氏＝三巴紋】　君嶋氏の先祖は大須賀範胤といい、大須賀胤信の八男である。下総国成毛郷（現、成田市成毛）を与えられるが、のちに「宝治合戦」に巻き込まれて下総を離れ下野国守護・宇都宮頼綱の庇護により下野国芳賀郡君嶋郷に住し、「君嶋」を称して名を嗣胤と改めた。以後、宇都宮氏や益子氏・壬生氏・芳賀氏と姻戚関係を結び、宇都宮氏重臣の地位を固めていった。戦国時代は、主家・宇都宮氏とともに小田原北条氏と対立し、領地を確保している。小田原合戦で豊臣秀吉から領地を安堵されたが、豊臣政権内の浅野長政と石田三成の争いに巻き込まれ、宇都宮国綱は改易処分に遭う。ここに君嶋氏は土着し、妙見菩薩をもって帰農した。一説には室町期の旧領・塩原の地に逃がれ、五郎右衛門と称して塩ノ湯温泉を開湯したともいう。市貝町多田羅にも土着し素封家となる。現在、栃木県でも多い姓の一つとなっている。

【国分氏＝不明】　常胤の五男は胤通といい、下総国国分寺郷に住して国分五郎胤通と名乗る。この系統が陸奥国千代郷（今の宮城県仙台市）に移住し、伊達政宗が来る前の千代（仙台）を整備したというが、最近の研究で陸奥国分氏は留守氏文書から長沼氏の支流との説が出ている。

【美濃郡上領主・東氏＝月に九曜・十曜・亀甲に花菱】　常胤の六男は胤頼で、下総国東庄を領して森山城に住み、東胤頼と名乗った。その孫・胤行のときに承久の乱が起こり、美濃国郡上郡山田庄（岐阜県郡上郡）を戦功として与えられ、一族郎党を率いて移住する。胤行は（一説によれば）藤原定家の孫娘を娶り、定家流の和歌を学び、代々、東氏は和歌で名高く勅選和歌集に選ばれている。また、浄土信者でもあり、郡上地方に浄土真宗を持ち込んだ。美濃では古今和歌集の注釈に尽くしており、胤行の末裔・東常縁は、宗祇に「古今和歌集」の正統な解釈を伝授する「古今伝授」を初めて行っている。常縁は、下総千葉氏本宗・胤直が自害するに及んで足利義政の御教書を賜い、十三年間も千葉氏建て直しのため下総で転戦している。また、この家からは五山文学を代表する江西龍派・正宗龍統などが、京都天龍寺・南禅寺などの住持を輩出した。戦国時代の東氏は、分家・遠藤氏の下剋上によって遠藤氏が大名として残る。江戸時代には、遠藤慶隆が郡上八幡城主として郡上八幡を整備し、「郡上踊り」を創始した。のちに一万石で近江三上藩（滋賀県野州町）へと移っている。

【越中椎名氏＝月星・蔦紋】椎名氏は諸説あるが、千葉常胤の弟・胤光を祖とする。このうち、野手館にいた野手椎名氏が越中に赴任したようだ。一説（越中地方の伝承）に、越中椎名氏は鎌倉期に新補地頭として赴任したともいわれている。文献上では、南北朝時代に越中守護・畠山氏の随身に椎名氏が見える。以後、松倉城（富山県魚津市）を本拠に、神通川以東の越中半国を支配するが、戦国時代には上杉謙信と一時は盟約を結ぶが、のちに離反したため、謙信から攻撃を受け滅亡してしまう。この間、松倉金山の開発、美濃東（千葉）氏の庇護などの事跡がある。江戸期の椎名氏は支流が加賀前田藩に仕え、越中に残った椎名氏は、豪農として残っている。

【南部藩士・新渡戸氏＝月星紋】常胤の孫・境常秀を祖とする。宝治合戦で下総を離れ、

椎名氏の守り本尊と伝える十一面観音菩薩像　富山県魚津市・神宮寺蔵

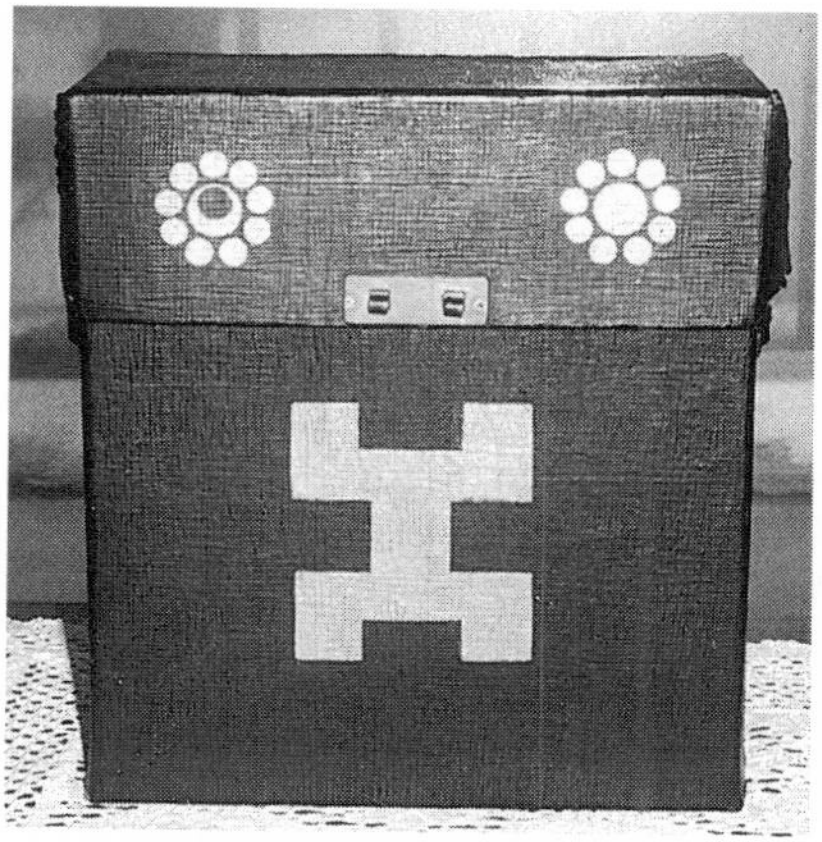

原美濃守虎胤の文箱　虎胤の次男・勝胤の末裔に伝承されてきた　長野市・原昌義氏蔵

下野守護・宇都宮氏を頼って下野新渡戸郷（栃木県二宮町）に住み、改姓。以後、南北朝の動乱には東北の葛西千葉氏を頼って転戦。江戸時代は南部氏に仕官して重臣・家老となり、この流れから幕末に青森の荒地・三本木を開拓した新渡戸伝が出る。その子・十次郎は、三本木を近代的な都市計画で押し進め（青森県十和田市のはじまり）。その子は、国際連盟事務局次長をつとめ五千円札に選ばれた新渡戸稲造である。

【阿波安楽寺・千葉氏＝十曜・月星】上総介広常の弟・相馬常清の末裔を称する。上総氏滅亡後に常清は境常秀に仕えるが、宝治合戦で上総から逃亡。常清の子・常重は、従兄弟の阿波守護（徳島県）小笠原長清を頼り、浄土信者の形で阿波にわたり、阿波美馬の里に安楽寺を建立する。以後、常重は代々千葉氏を世襲した。（四国に浄土真宗をはじめて布教）

【阿波粟飯原氏＝月に九曜】室町幕府政所執事・粟飯原清胤の支流と伝承している。家伝によれば、南北朝時代に阿波守護・細川氏の軍監（目付）として阿波（徳島県）に入る。以後、細川氏に仕えて阿波大粟山に本拠を置き、妙見社を安置する。江戸時代は、阿波藩主・蜂須賀氏から大庄屋に任じられる。

【若狭・安芸白井氏＝不明】下総白井庄を本拠にした白井氏の支流と伝承する。若狭守護（福井県小浜地方）武田氏の被官・守護代として若狭国に下向、小浜では国宝羽賀寺・明通寺の庇護に尽くしている。明通寺には、妙見堂を勧請した記録も残る。この末裔は伊勢津（三重県津市）藩主・藤堂高虎に仕えた。若狭白井氏の流れを汲む家が、主家・武田氏の安芸守護就任に及び安芸府中城（広島県府中町）に拠った安芸白井氏がいる。この家は室町から戦国を通じて、瀬戸内水軍のうち「白井水軍」を指揮した。戦国大名・大内氏の警固衆や毛利氏の一翼の小早川隆景、江戸時代には、毛利藩に仕えている。

【甲州の原氏＝十曜紋・月に九曜紋・九曜紋】　室町中期、千葉氏の実権を握った小弓城主・原胤隆の支流で、小弓城将・原友胤が先祖と伝える。足利義明・里見義堯軍の攻撃により、小弓城は陥落。原一族もいったん四散するが、友胤はゆえあって甲斐守護・武田信虎に仕える。その子は信虎の一字を賜り、原美濃守虎胤を名乗り、武田信玄の重臣たち、いわゆる「武田二十四将」の一人に選ばれ、その末裔は江戸幕府直参旗本（横田氏九千石）になったり、信州松代藩主・真田氏の重臣として江戸時代を迎えている。

東北の千葉氏を祖とする名家

東北地方には千葉姓が多いことを前にも述べたが、全ての千葉姓が末裔とは限らない。明治の壬申戸籍により旧家が千葉姓に復姓する場合と、一村で寺の住職が千葉姓であったため檀家全部が千葉姓となった事例もあるから、割り引いて考えなければならない。その中でも古い伝承を残す名家を訪問したのでご紹介したい。

【薄衣《うすぎ》家】（岩手県花巻市＝東和町）　川崎城主で葛西氏の有力武将であった薄衣氏。系譜では千葉泰胤を祖先としていて、その末裔が薄衣照雄氏。同家は葛西氏の面影がとても強く、軒に「サイカチ」を模した杭をつくり、自宅近くにはサイカチが植わっている。照雄氏の話によれば、小田原参陣後、当地に落ち着いて江刺家に仕え、名を「薄衣」から「平野」に改姓したという。江刺氏の改易・減封に伴い、南部本藩に仕えたという。また、葛西晴信の娘を薄衣氏が娶っているため、晴信の供養塔を建て供養している。

【遠野千葉家】（岩手県遠野市）　遠野市のシンボルの一つ「千葉家の曲がり屋」は、南部特有の旧家として観光名所になっている。現在は遠野市管理であるが、かつては千葉家が管理していた。平成十年頃に当主・千葉耽二氏にお会いし、その祖先のことについてお聞きしたが、残念ながら葛西氏に仕えた千葉氏以外にはわからないとのこと。ただ、曲がり屋の裏に「サイカチの木」が植えられており、家紋は月星と丸に三つ柏紋を使用していた。

【下柳《しもやなぎ》千葉家】（岩手県奥州市）　奥州市の下柳千葉家にも訪問する機会を得た。この家にも文化財になった四足門や茅葺の趣きある母屋のほかに鎮守様があった。同家もまた系図は明白ではなく、江戸時代に伊達藩の検断職となり北上川水運で栄えたという。鎮守には「帆船の絵馬」が奉納されていた。

なお、奥州市には、優れた文化財を有する寺社が多く、東北随一の曹洞宗道場をもつ「正法寺」や、東北唯一の貞観佛を有する「妙見山黒石寺」、曹洞宗の中本寺で末寺を多く有する永徳寺なども東北千葉氏の文化遺産である。

【平泉善阿弥《ぜんあみ》千葉家】（岩手県平泉町）　当主・千葉良胤氏は、岩手千葉会の千葉市訪問の際に千葉市内をご案内したご縁で訪問した。同家は平泉の古刹・毛越寺の檀家総代をつとめた家柄でもある。系譜的には不明である。江戸時代には、紀行文・地誌などを総合的に研究した菅江真澄《すがえますみ》が同家に逗留し、平泉の社寺をまわったことが確認されている。

【百目木《どうめぎ》千葉家】（宮城県栗原市）　旧花山村の当主・千葉十一氏を訪ねた。今なお館跡に住まわれ、突然の訪問にもかかわらず妙見像や系図を拝見した。系図には千葉常胤の六男・東野胤頼（ママ）の子猶常が先祖と記されていた。東北千葉氏には珍しい妙見像をお持ちで、小型で兜におさめるようにつくられているとのこと。この千葉家に明治以降、千葉周作の縁者が「周作自身、百目木千葉家の出身ではないか」と訪問されたことがあったが、関係はないとして訪問を断った経緯があるという。

【一迫《いちはさま》町白河家及び家老・千葉家】（宮城県栗原市）　宮城県旧一迫町には下総公津城主・千葉良胤の末裔が住み、江戸時代は伊達藩一門の白河氏に仕えたことがわかった。問い合わせたところ、白河家当主・白河信二氏夫妻（当時は一迫町文化財審議委員長）に迎えていただいた。白河氏は結城白河氏の流れをくみ、南朝に仕えた結城宗広の末裔にあたる。小田原に参陣せず白河義親は所領没収となったが、伊達政宗に食客として招かれ、後に真坂邑主千六百石として伊達藩一門に列せられた。白河信二氏はその末裔で真坂館にお住まいであった。白河家では家老の千葉氏末裔である千葉隆男氏が訪れ、歓談することができた。千葉家は下総国から落ち延びて白河家に仕え、家老として奉仕したという。伊達藩御一門の末裔で、今なお館に住んでおられる信二氏より隆男氏とお会いできたことは、たいへん意義深い時間であった。

【大湯城代、北南部氏家老・千葉家】（秋田県鹿角市）　秋田県大湯温泉は南部藩領であり、南部藩存続に尽力した北信愛の末裔が支配した地である。この大湯温泉には坪数三〇〇〇坪に及ぶ「龍門亭千葉旅館」がある。この旅館の社長・千葉潤一氏（当時）によると、千葉家は北家家老を務めた千葉胤忠が先祖という。

千葉氏・葛西氏の文化遺産が残るまち

【旧東山町】　旧東山町は名勝猊鼻渓と砂鉄川での船下りが有名なほか、宮澤賢治が鉱山技師として働いた東北砕石工場があった町で知られている。かつて町村合併の前に、東山町で同町総務課長・菅原栄治氏ほか、地元の名家で実業家の千葉癸一氏と会見した。ここには長坂城址があり、千葉常胤の子頼胤が館を構え、長坂城主・千葉氏が領したそうだ。長坂城主・千葉氏は『岩手県史』などに記されているが、頼胤は常胤の七男とか、常胤自身が改名したという説もあるが、疑問点が多い。ただ、江戸時代にはすでに千葉氏の顕彰活動があり、長坂城跡には千葉頼胤や子良胤の供養碑が建立されている。また、長坂城のまわりには砂鉄川が流れ、その下流には舞草《もぐさ》地区があって奥州藤原氏時代の「舞草刀」の生産地との説がある。水運と肥沃な土地と製鉄技術を有していたともいえる。

毎秋十月に唐梅館で「千葉合戦絵巻」が実施されている。甲冑姿の武者や姫君、奉行姿の武者行列が町を練り歩き唐梅館跡で集合する。滅亡覚悟で豊臣秀吉軍と戦うための「最後の軍議」をしたという伝承から、「千葉廣胤」をモチーフにした「廣胤」という猿楽能が奉納される。また「千葉氏シンポジウム」も催行され、千葉県からは円城寺敏夫氏を中心に千葉氏ゆかりの方を引き連れ参加した。その際、岐阜県郡上市の「千葉家の火」を東山町に持参し、千葉氏菩提寺の安養寺に奉納され供養が行った。安養寺には千葉頼胤と良胤の位牌が残る。

【旧千厩町】　この町も千葉氏の遺跡（城郭群）が多い。千葉県多古町・芝山町を発祥とする「おいとこ節」

は千葉県で「白桝粉屋踊り」として有名であるが、この千厩町も「おいとこ節サミット」を行っていた。「おいとこ節」とは、下総木内氏末裔の粉屋の娘に日本寺の修行僧が恋をするストーリーである。日本寺に留学していた千厩出身の僧侶が伝えたものとされる。

【旧大東町】　旧大東町には千葉氏の居城が多い。大原千葉氏の山吹城跡、摺沢氏の摺沢城跡、鳥海千葉氏の居城・鳥海城跡などのほか、興田地区には安部貞任が創建したという興田神社があり、妙見菩薩が祀られている。奥州千葉氏の多くはこの興田神社を崇敬していた。

【一関市】　江戸時代は田村藩三万石の城下町だが、千葉氏や葛西氏の文化が濃厚な町である。駅前には大槻三賢人の胸像があるが、大槻一族の先祖は葛西清重。千葉氏にとっても姻族にあたる。また、市内の祥雲寺は一関藩主の菩提寺で千葉胤秀の墓所や顕彰碑がある。一関市立博物館はおすすめスポットで、小田原合戦に参陣しなかった葛西氏や千葉氏末裔たちが江戸時代に持ち前の文化力を開花させるが、その事績を知ることができる。大槻盤珪・大槻玄沢・大槻文彦や、一ノ関和算の中心人物千葉胤秀の事績が展示されている。博物館は千葉氏の技術力の高さを伺い知ることができる。

【旧花泉町】　花泉町には千葉胤秀の生家が残り、一関市花泉支所には和算をモチーフにした千葉胤秀の胸像が建つ。また、曹洞宗の古刹大祥寺は寺崎千葉氏の菩提寺であったようだ。大祥寺の十一面観音像は鎌倉期の秀作で、寺伝によれば寺崎氏の本拠が下総国寺崎城（千葉県佐倉市）で同城に祀っていた像を奥州にもたらしたものという。

【旧室根村】　東北千葉氏を研究されている千葉幸右衛門氏によると、室根山神社は葛西氏及び千葉氏の信仰が厚く、熊野速玉大社（和歌山県新宮市）に葛西氏・千葉氏の奉加帳が残るが、まさに一関市周辺の武士たちがその名を連ねているという。

【旧川崎村】　北上川に面する村で、薄衣氏の居城・薄衣城跡や菩提寺安養寺がある。

南部氏に仕えた千葉家

奥州千葉氏の多くは滅亡して帰農したというのが通説だが、岩手県花巻地区や土沢地区には葛西氏や千葉氏の支流系統が多く居住する。なぜ、そこに集中するのか気にかかり、調べに訪問した。

一五九〇年の奥州仕置により、葛西氏とともに多くが逃亡し帰農した。しかし、葛西大崎地方の領主となった木村吉清の暴政により葛西大崎一揆が勃発し、千葉氏の多くもこれに参加した。佐沼城や糠塚で降伏した将兵は伊達政宗軍により謀殺されたため、伊達氏に仕えた一族は少なく、南部信直に仕えた千葉氏が多い。この時、千葉一族の登用に動いたのは花巻城代・北信愛《のぶちか》（松斎）で、江刺氏・柏山氏・新渡戸氏・松川氏などであった。これは、南部氏の伊達藩対策として最前線である花巻に常駐させたのである。北松斎は優れた指揮官で、南部家の本宗家の争いから南部信直の擁立、小田原参陣に尽力した人物である。特に、小田原合戦後に和賀氏・稗貫氏が所領を没収され、葛西氏・大崎氏も同様の憂き目に遭った。和賀氏・稗貫氏は南部領へ、葛西・大崎領は木村吉清から伊達政宗に与えられた。そのため、南部氏は伊達に対しても対策が必要となり、葛西氏やその家臣の千葉氏の多くを採用したのである。柏山氏は岩崎城、江刺氏は土沢城、新渡戸氏は花巻に館を構えている。

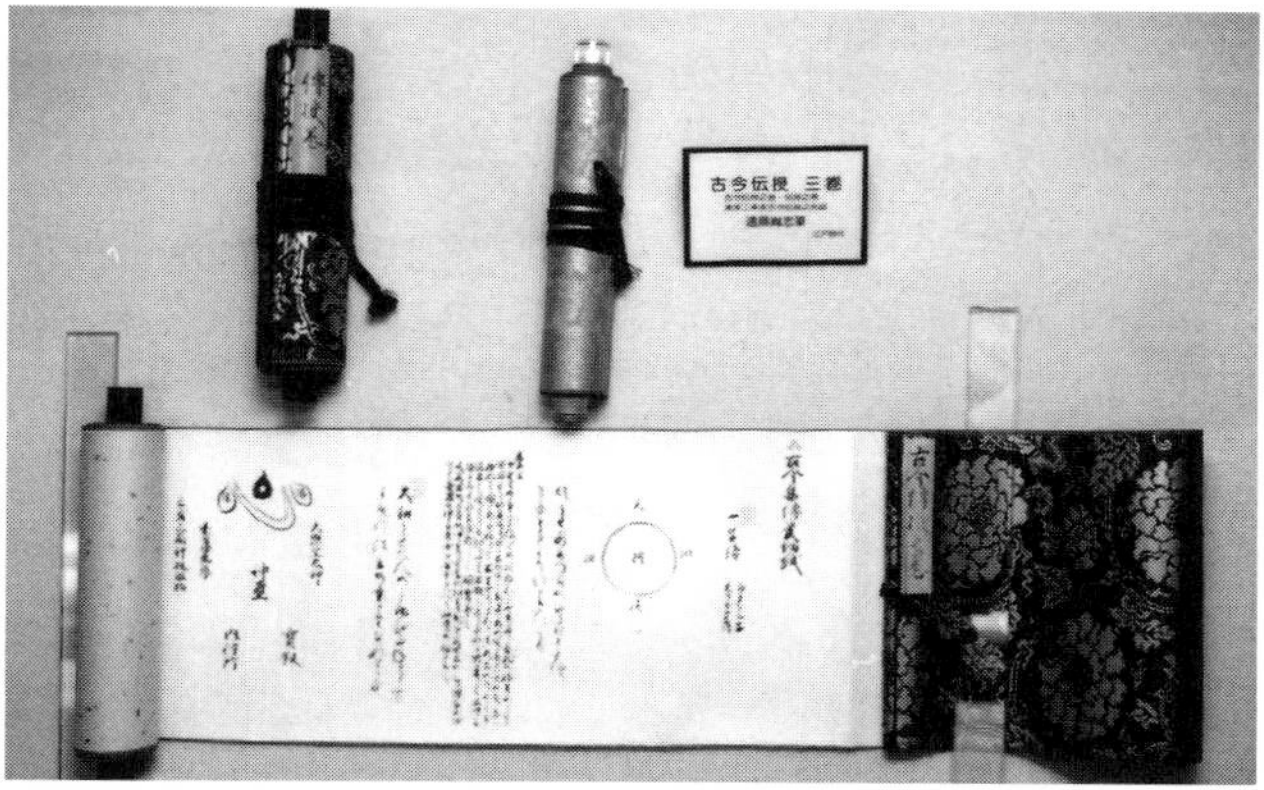

古今伝授の巻物　岐阜県郡上市・古今伝授の里フィールドミュージアム蔵

江戸時代に入って伊達氏との領土境界が確定すると、後顧の不安がなくなり東北千葉氏の多くもその存在が不要になってしまった。柏山明助は武力を恐れられ、南部利直により謀殺されたという。江刺氏もしばらくは土沢城主であったが、突如、領地を没収され数百石に減封されてしまった。この土沢地区は土沢城址を中心に街並みが形成されており、このほかに江刺氏菩提寺の浄光寺や興禅寺が残っている。

新渡戸氏は花巻新渡戸氏と盛岡新渡戸氏に分かれ、盛岡新渡戸氏は家老となり南部藩で重責を担った。新渡戸氏は千葉常秀を先祖とする系譜をつなぐ一族で、花巻郊外高松地区は江戸時代に新渡戸氏の領地であったため、屋敷跡や新渡戸建立の神社などが残る。なお、このほか市街には、北松斎（信愛）の菩提寺である曹洞宗・雄山寺がある。墓石のほか松斎が着用した甲冑なども展示してある。墓所のなかには、松斎が登用した新渡戸春治《ときはる》一族の墓所が残る。

東氏の文化遺産「古今伝授の里」

岐阜県郡上市は、かつての八幡町・大和町・美並村・和良村・

明宝村・白鳥町・高鷲村が合併してできた。私は、十七歳の時から郡上郡大和町へ行き、「古今伝授の里」構想に共鳴してお手伝いをするようになった。東氏の研究者・野田直治氏・土松新逸氏と交流し、古今伝授の里構想の提唱者・木島泉氏、それを実践した大和町職員・金子徳彦氏をはじめ多くの職員たちとの交流を通して大和町の地域づくりに参画しつつ、東氏の史跡や歴史資産の情報を採集した。

【旧大和町】　東氏は承久の乱の戦功で美濃国山田庄を賜り、その後、宝治合戦ののちに東胤行は郡上へ入って、当初は郡上市万場の阿千葉城に館を構えた。阿千葉とは畔地千葉（千葉の分家の意味）の略称らしい。のちに阿千葉城が手狭になったため、栗栖郷の篠脇山に城を構えた。以後、郡上八幡に移るまで東氏の本拠はこの篠脇城となる。城下には今なお、下総国から移された妙見宮（明建神社）が残る。この明建神社宮司家は粟飯原氏であり先祖は下総国千葉と伝える。また、土松氏・野田氏・埴生氏・尾藤氏・滝日氏などは下総から東氏についてきた一族とされている。

明建神社の祭礼は八月七日。参加者は宮座制をとり、下総以来の武士団の末裔が運営している。この祭礼にあわせ、薪能「くるす桜」が京観世の味方一門によって上演された。この能本は東常縁が亡霊となって下総国から美濃国に移ったことを口上で唱える内容である。著者が高校二年生のとき、篠脇山に登らせてもらった。篠脇城は山頂から山麓にかけて臼杵堀という堀がほられているが、これは上から石や木など落として防衛するためのものだそうだ。頂上には自然石で篠脇城址の碑が建てられており、さらに城の麓に昭和六〇年の発掘で東氏庭園跡が出土した。この発掘を契機に、大和町に古今伝授構想が本格化し、東氏記念館や和歌文学館をはじめとする古今伝授の里フィールドミュージアムが完成した。篠脇城跡や庭園跡・妙見社だけでなく、越前朝倉氏の来襲による千人塚や、東氏の菩提寺である木蛇寺跡・東林寺跡・慈英大姉の墓などが残る。東氏記念館には、庭園跡の出土品だけでなく郡上八幡城主末裔の東胤駿子爵から寄贈された常縁の和歌や細川幽斎の和歌、烏丸資慶が編纂した常縁集、遠藤胤忠編纂「古今伝授の書三巻」など東氏ゆかりの文化遺産が展示されている。また、妙見宮蔵の遠藤常友奉納額も展示してある。

【旧八幡町】　八幡町は〝郡上八幡〟の名で有名だが、全国の三大踊りのひとつ「郡上踊り」でも名高い。郡上八幡城を中心に街並みが形成され、独特の町屋が連なる姿は壮観である。また、町の至るところで湧水が湧き出ている。八幡は、東常慶が篠脇城を放棄したのちに赤谷山（東殿山）に居城を構え政務所とし、対岸には八幡城を築き常慶の娘婿・遠藤盛数（東氏の支流）が居城した。その後、東氏と遠藤氏が対立して東常尭が白川郷に逃避、盛数が郡上を平定した。その子息が遠藤慶隆で、一時期、豊臣秀吉政権により左遷されるが、関ケ原合戦で西軍が多い美濃勢にあって徳川家康に味方し、戦後、郡上八幡二万七千石を安堵された。以後、五代にわたって郡上八幡を支配した。

八幡城は戦後まもない木造建築の城郭で、最近は雲上の天守閣として観光スポットになっている。館内には、遠藤慶隆の甲冑が残されている。城麓には山内一豊夫妻の銅像が建つ。土佐一国の城主になったのは山内一豊とその妻・見性院だが、見性院こそ従来の若宮氏娘説ではなく、八幡城主・遠藤盛数の息女で慶隆の妹であることがほぼ判明した。八幡の風物詩といえば「郡上踊り」。この踊りは盂蘭盆会《うらぼんえ》の夏に行われ、八幡城主・遠藤慶隆が士農工商の融和で始めたものという。盆の四日間は夜通しの徹夜踊りが挙行される。

遠藤藩時代の寺をめぐってみよう。慈恩寺は遠藤慶隆の建立で臨済宗妙心寺派に属する。遠藤氏の菩提寺にして金森氏の菩提寺でもある。遠藤慶勝・慶利の墓所や金森氏供養塔がある、荎草園は小堀遠州流の名勝で、湧水を利用した名庭である。東宣隆住職曰く、この庭には金森宗和が手を入れている節がある。茶人宗和の母は遠藤慶隆の娘・室町殿である。この関係からも宗和が来寺した可能性は否定できない。慈恩寺蔵「遠藤家系図」には山内一豊妻が遠藤氏の娘との記述がある。長敬寺は浄土真宗で遠藤家の菩提寺でもあり、遠藤慶隆の墓石が残る。洞泉寺は浄土宗で慶隆の開基という。なお、名高い宗祇水は、飯尾宗祇が東常縁から古今伝授を聞くため、この湧水のほとりに庵を建てて通ったと伝えられる。

【旧美並村】　ここは「日本人口重心中心の町」、「円空仏の里」としても知られる。東氏・遠藤氏の菩提寺である乗性寺（住職・千葉惺氏）は、もと遠藤慶隆の法号からとったお寺である。東胤行以来の霊牌所が残り、東常縁像・遠藤慶利像・遠藤常友像・遠藤常春像を安置している。また、玄武（亀蛇）に守られた妙見菩薩像を祀る。お寺の裏には自然石の常縁墓石を中心に、常友と常春の墓石も建立されている。

【旧白鳥町から白川村へ】　大和町から北上すると、白山信仰の美濃馬場「長滝神社・中居神社」がある。ここも白山信仰の大本であるが、その中にも美濃千葉氏の痕跡が残る。中居神社がある石徹白《いとしろ》地区は、奥州藤原氏の秀衡寄進による虚空蔵菩薩と、その従者が移り住んだ地域である。その従者たちは石徹白を姓とし、社家として勢力を振るっていた。石徹白氏も、また郡上の東氏と縁組を重ねており、石徹白常澄・石徹白胤弘など名前に千葉氏の諱が入った社家もいる。この石徹白氏との縁組みにより、東氏は何回かの危機を脱したという。越前朝倉氏が来襲したときに石徹白氏がいち早く東氏に報告したし、遠藤慶隆が関ケ原の合戦で東西どちらにつくか、白山で八卦（占い）を行い家康に味方したとある。また、長滝社の経聞坊の別当は内ケ島氏で、東氏の姻戚である。

白鳥町からさらに足を進めると、合掌造りで名高い白川郷（世界文化遺産）に着く。飛驒白川村も東氏にとって関係の深い地域である。帰雲城主・内ケ島氏は、楠正成の末裔とか銀山を保有していたなどの伝承があるが、東常慶の息女が内ケ島氏理に嫁ぐなど姻戚関係にある（「東氏系図」等）。遠藤盛数の謀反で郡上東氏は滅び、東常堯はこの帰雲城に避難している。しかし、飛驒一帯に起こった天正の地震により帰雲城は山津波に飲まれ、内ケ島氏や常堯は滅亡したという。帰雲城跡の慰霊碑からの風景をみると、今なお崩落があるとみえ、発掘ができないと聞く。内ケ島氏家臣であった者たちが荻町などに集落を形成し、白川郷をつくった。荻町城主は内ケ島氏家臣の山下氏勝で、彼もまた生き延びて尾張徳川氏重臣として活躍し荻町八幡宮造営に尽くしている。

【東氏の逃避行先】　郡上東氏が帰雲城で滅んだのかという疑問から、ゆかりの地域を訪ねたことがある。一族の一人が富山県小矢部市に移りその末裔が生き延びた可能性があって、それが越中百家に数えられ東重胤が祖先とする「千葉東家」であろう。同氏は、石動宿の町年寄として石動橋の開設などに貢献したという（『小矢部市史』）。もう一つは越中松倉城だ。城主は椎名康胤で、千葉常胤の弟・椎名胤光が祖先である。ここに東素山が避難していたようで、彼は康胤の庇護を受けて松倉山で和歌を詠んだと記されている（『大和村史』資料編）。伊勢神宮外宮の社家東氏も郡上東氏末裔を称している。

【旧明宝村の千葉家の火】　旧明宝村のシンボルは、千葉孫兵衛家の火である。孫兵衛氏の話によると、承久合戦によって郡上に来郡し、そのとき記念で火を灯し続けたという家である。大和町の薪能「くるす桜」は、この火をマラソンにして伝え、当日の薪能にくべていたという。私が千葉城で慰霊祭を行った際、カイロに火を入れて持ち帰り、慰霊祭の火としたことがあった。この火を岩手県東山町の安養寺まで運び、東北千葉氏の慰霊祭に使用したこともあった。孫兵衛氏曰く、「この火を守るためにほとんど県外へは行ったことがない。唯一、行ったのは千葉県。太平洋戦争で千葉の部隊に配属となり、千葉神社に参拝した記憶がある。これも先祖との因縁かな」と話されていた。残念ながら孫兵衛氏は故人となられたが、千葉家では火を灯すのやめ、現在は「道の駅・明宝」で「千葉家の火」として灯し続けている。

【旧和良村から旧金山町】　八幡駅から飛騨金山駅までの路線沿いは、東氏ゆかりの遺跡が多い。堀越峠は東氏滅亡の地のひとつだ。東常堯は遠藤胤縁を殺害してしまった。胤縁の弟が盛数で、兄の弔い合戦をする口実で東氏と対戦したのが赤谷山の合戦である。これらは遠藤氏側史料のため割り引かなければいけないが、東氏と遠藤氏が対立して常堯が帰雲城に行くことになる。この峠を抜けると平坦な道と田園風景が続く。旧和良村役場近くの浄土真宗覚証寺を参拝する。ここに東胤行の墓所がある。また、覚証寺裏側には郡上藩主遠藤氏の分家である和良遠藤千石の陣屋跡の土台が残る。さらに祖師野八幡宮は東氏が崇敬した八幡宮であるが、この境内には妙見社が残る。東氏の勧請であろうか。下呂市金山町には臨済宗昌巌寺があって東常縁の供養塔がある。郡上東氏は美濃郡上だけでなく飛騨地方にも領地を広げていた時代があり、おそらく昌巌寺も東氏により建立されたものであろう。

【飛騨地方の千葉氏】　郡上東氏は飛騨地方にも進出しており、特に関係が深いのは旧朝日村（現、高山市朝日町）と高山市である。この朝日村には甲城跡《かぶとじょう》があり、城主は東大和守という、郡上東氏の系譜については詳らかではないが、東氏の流れが朝日村に残っていた。しかし、この甲城主・東氏については宝蓮寺を開基したとあるだけで不明である。それとは別に、『高山市史』に気になる人物を見つけた。遠藤宗兵衛である。織田信長・豊臣秀吉に仕え、飛騨一国の国主となり高山の街並みをつくりあげたのは金森長近・可重父子である。長近の老臣たちを「法印衆」といい、その筆頭に遠藤宗（惣）兵衛が家老（一五〇〇石）でいた。高山城の盤整備に尽力したという。『高山市史』には、この遠藤宗兵衛は郡上遠藤氏の中でも小駄良遠藤氏の流れではないかと記載されている。

【郡上遠藤氏と飛騨金森氏を受け継ぐ茶人・宗和】　郡上東氏及び遠藤氏を調べる際に大事なのは、周辺の国々との関係である。戦国以来、郡上の遠藤氏は飛騨国を重要視していた。高山の基礎を築いた飛騨国司の流れを継ぐ姉小路自綱。その娘を遠藤慶隆は妻にし、養子慶利は慶隆の孫で三木自綱の孫でもある。さらに慶隆は越前大野城主・金森長近とは同盟関係にあり、世情について相談しあっている。そして息女・室町殿は長近の養子・金森可重の正妻である。その間に生まれた子供たちが重近・重直である。重近は石田三成と親しくなった関係で、父・可重から重近は廃嫡されて大名を捨てたという。その後、〝乞食宗旦〟〝姫宗和〟と呼ばれる茶道の大家として「宗和流」を起こすことになる。徳川家光にも信頼され、招かれたこともある。宗和の子孫は加賀前田藩に召し抱えられ、宗和流は加賀藩に継承されている。宗和は京都に住み、母室町殿とともに天寧寺に葬られている。

【滋賀県野洲市】　郡上八幡城主・遠藤氏は、鎌倉以来の領地を江戸時代も継承してきた稀有な一族であった。しかし、江戸時代に入って慶利・常友・常春と四〇代での早世が続いた。常春の時代に年貢の収税率をあげようとする一派と反対する一派に分かれ、そこに農民たちが加担して大騒動となった、いわゆる延宝騒動である。結局、年貢はそのままにされ、家老両者が追放され決着した。しかし、混乱は続き、常春は二十一歳で死去。子息の岩松常久が数歳で家督をつぐが夭逝、これは家老の池田図書に常久は毒殺されたという。この変事を知った幕府によって郡上藩主・遠藤氏は改易されてしまった。幕府は遠藤慶隆の功績を認め、旗本・白須政休の子・胤親を養子として一万石を与え、近江三上一万石の定府大名として残した。以後、明治三年に和泉国吉見藩に移されるまで百五十年近く、近江三上藩主として支配する。

野洲市はびわ湖東岸に位置し、近江富士の愛称をもつ三上山がある。銅鐸が多量に出土し、「銅鐸の里」としても知られている。野洲市には遠藤氏の痕跡が多数確認できた。三上山中腹には妙見堂跡があって近江藩主遠藤氏が勧請したものという。浄土宗宝泉寺は遠藤氏の菩提寺で、遠藤氏の供養塔が数基確認できた。国宝御上神社も遠藤氏の崇敬を受け、遠藤氏から石灯篭や鞍の奉納を受けている。三上藩陣屋の遺構は平成の中頃まで現存したが、現在は消滅している。

椎名氏の里・富山県魚津市

戦国時代に越中国新川郡を支配したのが椎名氏である。富山市で椎名氏を研究する久保尚文氏を訪ねた。上杉謙信と同盟し、その後、武田信玄と提携し謙信から攻撃を受けた椎名康胤だ。北陸最大の山城である松倉城主であった。康胤の先祖は千葉常胤の弟・椎名胤光と伝える。「越中史徴」によれば、家紋は蔦紋のほか月星紋を使用したという。椎名氏が越中に来た時期は諸説あって、南北朝期に守護畠山氏に従って椎名氏も来郡したという。一方、地元の郷土史家・廣田寿三郎氏は、鎌倉期に新補地頭として椎名氏が所領を賜り来郡したとされる。椎名氏は断片的に史料を残すが、その系譜もはっきりしていない。おそらく、椎名氏が松倉城主になったのは南北朝期と考えられる。松倉山城を歩くとその巨大さに圧倒される。山頂からの眺めは絶景で、富山湾や湾に注ぐ神通川などが放射線状に見えたのは感動的であった。尾根伝いに家老の武隈屋敷跡があった。

松倉城麓には鹿熊地区といい、椎名氏が関与した寺社跡があったという。江戸時代に入り、前田氏が鹿熊地区の寺社群を浜辺の町に移し、その分、魚津市が市街として発展していく。椎名氏の文化財は、魚津地区に移った菩提寺・常泉寺と所蔵文書「椎名康胤文書」である。また、魚津市立博物館には古鹿熊地区で守られてきた十一面観音像が椎名氏の守護仏と伝承され、寄託展示されている。

古鹿熊地区には椎名氏ゆかりの神宮寺や、椎名氏の財政基盤となる松倉金山跡があるため、富山県庁の小川謙一氏に案内して頂いた。廃村と聞いていたが、訪問した日は賑やかな明るい雰囲気。数十人の方々が音楽をならしながらの慰労会は、「古鹿熊元住民の集い」だった。旧村人たちは椎名一族をご存じであったが、その祖先が千葉氏ということは知らなかった。その中のお一人、吉崎寿雄氏に神宮寺について聞くと、今、墓碑と収蔵庫のみだが、そこに椎名氏守護仏の十一面観音が収めてあったという。近年、椎名氏の修理銘棟札も発見されたそうである。さらに松倉金山跡は現在どうなっているか聞くと、「坑道口と思われる場所は確認できるが、道が悪いのと熊の生息地であるため難しい」といわれ断念した。

平成二十七年、椎名氏特別展を開催している魚津市立博物館で久しぶりに吉崎寿夫氏と再会した。吉崎氏に「古鹿熊元住民の集い」は行っているかと聞くと「みな高齢化し、数年前にやめてしまった」という。そして「千葉氏サミットを今度千葉でやるが、魚津市も椎名氏ゆかりの町だから参加されるだろうか」と伺った。「古鹿熊ほか椎名氏についても魚津市民の意識にはほぼなくなってきているので、千葉氏といっても難しいのではないか」との返答があった。残念ながら、江戸時代以前に滅亡した椎名氏なので市民の意識が薄いのは仕方ないかもしれない。

椎名氏滅亡の一族を訪ねて

椎名康胤の足跡を調べてみると、一向一揆勢に迎えられて富山県西部の木船城や蓮沼城に転戦したようで、護国八幡宮に寄進状を出している。蓮沼城で亡くなったらしい。養子の小四郎景直は椎名の名跡を継いで松倉城や天神山城にいたようであるが、その後は不明だ。一説には、御舘の乱で戦死したという。分限帳（米沢市立図書館蔵）などを確認したが、米沢藩士に「椎名姓」が数件微禄で確認できたが、この一族かはわからない。康胤には重胤という子息がいて、下総国に戻ったともそのまま土着したともいう。もう一人の子息・松室文寿は菩提寺常泉寺住持になったという。土着した椎名氏の中には椎名道三を代々世襲し、素封家として知られ数々の用水工事に尽力した椎名道山を出した。道山は十村役宝田家の子息であったが、大熊村の椎名家に養子となった。土木技術を習得して十二貫野用水などを開き、新川郡の新田開発に大きく寄与した。滑川市には椎名道山顕彰公園がつくられ、記念像が建てられている。

魚津市内で椎名氏の縁者が加賀藩で大身になったことを聴き、金沢市立玉川図書館へ調査に出向いた。椎名康胤の甥（家臣神前筑前守と康胤の姉妹の間に生まれた子）が椎名氏重臣の小幡氏に養子となり、小幡九兵衛を名乗る。九兵衛には長男右京と次男宮内長次が生まれる。九兵衛は上木氏と再婚し連れ子になるのがお千代（寿福院）で、前田利家の側室となり加賀前田藩三代目の利常を生んだ。この縁で義兄の小幡右京や小幡宮内長次はそれぞれ一万石級の重臣となる。その末裔たちは諸事情あって断絶や改易などがあり数家に分かれ、右京家は三千石、宮内家は二千石と五百石の二家に分かれ明治維新を迎えている。

京都に残る千葉氏遺跡

京都市内で月星紋を使用しているお寺がある。東山区の建仁寺山内にある塔頭《たっちゅう》の両足院で、臨済宗の高僧・龍山徳見和尚を祀るお寺である。かつては知足院と也足院があり、併合して両足院となった。

龍山徳見は下総国香取郡の出身で、故郷の龍神山から名をとり「龍山」と称したという。千葉一族出身であるが、詳細は不明だ。地元の地誌に父は橘道貞とあり、法号からすると木内氏の流れであろう。元に留学し、約四〇年を勉学に励み、日本人では稀有な官寺・兜卒寺住持に任じられた。臨済宗黄龍派を継承し、足利尊氏・直義兄弟の招きで日本に帰国。京都の禅刹、天龍寺・南禅寺・建仁寺の住持をつとめた。夢窓疎石の法嗣の絶海中津や義堂周信も、疎石歿後はこの龍山に師事した。両足院に葬られ、その山内に龍山徳見の木像が安置されるほか境内には見事な庭園があり、徳見を慕って来日した林浄因の一族「塩瀬饅頭の林家」の墓所群がある。

霊源院は、同じく山内にある塔頭で、開山は龍山徳見である。かつては霊泉院といって、郡上東氏の東益之の菩提寺であった。塔主には正宗龍統や江西龍派、常庵龍崇など東氏出身の禅僧が住んだ。彼らは建仁寺世代に入るほどの高僧である。特に慕喆龍攀（東氏の子）は反骨精神が旺盛で、彼のもとで周建（若き日の一休）が学んでいる。常庵龍崇は、駿河の戦国大名今川義元やその軍師である太原崇孚（雪斎）を育てた。

因幡国千土師郷を訪ねて

鳥取県智頭町は、かつて「因幡国《いなばのくに》千《ち》土《は》師郷《じごう》」といい東氏の伝領地であったが、東盛義・胤義父子が罪科を得て幕府にとられてしまい称名寺領となった。盛義は納得せずに訴訟を起こし、幕府滅亡後もその混乱の中で、その打ち渡しを実行せず支配を続けている。農民側も疲弊しており、お金で人を雇い東氏の乱暴狼藉に対処したという（称名寺文書）。平成十九年に、智頭町で「七人の侍シンポジウム」が行われた。東氏の侵略と迎え撃った農民たちの戦いを紹介した事例から黒沢明監督が「七人の侍」の構想をしたという。

村史編纂委員の村尾康礼氏と資料のやり取りの中で、東盛義の子孫は「岡山県の山奥に逃げてそこで生活した」ということであった。その後、郷土史家・長石征一郎氏の案内で東氏の襲撃を受けて村人たちが砦をつくった荘乃尾城址を訪問した。一帯は千土師郷北方地区で、東氏の領地であったところである。城址の案内板に称名寺と東氏についての記載がみられた。東氏の痕跡については、この風景と案内板だけのようだ。

常胤から伝領した薩摩国入来院

薩摩国《さつまのくに》は島津一族で有名だが、その以前は千葉氏が大半を支配した時期もあった。宝治合戦で千葉秀胤が領地を没収されるまで、薩摩国寄郡は千葉氏の所領であった。その領内の鹿児島県薩摩川内市入来町を歩いてみた。そこは千葉氏の跡を賜わった渋谷氏の領内であるが、すでに千葉氏の遺跡も伝承も失われているという（入来院《いりきいん》町役場・中島秀任氏談）。だが、同じ関東平氏の流れをくむ渋谷氏の遺跡をみるのも楽しい。入来院氏の城下町は清色城址で入来麓という。入来院氏の墓所群は今なお多く残っており、「澁谷どん」という墓石は渋谷定心のものだという。渋谷殿が訛り「しぶやどん」という名前になった。鶴岡八幡宮からの勧請と伝える神社もあり、妙見社も存在していた。残念ながら千葉氏時代のものではなく、渋谷氏時代のものらしい。渋谷氏も秩父系の流れをくむため、秩父妙見の信仰があったとみられる。

入来院氏の分家にあたる入来院重朝夫妻のお宅に伺った。重厚な入来院家住宅にお住まいである。奥様の貞子氏から「千葉氏の代官が乱暴狼藉をして、渋谷氏に変えられたのですよ」と言われたことを思い出した。そう、入来文書である。たしか関東下知状の一つに千葉氏のことが記載されていた。千葉氏ゆかりの入来院であったが、千葉氏の痕跡はない。これほど昔をタイムスリップしたままの街並みで、商品化されていないのは珍しい。

宇佐神宮の武官・千葉氏

宇佐神宮（大分県宇佐市）の武官職に木内氏がいた。この木内氏を調べるべく、別府大学の中野幡能氏

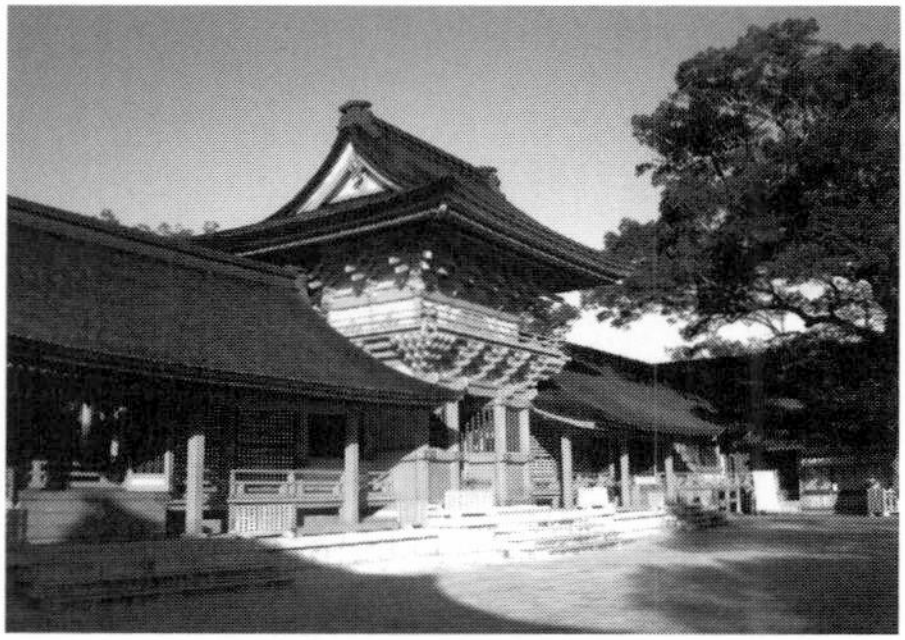
宇佐神宮　大分県宇佐市

と文通した。同氏から頂いた木内氏系図を見ると、「千葉常胤の三男・胤成が木内の祖」とあった。武石氏の流れと知り驚いた。武官とは宇佐神宮を守衛する役職で、木内胤成以来、明治維新まで歴代武官職についていた。宇佐郡木内郷に館を構えたため「木内姓」を名乗ったという。しかし、なぜ千葉氏が宇佐神宮と関係したか、武石胤盛の末裔が豊前国に下向したのかは不明のままだ。平成元年に宇佐神宮禰宜の須磨和啓氏から木内家について情報をいただく。木内地区は今でもあり、木内姓も何件が残っている、さらに宇佐神宮は八幡神だけでなく妙見菩薩も祀ってあることを知る。社殿の中に一つだけ北を向く社殿があるが、それが北辰社である。御神体について尋ねると、かつて戦乱で宇佐神宮の神仏像が持ち出されわからなくなってしまい、さらに宝物館に展示されている神像の何体かが妙見菩薩像であることも知った。

その後、宇佐市内の妙見山有近寺を訪問した。住職も木内氏であったが、具体的な系譜はわからなかった。修験の霊山である求菩提山の麓に近い木内胤成が住んだ木内郷を訪問したが、木内本家はわからず、木内郷を歩くと木内千葉太郎顕彰碑が建っていた、同村村長で道路整備などに尽力したことが書かれていた。

静岡県大須賀町の大須賀氏

平成の大合併で、千葉氏由縁の町村名では長野県武石村・静岡県大須賀町がそれぞれ合併された。大須賀町は、実は新しい町で昭和三十六年から平成十七年まで約五十年存続した。横須賀町と大渕村を併合するときに横須賀地域を開いた大須賀康高・忠政父子の功績を称え、大渕と横須賀の一字を入れて「大須賀町」にしたという。大須賀町の撰要寺は浄土宗で、大須賀氏の菩提寺のひとつである。大須賀康高・忠政父子の墓石、ほかに高天神城の岡部氏供養塔や横須賀藩主となる西尾氏の墓所もある。僧侶の姿をして刀をさしている武士の肖像画「大須賀康高像」も蔵する。ほかには康高の妻の菩提寺として創建した窓泉寺。長男信高が出家し、大須賀修栄と名を変えて開基となった善福寺もある。一方、大須賀氏は妙見社も建立したが、今はもう廃社になったという。

榛名山麓の常将伝説・常胤伝説

群馬県と千葉県は不思議にも共通するものが多く、例えば上野国一宮の貫前神社は、一宮でも珍しく下総国一宮・香取神宮の祭神「経津主大神」を祀ることだ。さらに、群馬県は古墳大国でも有名であるが、千葉県は前方後円墳を日本一保有している。さらに群馬県内の古刹を歩くと水沢うどんで有名な水澤寺や前橋近辺には日光山を開いた勝道上人由縁の遺跡が多く、迦葉山弥勒寺（今は曹洞宗）は慈覚太師の創建である。このように、天台宗の古刹が多いイメージだが、千葉県内も天台宗の有力寺院がとても多い。これらはやはり水運とも関係しているのであろうか。現在は銚子に流れている利根川も、かつての流れは江戸川であったが、その上流は上野国の利根郡にある。

実は、千葉一族も上野国に多くの伝承を残しており、その典型が旧群馬町の妙見寺である。千葉の妙見

足利学校　栃木県足利市

社には数百の分社があるが、その源流はこの妙見寺であるという。近くには上野国府があり、将門と良文・貞盛軍の合戦を妙見が助けたという伝承を残す。そのほかに、良文の曽孫にあたる常将の伝説も多い。榛東村にある天台宗・柳沢村は平常将が創建したといい、さらに常将神社も鎮座する。榛名山のひとつに相馬岳があり、その麓に相馬ケ原がある。この相馬も相馬氏の発祥の地ではないかという説もある。総社付近には総社神社、蒼海城址があり、千葉常胤の屋敷跡とも伝承する。なぜ、このような千葉氏の伝承が数多くのこるのか。その因果については、よくわからない。青木裕子氏はこれらの伝承を国文学的見地から調査をされている。おそらく、上野国と下総国は天台僧の関わりが強いため、このような伝承がつくられていったのではなかろうか。

足利学校を中興した千葉一族

上杉憲実が創建し、フランシスコ・ザビエルが「日本最古の学校」と世界に紹介した足利学校は典籍や古文書の宝庫で、ここに二人の千葉氏の足跡がある。一人が閑室元佶和尚、二人目は松川東山である。閑室は戦国末期から江戸時代初期に活躍した高僧で、肥前晴気城主・千葉胤連の家臣・野邉田氏の子といわれる。鍋島氏の公式文書には「胤連の落胤」と記す。天文十七年の生まれで、下野国の足利学校の庠主《しょうしゅ》（校長）となり同校の復興に尽くした。肥前小城郡（佐賀県）の出身で号は三要。

小城圓通寺で出家して禅を学び、建長寺開山・蘭溪道隆の法脈を継承した。天正十五年（一五八七）には足利学校庠主となり、戦国で衰退した同校の立て直しを図っている。その後、徳川家康の政治顧問となり、京都と駿河に圓光寺を建立、京都南禅寺住持をへて京都圓光寺時代に「孔子家語」など伏見版、圓光寺版と呼ばれる木活字本を刊行した。慶長十七年五月二〇日に死去。六五歳だった。また、出身地の大名・鍋島直茂が西軍に与したことで閑室はこの周旋に動き、鍋島氏は改易を免れている。その恩のために、直茂は閑室中興開山として小城に三岳寺を建立した。

松川東山は奥州千葉氏の末流・松川氏の出身である。旧東山町長で「唐梅館絵巻」を始めた松川誠氏からご教示いただき、足利学校内の墓所を訪問した。墓石には「月に三ツ星」紋が輝いていた。東山は江戸時代中期‐後期の儒学者で陸奥国磐井郡（岩手県一関市東山町）出身。名は進修、字は世徳、通称は喜三といった。別著作には「松窓閑話」「松窓詩草」がある。寛保三年の生まれ。足利学校の衰廃を嘆き、寛政五年に蒲生君平とともに庠主を補佐、学校改革に尽くして復興に寄与した、しかし、志半ばで亡くなり足利学校に葬られる。寛政六年六月死去、五十二歳だった。

徳島県に渡った千葉氏・上総氏を訪ねて

平成九年頃、徳島市で千葉常胤像が見つかったという話を聞き、徳島市の粟飯原康胤氏の自宅を訪問した。粟飯原氏の話によれば、南北朝時代に阿波国守護となった細川氏の軍目付として阿波国に入部したという。康胤氏は粟飯原家系図のほか文書類や千葉常胤像を蔵する。常胤像は千葉氏の宿所・菩提所であった高野山蓮華定院の像を粟飯原氏が写し取ったものであった。蓮華定院はなくなってしまったので貴重なものである。また、康胤氏からご紹介いただいた粟飯原家の分家で、住居が国重要文化財である徳島県神山町の粟飯原家にお邪魔した、徳島県きっての名家で、御当主の粟飯原氏に聞くと、粟飯原家の守護神は妙見菩薩で、小さな祠があるとのことで早速お詣りさせていただいた。江戸時代に阿波国は蜂須賀氏の支配となるが、旧来の豪族に対して厳しい措置をとったが、粟飯原氏は上山谷六箇村の大庄屋として明治維新まで世襲したそうである。

徳島県と千葉県は古代から関係が深い。これは暖流の黒潮の関係かもしれないが、阿波の忌部氏が黒潮に乗って今の南房総に入り、アワの字をとって「安房国」をたてたという。上総地方の望陀布は、まさしく忌部の遺産といえよう。中世もまた、阿波国と房総半島には関係があった。徳島県には千葉氏の流れのほか、上総介一族も来ていることがわかった。広常の弟の相馬常清と天羽直胤の子孫たちが阿波国に渡ってきている。

相馬常清の子・常重を祖とするのは、四国浄土真宗の大本山「千葉山安楽寺」の住職の千葉氏で、美馬市に所在する。かつて、龍谷大学で教鞭をとられた千葉乗隆師は当寺の出身である。安楽寺文書によれば、相馬常清の子・常重は広常没後、上総介を継承した千葉常秀・秀胤父子に仕えた。しかし、宝治合戦で秀胤は戦死し、常重も同様に蟄居、念仏行者となって阿波国に入ったという。これは阿波国守護・小笠原長清の妻が上総広常の息女だったため、従兄弟を頼って阿波国に入ったと伝えている。伝承では鎌倉の宝治合戦後のことだ。美馬市内には千葉氏が建立した妙見社が二つある。徳島県内の角田氏や天羽氏は上総系らしく、蜂須賀藩に仕えた天羽氏は、出自を上総国天羽と明記する家が存在する。読みからは、千葉では「あまは」だが、徳島では「あもう」と読んでいる。

静岡県島田市の千葉山智満寺

東海道を下ると大井川の手前に島田市がある。この島田市の山奥に地名で「千葉」、山の名前で「千葉山」がある。その千葉山の中腹に位置するのは、天台宗の古刹・千葉山智満寺である。急な階段を登ると秀麗な茅葺の本堂が正面に現れ、圧倒される。護景雲年中、諸国巡行中の広智菩薩により千手観音を本尊にして開かれた。治承年間に、源頼朝は千葉常胤を普請奉行として遣わし、諸堂を再建した。その功績から智満寺が「千葉山」と呼ばれるようになったという。宝物の中には、千葉介の甲冑も蔵せられているようである。また、本堂裏山には古い大杉が多く植生している。頼朝杉があったが、枯れてしまったとのこと、さらに奥には常胤杉《つねたねすぎ》・経師杉《つねもろすぎ》があった。これはそれぞれ常胤、経師のお手植えという。この経師は相馬師常のことであろう。常胤杉は中央に裂け目があるため、木の植生に不安が残る。

南国土佐の山内氏

岐阜県郡上市では「山内一豊妻は遠藤慶隆の妹」という話題が強い。初めて高知県を訪れた際、山内氏の家臣・遠藤慶隆の弟慶胤の子孫・楠瀬かずよ氏にお目にかかった。郡上市慈恩寺蔵遠藤家の系図や土佐藩に遠藤家が差し出した系図には「先祖　千葉常胤　六男東六郎大夫胤頼の末裔」とあり、遠藤慶胤の流れが記されていた。さらに、江戸時代の遠藤家の墓所は高知市介良であることもご教示を受けた。その後、再度の高知県訪問では子息の楠瀬達治氏に応対いただき、ともに江戸時代の遠藤亮胤の墓所を参拝した。この地には源希義の墓もあるが、希義の墓の上に高知藩士の墓所群が散在しており、遠藤亮胤の墓もあったはずだが、所在不明である。

奥多摩の三田氏について

青梅市の由来は、市内金剛寺の将門誓いの梅からである。青梅地方は平将門伝承が強い地域で、これは戦国時代に青梅地方を支配した三田氏に起因する。三田氏は千葉常胤の次男・相馬師常の末裔で、武蔵国荏原郡三田に居した一族が三田を名乗ったとされる。ＪＲ青梅線二俣尾駅近くには曹洞宗・海禅寺があり、三田氏の菩提寺で墓所や位牌が残っている。位牌は家臣の野口氏が寄進したようである。二俣尾駅からそばに辛垣城址や勝沼城址があるが、いずれも三田氏の居城である。

青梅市内には、三田氏ゆかりの寺社も多い。ＪＲ青梅線東青梅駅そばの西分神社は三田氏が創建した妙見社である、その別当と思われるのが臨済宗建長寺派の宗徳寺で、ここには妙見菩薩が安置されている。青梅で有名な塩船観音にも三田氏がかかわっているし、曹洞宗天寧寺は三田氏の祈願寺で三田政定が奉納した銅鐘には「大檀那平氏朝臣将門之後胤三田弾正忠政定」という銘文が刻まれている。隣の羽村市には臨済宗建長寺派の一峰院もあるが、この寺も三田氏の開基とされ、寺紋は九曜紋を使用している。

中華人民共和国の江西省修水県を訪ねて

著者は千葉氏出身の龍山徳見の足跡を追いかけているが、人生初の海外旅行は中華人民共和国の龍山和尚ゆかりの寺であった。龍山和尚は千葉県香取市の出身で、語録や行状に千葉氏と記録されているが、どの系統か詳細は書かれていない。鎌倉時代以降の禅僧は出家した身であり、俗世を語らずというのが当時の考え方であった。龍山和尚は建長寺・円覚寺の師である一山一寧に奨められ、元（中国）行きを決意する。当時、国交がなかったため密航である。元ではスパイ容疑をかけられるが、寧波の商人一族の支えと支援によって修業できるようになった。そして滞在四十年にして官刹・兜卒寺の住職となる。日本人で元朝の官刹の住持になるのは初めてである。兜卒寺は臨済宗黄龍派で、中国の高僧・兜卒従悦の開いた寺である。

平成八年十月に中華人民共和国の江西省修水県渣津の兜卒寺を訪問した。寺は文化大革命の影響であろうか、一部破壊された部分があった。寺には尼住職がおられ兜卒従悦の開山塔もある。乾隆年間の銘から清王朝時代に再建されたものだろう。龍山徳見が住持として高弟たちに指導した寺を訪れ、何か胸熱くなるものを感じた。

参考文献・協力者一覧

【史料一覧】

「吾妻鏡」国書刊行会／「愚管抄」岩波書店『日本文学大系』所収／「玉葉」国書刊行会編／「源平盛衰記」早稲田大学出版部『通俗日本全史』／「今昔物語集」岩波書店『新日本古典文学大系』／「古今著聞集　上・下」新潮社『新潮日本古典体系』／「延慶本平家物語」勉誠出版／「明月記」国書刊行会編／「太平記」岩波書店／「房総叢書」房総叢書刊行委員会／玉村竹二編『五山文学新集』東京大学出版会「水府系纂」彰考館蔵／「南部藩　参考諸家系図」国書刊行会／塙保己一編・太田藤四郎 補「群書系図部集」続群書類従完成会／「鎌倉大草紙」『群書類従』第二〇輯所収／田辺希文編「伊達世臣家譜」仙台叢書刊行会／福田豊彦・服部幸造『源平闘諍録―坂東で生まれた平家物語』〈上・下〉講談社学術文庫／「(新訂)寛政重修諸家譜」続群書類従完成会／「先祖由緒并一類附帳」金沢市立玉川図書館近世史料館加越能文庫蔵／石川県『石川県史資料 近世篇　諸氏系譜（八）―（一三）』

【論文一覧】

加増啓二「もうひとつの千葉氏――武蔵千葉氏に関する史料と基礎的考察」(『八潮市史研究』一三号、一九九三年)

木村　修「東部常総国境地域の木内氏関係史料」(『千葉県立中央博物館研究報告　人文科学』三巻一号、一九九三年)

佐藤博信「上総大坪基清試論――特に東常縁との関係を中心に」(同『中世東国政治史論』、塙書房、二〇〇六年)

外山信司「『雲玉和歌集』と印旛浦――本佐倉城主千葉勝胤との関連を中心に」(石渡洋平編著『旧国中世重要論文集成　下総国』、戎光祥出版、二〇一九年)

外山信司「鎌倉時代の東氏―東国武士の歌の家」(『千葉県史研究』一一号別冊、二〇〇三年)

野口　実「東国出身僧の在京活動と入宋・渡元――武士論の視点から」(『鎌倉遺文研究』二五号、二〇一〇年)

野口　実「鎌倉時代における下総千葉寺由縁の学僧たちの活動：了行・道源に関する訂正と補遺」『京都女子大学宗教・文化研究所研究紀要』二四号、二〇一一年)

野口　実「京都と鎌倉」(『京都女子大学宗教・文化研究所研究紀要』三一号、二〇一八年)

山田邦明「鎌倉府の奉公衆」(同『鎌倉府と関東』、校倉書房、一九九五年)

湯山　学「鎌倉・古河公方の奏者印東氏――鎌倉府御所奉行補考」(同『鎌倉府の研究』、岩田書院、二〇一一年)

【書籍一覧】

新渡戸憲之・新渡戸明『十和田市・三本木原開拓と新渡戸三代の歴史ガイドブック』（青森県十和田市太素顕彰会、一九九八年）
石井　進『鎌倉武士の実像』（平凡社、二〇〇二年）
石橋一展編著『下総千葉氏』（戎光祥出版、二〇一五年）
井上宗雄『中世歌壇史の研究　室町後期』（明治書院、一九八八年）
井上宗雄・島津忠夫編『東常縁』（和泉書院、一九九五年）
海野正造『矢作城主国分家系譜』（柳翠史料館、一九七三年）
小笠原長和『中世房総の政治と文化』吉川弘文館、一九八五年）
小笠原長和・川村優著『千葉県の歴史』（山川出版社、一九七一年）
岡田清一『相馬氏の成立と発展』（戎光祥出版、二〇一五年）
小城町郷土研究会編『新ふるさとの歴史』（小城町教育委員会、一九九二年）
小城町教育委員会『小城町の文化財』（小城町教育委員会、一九九二年）
家臣人名事典編纂委員会『三百藩家臣人名事典』第1～3巻（新人物往来社、一九八七年～一九八九年）
川名登編「すべてわかる戦国大名里見氏の歴史」（国書刊行会、二〇〇〇年）
剣聖塚原卜伝生誕五百年祭記念事業実行委員会『聖塚原卜伝生誕五百年祭記念誌』（一九八九年）
久留里城再建協力会『久留里城誌』（一九七九年）
五味文彦『大系 日本の歴史5 鎌倉と京』（小学館、一九九二年）
鈴木常夫『多姓と難読姓からみた東北人の苗字』（本の森、二〇〇一年）
島遼五監修『塩原の里物語』（栃木県塩原町文化協会、一九九八年）
清宮秀堅『下総国旧事考』（崙書房、一九七一年）
清宮良造『戦国時代の禅僧　大虫和尚一代記』（大虫和尚顕彰会、一九九五年）
千野原靖方『千葉氏　室町・戦国編』（たけしま出版、一九九七年）

館山市立博物館編　『さとみ物語』（館山市立博物館、二〇〇〇年）
千葉市立郷土博物館　『妙見信仰調査報告書1～2』『東北千葉氏と九州千葉氏の動向』『県外千葉氏の動向』『県外千葉氏の動向2』
千葉市美術館編　『房総の神と仏』（〈図録〉、一九九九年）
外村展子　『鎌倉の歌人〈鎌倉叢書5巻〉』（かまくら春秋社、一九八六年）
野口　実　『武家の棟梁の条件』（中央公論新社、一九九四年）
野口　実　『列島を翔ける平安武士』（吉川弘文館、二〇一七年）
野口　実編　『治承～文治の内乱と鎌倉幕府の成立』清文堂、二〇一四年）
野田直治・木島泉　『「東氏ものがたり」（東氏文化顕彰会、一九八八年）
花巻新渡戸記念館　『第8回企画展　新渡戸氏と信仰』（〈図録〉、一九九三年）
原　昌義　『千葉の星影』
肥前千葉氏調査委員会編　『中世肥前千葉氏の足跡』（佐賀県小城市教育委員会、二〇一一年）
福田豊彦　『千葉常胤』（吉川弘文館、一九七三年）
丸井敬司　『上総下総千葉一族』（新人物往来社、一九九九年）
三浦茂一編　『図説　千葉県の歴史』（河出書房新社、一九八九年）
森　鎮雄　『新編奥相秘鑑』（私家版、一九九二年）
「涌谷の文化財」編集委員会編　『涌谷の文化財』（涌谷町教育委員会、一九九〇年）
和田茂右衛門　『社寺よりみた千葉の歴史』（千葉市教育委員会、一九八四年）
『角川日本地名大辞典12　千葉県』（角川書店）
『千葉県の地名〈日本地名歴史大系12〉（平凡社）
［自治体史］
牛久市『牛久市史料中世Ⅱ』／海上町『海上町史』／小城町『小城町史』／『香取郡誌』／古河市『古河市史』／佐原市『佐原市史』／相馬市『相馬市史　資料編1　奥相誌』／大栄町『大栄町史史料編―中世―』／『千葉県千葉郡誌』／『千葉県印旛郡誌』／『千葉県東葛飾郡誌』／『千葉県匝瑳郡誌』／千葉県『千葉県史料中世篇　香取文書』『千葉県史料中世篇　県外文書』『千葉県史料中世編　諸家文書』／東庄町『東

庄町史』／八幡町『郡上八幡町誌』『郡上郡誌』／水戸市『水戸市史』／大和町『大和村史史料編』『大和町史通史編』／八日市場市『八日市場市史』／良文村『良文村誌』／涌谷町『涌谷町史』

取材協力者

全般的助言　濱名徳順

資料提供　野口実

【協力者一覧（故人を含む）】

［千葉県内］（香取市）遠藤米子　香取成明　西脇利弘・のりえ〔樹林寺〕　鴇崎清治　大島全明〔大龍寺〕　白井隆雄　飯篠快貞　斎賀宗純〔光福寺〕／（東庄町）飯田耕一　飯田真也／（多古町）篠崎照憲〔地福寺〕、妙光寺、日本寺／（成田市）神崎泰夫　小貫薫　宮内豊俊〔大慈恩寺〕　山倉信雄　円城寺敏夫　幡谷紫浪、小倉博／（旭市）海上信胤　伊藤信彦／（匝瑳市）松山敏〔松山神社〕　西光寺　石橋茂勝　関儀助／（酒々井町）川島貞二　川島貞夫／（佐倉市）葛原利生〔勝胤寺〕、上原武然〔海隣寺〕／（千葉市）千葉滋胤　櫻木英一郎　松井高明・松井清子・山本栄〔千葉神社〕加藤勝／（いすみ市）渡辺忠昭／（市川市）淵上登美／（松戸市）綿貫政治　石川大玄〔東漸寺〕／（柏市）藪崎香　柴田聡司

［県外］（佐賀県小城市）黒田日徳〔光勝寺〕　飯盛宏猷・宏徳〔圓通寺〕　岩松要輔　真子雅允　小城市教育委員会／（岐阜県郡上市）野田直治　土松新逸　木島泉　金子徳彦　東宜隆〔慈恩寺〕　佐藤とき子　千葉賢性・惺〔乗性寺〕／（岐阜県池田町）土岐正道〔禅蔵寺〕／（岐阜県瑞浪市）井澤康樹／（岐阜県高山市）長瀬公昭／（富山県富山市）久保尚文　松山光宏／（富山県滑川市）小川謙一／（富山県魚津市）廣田寿三郎　吉崎寿夫／（青森県十和田市）新渡戸明　角田美恵子／（岩手県滝沢市）大矢邦宣／（岩手県花巻市）梅原廉　薄衣照雄　千葉隆典／（岩手県一関市）菅原栄治　佐藤育郎　千葉癸一　松川誠　千葉幸右衛門　葦文八郎／（岩手県平泉町）千葉良胤／（宮城県栗原市）白河信二　千葉隆男　千葉十一　佐藤訓雄／（宮城県涌谷町）亘理和彦　坂本紀男　佐々木茂楨　奥清隆〔光明院〕　山路良一〔見龍寺〕一條明美・裕太郎〔涌谷神社〕／（宮城県亘理町）高橋圓明〔稱名寺〕／（福島県南相馬市）同慶寺　佐藤左内〔太田神社〕　南相馬市教育委員会／（福島県いわき市）大須賀壮介／（東京都）鬼頭一久〔慈勝寺〕　加増啓二　高井正俊〔宗禅寺〕／（神奈川県）建長寺　寿福寺／（群馬県）青木裕子／（長野県）原昌義　佐々木重義／（京都府）伊藤東慎・東文・東淩〔両足院〕　雲林院宗碩〔霊源院〕／（徳島県）粟飯原康胤　千葉山安楽寺／（高知県）丸山和雄・楠瀬かずよ／（大分県）中野幡能　須磨和啓／（鹿児島県）中島秀任

執筆者一覧

鈴木佐（別掲）

外山信司

一九五八年生。千葉市立郷土博物館総括主任研究員。

【主な業績】「戦国末期の佐倉―城下集落の人々と後北条氏―」（中世房総史研究会編『中世房総の権力と社会』高科書店、一九九一年）、「戦国期千葉氏の元服」（佐藤博信編『中世東国の政治構造 中世東国論上』岩田書院、二〇〇七年）、「『雲玉和歌集』と印旛の浦―本佐倉城主千葉勝胤との関連を中心に―」（石渡洋平編著『旧国中世重要論文集成 下総国』戎光祥出版、二〇一九年、）「「千葉胤富条書」について―千葉市指定文化財「原文書」の理解のために―」（『研究紀要』二六号、千葉市立郷土博物館、二〇二〇年）

宮原さつき

一九五一年生。元千葉市立郷土博物館学芸係長。

【主な業績】「千葉妙見の本地をめぐって」（『妙見信仰調査報告書（二）』、千葉市立郷土博物館、一九九三年）、「千葉妙見をめぐる神仏」（『妙見信仰調査報告書（三）』、千葉市立郷土博物館、一九九四年）、『紙本著色千葉妙見大縁起絵巻』（千葉市立郷土博物館、一九九五年）、「牛頭天王について（1）～千葉妙見との関わりを中心に～」（『研究紀要二』、千葉市立郷土博物館、一九九六年）、「千葉市内の優しい表情の妙見像と女性の信仰について」『研究紀要五』、千葉市立郷土博物館、一九九七年）、「千葉氏探訪」（紙面連載、千葉日報社、一九九八年～二〇〇一年）、「千葉氏の妙見信仰と房総の神仏」（『房総の神と仏』、千葉市美術館・千葉市立郷土博物館、一九九九年）

執筆担当一覧

鈴木佐：第Ⅰ部第四章・第Ⅱ部第一章・第Ⅲ部第一章の一部を除く本書全般
外山信司：第Ⅰ部第四章
宮原さつき：第Ⅱ部第一章、第Ⅲ部第一章の一部

【編著者略歴】

鈴木 佐（すずき・たすく）

1969 年生。
千葉氏研究家。全国の千葉氏ゆかりの遺跡や歴史・伝承を 10 代から長年にわたって採集しながら現地調査を行う。また、千葉氏由縁の全国の市町村と協力し、シンポジウムや講演会の企画・運営に携わる。主な著作に「千葉をルーツとする全国自治体間交流」（千葉県職員研修所『ふさの風』所収、1997 年）、「旧建長寺末寺考」一～十（『鎌倉』98 ～ 119 号、2003 年～ 2015 年）、「千葉氏探訪」（紙面連載、千葉日報社、1998 年～ 2001 年）、『千葉一族入門事典』（共同執筆、啓文社書房、2016 年）、『千葉常胤とその子どもたち』（共同執筆、啓文社書房、2018 年）、『東アジアの中の建長寺』（共同執筆、勉誠出版、2016 年）などがある。

装丁：堀 立明

千葉《ちば》一族《いちぞく》の歴史《れきし》
全国《ぜんこく》に広《ひろ》がる系譜《けいふ》・史跡《しせき》・伝承《でんしょう》

二〇二一年七月一日　初版初刷発行
二〇二四年三月八日　初版二刷発行

編著者　鈴木 佐
発行者　伊藤光祥
発行所　戎光祥出版株式会社
東京都千代田区麹町一―七
相互半蔵門ビル八階
電話　〇三―五二七五―三三六一㈹
FAX　〇三―五二七五―三三六五
編集協力　株式会社イズシエ・コーポレーション
印刷・製本　モリモト印刷株式会社

https://www.ebisukosyo.co.jp
info@ebisukosyo.co.jp

ISBN978-4-86403-386-2